PRESCRIÇÃO PENAL

Temas Atuais e Controvertidos

— Doutrina e Jurisprudência —

Volume 7

Dados Internacionais de Catalogação na Publicação (CIP)

F284 Prescrição penal: temas atuais e controvertidos : doutrina e jurisprudência Vol. 7 / Ney Fayet Júnior (Coord.), Thierry Godel ... [et al.]. – Porto Alegre: Livraria do Advogado Editora, 2019.
215 p.; 23 cm.
ISBN 978-85-9590-066-0

1. Prescrição da pena. I. Fayet Júnior, Ney, coord. II. Godel, Thierry III. Título.

CDU – 343.291

Índice para o catálogo sistemático:
Prescrição da pena

(Bibliotecária responsável: Sabrina Leal Araujo – CRB 8/10213)

NEY FAYET JÚNIOR
(coordenador)
Andressa de Bittencourt Siqueira
Carlos Eduardo Vieira
Carlos José Monteiro Steffen
Carlos Pereira Thompson Flores
João Paulo Orsini Martinelli
João Pedro Petek
Leonardo Schmitt de Bem
Paulo Fayet
Paulo Queiroz
Plínio Melgaré
René Ariel Dotti
Thierry Godel
Véronique Tellier-Cayrol
Yuri Restano Machado

PRESCRIÇÃO PENAL

Temas Atuais e Controvertidos

— Doutrina e Jurisprudência —

Volume 7

livraria DO ADVOGADO editora

Porto Alegre, 2019

(edição finalizada em novembro/2018)

Capa, projeto gráfico e diagramação
Livraria do Advogado Editora

Pintura da Capa
Walter Sickert
Ennui (1914)

Livraria do Advogado Editora Ltda.
Rua Riachuelo, 1300
90010-273 Porto Alegre RS
Fone: 0800-51-7522
editora@doadvogado.com.br
www.doadvogado.com.br

Impresso no Brasil / Printed in Brazil

Este livro é dedicado à memória do professor
Almiro do Couto e Silva.

O tempo é o maior tesouro de que um homem pode dispor; embora inconsumível, o tempo é o nosso melhor alimento; sem medida que o conheça, o tempo é contudo nosso bem de maior grandeza: não tem começo, não tem fim; é um pomo exótico que não pode ser repartido, podendo entretanto prover igualmente a todo mundo (...).

Raduan Nassar

Sumário

Introdução

Deve assentar-se, como premissa, que, segundo avalio, a importância desta coletânea não se encontra no (aliás, diga-se *en passant*, notável) currículo dos colaboradores, mas, sim, no amplo compromisso que, ainda uma vez, estes demonstraram com as garantias fundamentais dos cidadãos, as quais vêm de ser conspurcadas por uma nova onda daquilo que tem sido denominado, eufemisticamente, de "iliberalismo" (ou, na linguagem criminológica, de correntes "neorretribucionistas"). Neste momento histórico em que a barbárie (sob várias roupagens) avança sobre a democracia – particularmente em nosso país (e em nosso continente), tão suscetível a tensões e retrocessos, que por vezes nos colocam em verdadeiros abismos políticos –, o engajamento com valores e padrões democráticos e com a preservação das garantias constitucionais deve ser a *prima acies* das forças sociais ativas envolvidas com a incessante proteção da democracia. Daí a importância do comprometimento – da opção clara e inequívoca – com as expressões democráticas (sob outro contexto, já escrevi que toda literatura, posto que técnica, se mostra, *en rigueur*, quer seu autor o queira ou não, engajada, suposto que até mesmo o silêncio constitui uma opção decisiva; a propósito, Jean Paul Sartre consignou que *L'écrivain est en situation dans son époque: chaque parole a des retentissements. Chaque silence aussi. Je tiens Flaubert et Goncourt pour responsables de la répression qui suivit la Commune parce qu'ils n'ont pas écrit une ligne pour l'empêcher*),[1] em uma luta que não conhece trégua, até porque, como apontou Bertolt Brecht, *although the world stood up and stopped the bastard, the bitch that bore him is in heat again.*[2] O instituto da prescrição penal, longe de se inscrever como uma ferramenta de impunidade a serviço da corrupção (que grassa em nosso país), desponta, em verdade, sob o enfoque político-criminal, como um instrumento de contenção do poder punitivo, graças ao qual o conflito – que se encontra à base de todo ilícito penal – ser solucionado sem que haja os efeitos deletérios da punição ou, sobretudo, do aprisionamento, contribuindo, dessa maneira, para a humanização do sistema – no quadro de uma sociedade democrática e constitucionalmente estabelecida. A prescrição penal – apesar de sua aparente indefensabilidade – cumpre um relevante papel na harmonização e na pacificação

---

[1] SARTRE, Jean Paul. *Situations*, II: *Littérature et engagement*. Paris: Gallimard, 1948, p. 13.

[2] BRECHT, Bertolt. *The Resistible Rise of Arturo Ui: A Gangster Spectacle*. New York: Samuel French, Inc., 1972, p. 128.

dos conflitos sociais; o movimento contínuo e inexorável do tempo pode, *de per si*, tornar insubsistente a necessidade de intervenção do direito penal; e isso, na eloquência de seus termos, atesta a importância que se lhe concede.

Por esse modo, os estudos componentes do sétimo volume da obra "*Prescrição penal*: temas atuais e controvertidos: doutrina e jurisprudência" procuram trazer os mais recentes debates envolvendo esse instituto jurídico-penal, tendo em mira não somente os mais relevantes e modernos entendimentos jurisprudenciais, como também as mais significativas contribuições doutrinárias.

Nesse volume, novamente, abrem-se as portas aos autores estrangeiros, permitindo que o estudo possa adquirir uma dimensão ainda mais abrangente. A propósito, o estudo do Professor Thierry Godel, da Universidade de *Fribourg*, faz uma análise integral do funcionamento do instituto da prescrição (da pena e da ação penal) na Suíça. O professor suíço divide o artigo em duas partes principais: a primeira trata da prescrição da ação penal, trazendo seu prazos, gerais e especiais, e suas exceções, início e fim da contagem do prazo; a segunda cuida da prescrição da pena, tratando, igualmente, da contagem de prazos. O artigo encerra com um capítulo sobre o regime de imprescritibilidade em que o autor indica o referendo realizado, na Suíça, para tornar imprescritível o crime sexual ou pornográfico praticado com crianças impúberes (menores de 12 anos).

A seu turno, os Professores João Paulo Orsini Martinelli e Leonardo Schmitt de Bem trazem à baila a relevantíssima discussão acerca da prescritibilidade como garantia, em um contexto de proteção dos direitos humanos. Em um primeiro quadro, oferecem uma profunda análise conceitual do instituto da prescrição, abordando-o *inter alia* a partir de uma perspectiva histórica, ao passo que aportam também aspectos sobre os fundamentos políticos da prescrição. Na sequência, é aprofundada a questão da imprescritibilidade na Constituição brasileira, bem como as hipóteses previstas na legislação, além de novas que são originadas por meio da via jurisprudencial. Sob esse prisma, os autores conduzem o debate à imprescritibilidade de graves violações de direitos humanos, para, como traçado final do artigo, abordarem a interligação da prescritibilidade com o princípio da razoável duração do processo.

O artigo do professor Yuri Restano Machado trata da prescrição da pretensão punitiva da Administração Pública Federal. Ao analisar as disposições contidas na Lei 9.873, de 23 de novembro de 1999, o estudo enfrenta o polêmico tema da prescrição do poder de polícia administrativa. Tomando por base a relação entre prescrição, segurança jurídica e Estado de Direito, o trabalho que ora vem a público inicia com uma análise da evolução histórica do instituto para, a seguir, apontar os desdobramentos teóricos e práticos da incidência de tal diploma legal. Aliando a experiência prática e acadêmica do autor, o texto aborda a regra geral da prescrição quinquenal e as regras especiais da prescrição trienal (reservada para as hipóteses de prescrição intercorrente) e da prescrição nas hipóteses em que o fato da ação punitiva da Administração também constituir crime. O artigo encerra com a análise das hipóteses de interrupção e suspensão da prescrição da ação punitiva estatal.

O Professor Carlos José Monteiro Steffen nos brinda com um excelente estudo sobre o instituto da prescrição em face do Código de Direito Canônico, no qual ressalta que, historicamente, a principal forma de prescrição é a aquisição de bens temporais por transcurso de tempo. Neste capítulo, é discutida a forma que a Igreja Católica recolheu e aplicou a prescrição do direito romano, originando, no contexto do Império Romano, o direito canônico. O Código de Direito Canônico aborda a prescrição em etapas distintas. O fenômeno é apresentado na parte das normas gerais; na seção aquisição de bens temporais; no livro dedicado às sanções na Igreja; e, ainda, nos demais trechos do Código de Direito Canônico. Nessa perspectiva, este capítulo marca a necessidade da existência requisitos estabelecidos pela lei para ensejar a prescrição. Estes são: matéria apta, posse continuada, tempo legal e boa-fé. Além disso, serão abordadas as causas que excluem a prescrição; os prazos estabelecidos sobre a prescrição penal; e as causas de interrupção da prescrição, de acordo com o Código de Direito Canônico. A partir da problematização dos elementos apresentados, destaca-se a importância da conexão entre o direito secular e o direito canônico.

Por sua vez, a Professora de Direito na Universidade de *Tours*, na França, Véronique Tellier-Cayrol, introduz a prescrição no direito penal francês por meio de um viés histórico, a fim de então apresentar a recente alteração da lei prescricional do país e como é o seu funcionamento. Para tanto, o artigo é dividido em duas partes que distinguem a prescrição da ação pública e a prescrição da pena. São expostos fundamentos clássicos e contemporâneos, críticas, análise da contagem dos diferentes prazos, como, por exemplo, para delito, crime e contravenção, ou em que serão excepcionalmente mais curtos ou longos; ou, ainda, fatores que possibilitam a interrupção da marcha prescricional. A abordagem tem por objetivo básico introduzir o leitor à prescrição penal francesa.

O artigo do professor Plínio Melgaré compreende a análise de aspectos conceituais que envolvem o instituto da prescrição e sua incidência no Direito Civil. Ainda, o autor reflete criticamente sobre os fundamentos da prescrição, que, ao fim e ao cabo, permitem a intervenção do Estado, quer seja como Estado-juiz, quer seja como Estado-legislador, nos domínios da autonomia privada. E a partir dessa perspectiva, resta a dúvida, que se percebe com a leitura do artigo, se essa intervenção seria legítima ou não.

O Professor Paulo Queiroz e Carlos Eduardo Vieira enfrentam, com esmero e profundidade, o complexo tema relativo à extensão dos efeitos interruptivos de atos processuais aplicáveis à coautoria e à participação prevista no parágrafo 1º do artigo 117 do Código Penal; e tal abordagem se dá à luz dos entendimentos doutrinários e jurisprudenciais.

Finalmente, o Professor René Ariel Dotti nos permitiu divulgar um magnífico texto sobre o Tribunal do Júri, sob o instigante título "Pequenas histórias de grandes criminalistas", material que, por evidente, transcende a qualquer eixo temático.

Reafirma-se que, em virtude de suas incontestes e amplas consequências jurídicas, o instituto *in causa* continua a oferecer terreno para expressivas divergências doutrinárias e jurisprudenciais, de cujo embate são, constantemente, aprimorados não apenas os seus fundamentos conceituais e a sua natureza jurídica, como também o seu âmbito de incidência; e, por óbvio, diversos pontos antagônicos de notável significado e expressão. Com o lançamento deste novo volume da obra "Prescrição penal", esperamos poder contribuir, mais uma vez, para o estudo de um instituto de tamanha importância e, sobretudo, tão controvertido no âmbito do direito penal; e que – como se pôde depreender desde o primeiro volume desta coletânea – está sempre sujeito a novas discussões e interpretações, especialmente em face de recorrentes mudanças legislativas.[3] Apesar dos permanentes estudos e reflexões, o diagnóstico sobre a validade e importância do instituto em análise não é fácil de formular; tampouco o remédio (legal, doutrinário ou jurisprudencial), de encontrar.

In summa, buscou-se, ainda uma vez, o enfrentamento de temas que, *per se*, atestam a dimensão e a importância da temática da prescrição penal. Temos de agradecer o valioso auxílio prestado tanto pelo Professor Alexandre Mariotti, quanto pelos colegas Francis Bordas e Cássio Macedo; bem como, ainda, registrarmos a infatigável dedicação dos acadêmicos Vitor Matisse Kaufmann, Victória do Nascimento Houpert, Bianca Pata Flores e Roberta Garcia Grigorieff, que deram a sua cota de contribuição a esta obra.

---

[3] Dada esta situação, não podem causar estranheza algumas inovações pretendidas pelo PL 4850/16 (que estabelece medidas contra a corrupção e demais crimes contra o patrimônio público e combate o enriquecimento ilícito de agentes públicos; aliás, trata-se de proposição de iniciativa popular que, no presente, aguarda apreciação pelo Senado Federal), entre as quais se destaca: "Art. 14. Os §§ 110, 112, I, 116 e 117 do DL 2.848, de 7 de dezembro de 1940, passam a vigorar com a seguinte redação: 'Art. 110. A prescrição depois de transitar em julgado a sentença condenatória regula-se pela pena aplicada e verifica-se nos prazos fixados no artigo anterior, acrescidos de 1/3. § 1º A prescrição, a partir da sentença condenatória com trânsito em julgado para a acusação ou depois de improvido seu recurso, e antes do trânsito em julgado definitivo do feito, regula-se pela pena aplicada, sendo vedada a retroação de prazo prescricional fixado com base na pena em concreto.' (NR) 'Termo inicial da prescrição após a sentença condenatória irrecorrível. Art. 112. Depois de transitar em julgado a sentença condenatória, a prescrição começa a correr: I – do dia em que transita em julgado, para todas as partes, a sentença condenatória ou a que revoga a suspensão condicional da pena ou o livramento condicional; [...].' (NR) 'Causas impeditivas da prescrição: Art. 116. Antes de passar em julgado a sentença final, a prescrição não corre: [...] II – enquanto o agente cumpre pena no estrangeiro; III – desde a interposição dos recursos especial e/ou extraordinário, até a conclusão do julgamento. § único. Depois de passada em julgado a sentença condenatória, a prescrição não corre durante o tempo em que o condenado está preso por outro motivo, foragido ou evadido.' (NR) 'Causas interruptivas da prescrição. Art. 117. O curso da prescrição interrompe-se: I – pelo oferecimento da denúncia ou da queixa; [...] IV – pela sentença ou acórdão condenatórios recorríveis ou por qualquer decisão monocrática ou acórdão que julgar recurso interposto pela parte; [...] VII – pelo oferecimento de agravo pedindo prioridade no julgamento do feito, pela parte autora, contra a demora do julgamento de recursos quando o caso chegou à instância recursal há mais de 540 dias, podendo o agravo ser renovado após decorrido igual período.' (NR) Art. 15. O art. 337-B do CP passa a vigorar com o acréscimo do § 2º a seguir: 'Art. 337-B. [...] § 2º O prazo prescricional do crime previsto neste dispositivo computar-se-á em dobro'."

A prescrição penal na Suíça[1]

Thierry Godel

1. Generalidades

A prescrição penal pode ser definida como a instituição jurídica cujo efeito é apagar, somente pelo decurso do tempo, o direito de punir um ato delituoso que deu origem ao interesse do Estado.[2] Ela repousa sobre a constatação de que, com a passagem do tempo, o interesse da sociedade – e do lesado – a que um comportamento delituoso seja perseguido se enfraquece.[3] Dito de outra maneira, a necessidade de uma resposta legal se diminui, e o efeito preventivo sobre o autor se torna supérfluo, uma vez que sua culpabilidade se esfumaça.

No plano processual, podemos notar, igualmente, alguns efeitos negativos, pois a busca de meios de provas que permitam estabelecer a verdade factual se torna árdua com o passar dos anos. Assim, as chances de coletar provas[4] diminuem consideravelmente, ao passo que, para os erros judiciais, se acentuam. Quanto aos aspectos positivos da prescrição, ela limita a perseguição penal ao mesmo tempo que força as autoridades penais a imprimirem celeridade ao procedimento.[5] A autoridade penal é obrigada a examinar de ofício a prescrição da ação penal.[6] Se a prescrição se perfectibiliza, o autor não é mais punível, e um julgamento liberatório (absolutório) ou um arquivamento deverá ser pronunciado.

O Código Penal suíço de 21 de dezembro de 1937[7] (CPS) distingue a prescrição da ação penal (arts. 97, 98 e 101) da prescrição da pena (arts. 99 a 101). Esses dispositivos correspondem aos artigos 70 a 75bis do antigo Código Penal suíço

---

[1] O autor agradece à Senhora Victoria Houpert e ao Professor Ney Fayet Júnior pela tradução deste artigo do francês para português.

[2] Decisão do Tribunal Federal, TF 6B_275/2017 de 30.11.2017. Perrin, em: CR-CPP, art. 441 n. 1 define a prescrição como "un mode d'extinction d'un droit, survenant par l'écoulement du temps et à certaines conditions fixées par la loi. Ainsi est définie la prescription extinctive ou libératoire, par opposition à la prescription acquisitive d'un droit" [Um modo de extinção de um direito, surgindo tanto pelo fluxo de e em certas condições fixadas pela lei. Assim está definido o extinguível ou por completo prescrição de descarga, por oposição para a prescrição aquisitiva de um direito].

[3] Hurtado Pozo, n. 1699 e referências citadas; Piquerez/Macaluso, n. 1566; Viredaz/Thalmann, n. 20 lembram que a infração não pode, em princípio, ser sancionada *ad aeternam*.

[4] FF **1999** 1787 [1939].

[5] FF **2012** 8533 [8538].

[6] TF 6P.87/2005 e TF 6S.255/2005 cons. 6.1 de 05.09.2005; ATF 129 IV 49 cons. 5.4 (publicado : JdT 2006 IV 43); ATF 116 IV 80 cons. 2a (publicado : JdT 1992 IV 88).

[7] RS **311.0**.

(aCPS), que estava em vigor até o dia 31 de dezembro de 2006.[8] Os regimes da suspensão[9] e da interrupção[10] da prescrição da ação penal já tinham sido ab-rogados desde a revisão do dia 1º de outubro de 2002, e essa modificação da lei tinha sido acompanhada do alongamento dos prazos.[11] O sistema de 2002 suprimiu a distinção entre prescrição ordinária – que podia ser suspensa – e a prescrição absoluta, e simplificou a antiga regulamentação.

Os artigos 97 e seguintes do Código Penal suíço, em vigor desde 1º.01.2007, foram submetidos a duas modificações importantes que devem ser assinaladas:

- introdução do artigo 101, parágrafo 1º, letra "e", Código Penal suíço, que trata da imprescritibilidade das infrações de natureza sexual cometidas contra crianças menores de 12 anos, em 01.01.2013;[12] e
- extensão do prazo da prescrição da ação penal em 01.01.2014[13] e em 01.07.2014.[14]

Em relação às diversas modificações da lei penal, é importante ressaltar que, conforme aos artigos 2º e 389 do Código Penal suíço, o princípio da *lex mitior* se aplica à prescrição da ação penal e à da pena. A lei permite, entretanto, uma exceção para os crimes imprescritíveis (art. 101, § 3º, CPS).

2. Prescrição da ação penal

2.2. NOÇÃO

Segundo a definição emitida pela doutrina, a prescrição da ação penal extingue o direito de perseguir, "quando este não foi exercido ou não foi exercido antes da expiração do prazo"[15] previsto pela lei para a infração perseguida.

---

[8] A propósito da evolução dessas disposições, Kolly, em: CR-CP I, art. 97 n. 10 a 26.

[9] No antigo direito, os prazos poderiam ser suspensos se o delinquente estivesse cumprindo, no estrangeiro, uma pena privativa de liberdade (art. 72, núm. 1, aCPS). Logo que a causa da suspensão desaparecesse, a fluência do prazo recomeçaria do ponto em que se tinha parado.

[10] O antigo direito reconhecia igualmente a interrupção da prescrição, definida come "l'effacement rétroactif du temps couru jusqu'à cet événement, de sorte que le délai de prescription recommen[çait] à courrir ab initio à compter de l'acte interruptif; cet acte constitu[ait] le nouveau point de départ". A prescrição poderia ser interrompida por qualquer ato de instrução ou decisão do juiz contrária ao autor ou por qualquer recurso contra uma decisão. A cada interrupção, um novo prazo começaria a correr. A ação penal se prescrevia assim que o prazo ordinário passasse da metade – até o vencimento do dobro do prazo normal para as contravenções e as infrações contra honra –. Assim que um julgamento entrasse, formalmente, em vigor, ele não poderia mais prescrever (art. 72, núm. 2, aCPS).

[11] FF **2002** 2512. No antigo direito, os prazos de prescrição da ação penal eram fixados em 20, 10, 5 ou 1 anos (arts. 70 e 109 aCPS). A extensão da prescrição deixou aproveitou e deixou tempo às autoridades de perseguição penal e aos tribunais para interrogar e julgar os casos aos quais estão submetidos e, mais especificamente, nos casos de delitos graves do CPS, Código Penal Militar e do direito penal acessório cometido na esfera da criminalidade econômica. Os prazos da prescrição foram – em princípio – extendidos até metade, de forma que eles correspondessem aos prazos absolutos do antigo direito. O prazo fixado para as contravenções foi estabelecido em 3 anos. As regras de conversão previstas no art. 333, § 6°, CPS aplicam-se aos prazos de prescrição do direito penal auxiliar.

[12] RO **2012** 5951. FF **2011** 5565.

[13] A ação penal prescreve de agora em diante em 10 anos se a infração é passível de uma pena privativa de liberdade até 3 anos (art. 97, § 1, let. C, CPS). FF **2012** 8533.

[14] Revisão do art. 97, § 2°, CPS, concernente à prescrição das infrações sexuais cometidas contra menores de idade. FF **2012** 7051.

[15] Hurtado Pozo, n. 1699 e referências citadas; Piquerez/Macaluso, n. 1567 segs.

A natureza jurídica da prescrição da ação penal permanece controversa. Se a doutrina majoritária a classifica como uma "instituição de direito material que produz certos efeitos no plano processual",[16] outros defendem que, como condição à abertura da ação penal – à semelhança da queixa-crime –, ela seria de natureza processual.[17] O Tribunal Federal (TF) não solucionou essa questão,[18] apesar de, inicialmente, parecer ter afirmado a sua natureza processual.[19]

2.3. PRAZOS

2.3.1. Prazos gerais

Os prazos da prescrição da ação penal variam segundo a "gravidade abstrata"[20] da ou das infrações perseguidas, respectivamente segundo a pena máxima do crime mais grave prevista para cada um dos comportamentos repreensíveis. Segundo a jurisprudência federal, os critérios objetivos de atenuação e agravamento da pena expressos nos artigos da parte especial do Código Penal suíço devem ser considerados no cálculo da prescrição, de modo que a autoridade penal deve estatuir considerando o prazo estendido (crimes qualificados) ou reduzido (crimes atenuados) – em relação ao prazo previsto para a infração de base[21] – da infração finalmente retida.

De acordo com o artigo 97, parágrafo 1°, do Código Penal suíço, a ação penal prescreve:

- em 30 anos, se o crime[22] é passível de uma pena privativa de liberdade que durará pelo resto da vida;
- em 15 anos, se o crime é passível de uma pena privativa de liberdade de mais de 3 anos;
- em 10 anos, se o delito[23] é passível de uma pena privativa de liberdade de 3 anos; e
- em 7 anos, se o delito é passível de uma pena privativa de liberdade de menos de 3 meses ou de uma pena pecuniária.

No que concerne às contravenções, passíveis de uma multa de até 10.000,00 francos,[24] o prazo da prescrição penal é limitado a 3 anos (art. 109 do CPS).

---

[16] PC CP, Observações preliminares aos art. 97-101 n. 7; Zurbrügg, em: BSK I, Vor art. 97-101 N 57; Riedo, n. 2577.

[17] Riedo, n. 2578. Stratenwerth, AT II, §7 n. 24 qualifica-a de instituto misto.

[18] ATF 105 IV 7 cons. 1a (publicado : JdT 1980 IV 66).

[19] ATF 76 IV 123 (publicado : JdT 1950 IV 123).

[20] STRATENWERTH, AT II, § 7 n. 26.

[21] ATF 108 IV 42.

[22] De acordo com o art. 10, § 2°, CPS, são crimes as infrações passíveis de uma pena privativa de liberdade de mais de 3 anos (no máximo 20 anos, excepcionalmente à de caráter perpétuo, quando a lei prevê, segundo o art. 40, § 2°, CPS).

[23] De conformidade ao art. 10, § 3°, CPS, são delitos as infrações passíveis de uma pena privativa de liberdade de 3 anos no máximo (no mínimo três dias segundo o art. 40, § 1°, CPS) ou de uma pena pecuniária (de 3 a 180 dias-multa segundo o art. 34 CPS).

[24] Art. 106, § 1°, CPS.

2.3.2. *Prazos especiais*

A legislação federal prevê exceções aos prazos na parte geral do Código Penal. Aplicando-se o princípio *lex specialis derogat generali*, essas disposições especiais diminuem ou aumentam os prazos gerais.[25]

A parte especial do Código Penal suíço abrange três prazos especiais:

- 3 anos (ao invés de 7 anos) para interrupção de gravidez punível (art. 118, § 4°, CPS);
- 4 anos (ao invés de 7 anos) para os delitos contra a honra (art. 178 CPS); e
- 2 anos (ao invés de 10 anos) para a afronta aos Estados estrangeiros e às instituições interestatais no sentido dos artigos 296 e 297 do Código Penal suíço (art. 302, § 3°, CPS).

Várias leis especiais (direito penal acessório), que integram os prazos especiais, prevalecem sobre as disposições gerais do Código Penal suíço. Por exemplo, o prazo de prescrição da ação penal é de:

- 2 anos (ao invés de 3 anos) para as contravenções ordinárias, segundo a lei federal de 22 de março de 1974 sobre direito penal administrativo (art. 11, § 1°, DPA)[26] e 5 anos para certas contravenções graves (art. 11, § 2º, DPA);
- 2 ou 5 anos (ao invés de 3 anos) para as contravenções à lei federal sobre aquisição de imóveis por pessoas fora do país (art. 32, § 1º, a-b LFAIE)[27] e 10 anos (ao invés de 7 anos) para alguns delitos (§ 1º, c);
- 2 ou 5 anos (ao invés de 3 anos) para as contravenções à lei federal de 6 de outubro 1995 sobre cartéis e outras restrições à concorrência (art. 56 LCart);[28]
- 5 anos (ao inves de 3) para as contravenções à lei federal de 13 de dezembro de 1996 sobre o material de guerra (art. 36, § 4°, LMG);[29]
- 3, 6 ou 10 (ao invés de 3, 7 ou 15 anos) para as contravenções e delitos à lei federal de 14 de dezembro de 1990 sobre o imposto federal direto (art. 184 LIFD);[30]
- 5 anos (ao invés de 3, 7 ou 15 anos) para as contravenções, delitos e crimes à lei federal de 18 de dezembro de 1998 sobre os jogos de azar e casas de jogo de azar (art. 57 LMJ);[31]
- 5 anos (ao invés de 3 anos) para as contravenções à lei federal de 13 de dezembro de 1996 sobre o controle de bens utilizáveis a fins civis e militares, de bens militares específicos e de bens estratégicos (art. 15, § 4°, LCB),[32] enquanto que os crimes e os delitos estão sujeitos aos prazos ordinários; e
- 7 anos (ao invés de 3 anos) para as contravenções à lei federal de 22 de junho de 2007 sobre a Autoridade federal de fiscalização de mercados financeiros (art. 52 LFNMA).[33]

O cálculo dos prazos especiais que se encontram no direito penal acessório é particularmente complexo,[34] uma vez que a autoridade penal deve controlar, caso por caso, que o prazo de prescrição previsto na lei especial respeita as

---

[25] Stratenwerth, AT II, §7 n. 27.

[26] RS 313.0.

[27] RS 211.412.41.

[28] RS 251.

[29] RS 817.0.

[30] RS 642.11.

[31] RS 935.52.

[32] RS 946.202.

[33] RS 956.1.

[34] O sistema levado a efeito pelo art. 333, § 6°, CPS, é criticado pela doutrina majoritária em razão de sua complexidade. Teria sido mais fácil unificar os prazos de prescrição previstos nas leis especiais aos dispositivos

condições expressas no artigo 333, parágrafo 6°, do Código Penal suíço. Do contrário, ele deverá ser aumentado ou diminuído para alcançar os seguintes resultados:

- os prazos gerais para os crimes e delitos são aumentados da metade da duração ordinária prevista no artigo 97 do Código Penal suíço, e aqueles para as contravenções, do dobro da duração ordinária (art. 333, § 6°, a, CPS); e
- os prazos de prescrição para as contravenções, que ultrapassam 3 anos no direito penal acessório, são aumentados de uma vez a duração ordinária (art. 333, § 6°, b, CPS).[35]

2.3.2.1. *Infrações cometidas contra menores de 16 anos por um adulto*

O Código Penal suíço prevê um regime especial para certas infrações cometidas contra crianças e adolescentes que, no momento do feito, teriam menos de 16 anos. Segundo o artigo 97, parágrafo 2°, do Código Penal suíço, a prescrição da ação penal vai até o dia em que vítima completar seu 25° aniversário – ou completaria, em caso de óbito – para as infrações contra a vida, integridade física e integridade sexual seguintes:

- homicídio sem premeditação (art. 111 CPS) e homicídio sem premeditação passional (art. 113 CPS), não o assassinato do artigo 112 CPS, que já goza da prescrição máxima de 30 anos;
- lesões corporais graves (art. 122 CPS) e mutilações genitais (art. 124 CPS);
- tráfico de pessoas (art. 182 CPS);
- atos de cunho sexual com crianças (art. 187 CPS) e pessoas dependentes (art. 188 CPS);
- coação sexual (art. 189 CPS) e estupro (art. 190 CPS);
- atos cometidos contra uma pessoa sem discernimento e resistência (art. 191 CPS).
- incentivo à prostituição (art. 195 CPS);
- e a pornografia ilegal (art. 197, § 3º, CPS), especialmente o fato de convocar um menor de idade a participar de uma representação pornográfica ou promover sua participação a tal representação.

Essa extensão do prazo é justificada não somente pelo fato de que crianças e jovens adolescentes têm tendências a reprimir no seu inconsciente o sofrimento pelo qual são vítimas, mas igualmente porque cada vítima se encontra, na maioria das vezes, em uma situação de "fragilidade" em relação ao autor da agressão (por exemplo, um parente, um conhecido, um treinador, um professor, *etc.*) e isso a impede ou a desestimula de denunciar o ato. Um grande número delas fica em silêncio por medo de represálias ou de não ser compreendido ou ouvido, ou porque estão sendo manipulados pelo autor ou sujeitos a suas pressões.

O regime instaurado no artigo 97, parágrafo 2°, do Código Penal suíço concede às vítimas um prazo de reflexão mais apropriado ao peso que eles carregam nos ombros.

---

gerais, ou modificar cada lei federal especial nas condições expressas no art. 333, § 6°, CPS. DÉLÈZE, em: CR-CP II, art. 333 n. 25; WIPRÄCHTIGER, em: BSK II, art. 333 n. 38; PC CP, art. 333 n. 15.

[35] DÉLÈZE, em: CR-CP II, art. 333 n. 21 observa que seria chocante se o prazo de prescrição de 5 anos para as contravenções, previstas em numerosas leis penais acessórias, fosse equivalente ao prazo de prescrição de 15 anos para os crimes.

2.3.2.2. *Infrações contra honra*

O artigo 178, parágrafo 1°, do Código Penal suíço estabelece um **prazo de prescrição absoluta de 4 anos** para os delitos cometidos contra a honra.[36] Esta restrição se justifica pela natureza do bem jurídico afetado e o fraco interesse pela sociedade de perseguir delitos seguidos de queixa e pelos quais o autor se expõe somente a uma pena pecuniária, uma vez que os 4 anos passaram.

No que se refere às infrações contra honra, que são perseguidas unicamente por queixa, é conveniente referir-se ao prazo de perempção de 3 meses do artigo 31 do Código Penal suíço.

2.3.2.3. *Infrações perseguidas por queixa*

Em conformidade com artigo 31 do Código Penal suíço, o direito de prestar queixa prescreve em 3 meses. Contrariamente ao texto da lei, o prazo para apresentar uma queixa é um prazo de perempção que não pode ser nem interrompido, nem suspenso, nem prolongado.[37] Ele pode ser restituído ao titular quando este último não depositou a queixa-crime no prazo legal em virtude informações falsas transmitidas pela autoridade competente.[38]

Se a lei menciona que o prazo corre do dia em que o titular descobre o autor da infração, **o *dies a quo* se calcula a partir do dia seguinte**.[39] Se o último dia é sábado ou feriado, o prazo é prorrogado ao próximo dia útil.[40] Para as infrações perseguidas por queixa, a perempção do direito de apresentar a queixa pode ter sido atingida antes mesmo do prazo da prescrição da ação penal.

Qualquer pessoa atingida, isto é, aquele que teve o bem jurídico tutelado pela lei penal diretamente ofendido, dispõe da qualidade de apresentar a queixa (art. 30 § 1°). A lei regula os casos específicos.[41] Em todos os casos, a renúncia ou a retratação da queixa é definitiva (art. 30, § 5°, CPS), de maneira que o direito de perseguir uma infração pode ter sido suprimido antes da aquisição da prescrição.

2.3.2.4 *Infrações cometidas por empresas*

Em conformidade com artigo 102 do Código Penal suíço, os crimes e delitos imputáveis às empresas são reprimidos com uma multa que pode chegar

---

[36] Difamação (art. 173 CPS), calúnia (art. 174 CPS), difamação e calúnia contra um morto ou um ausente (art. 175 CPS) e injúria (art. 177 CPS).

[37] ATF 118 IV 325 c. 2b).

[38] ATF 108 Ia 97 c. 3b) (publicado: JdT 1983 IV 124).

[39] ATF 103 IV 131 (publicado: JdT 1978 IV 13); ATF 97 IV 238 (publicado: JdT 1972 IV 98).

[40] ATF 97 IV 238 (publicado: JdT 1972 IV 98).

[41] Em se tratando de queixa em caso de ausência de exercício dos direitos civis (art. 30, § 2°, CPS), da queixa do menor ou do incapaz (art. 30, § 3°, CPS) e da queixa dos parentes em caso de morte do lesado, Stoll, em: CR-CP I, art. 30 n. 37 segs.

a 5.000.000 de francos. Embora a multa seja a única pena que pode ser imposta a uma pessoa moral, o prazo de prescrição da ação penal não corresponde ao prazo de 3 anos previsto para as contravenções (art. 109 CPS).

A estrutura de certas empresas é particularmente complexa, é por isso que se julga difícil – ou impossível – estabelecer um nexo entre o autor físico e a infração que este cometeu. Se a infração puder ser atribuída a uma pessoa determinada, pode ser, contudo, injusto puni-la sozinha, e sancionar penalmente apenas o indivíduo:[42]

- em caso de **responsabilidade subsidiária** da empresa (art. 102, §1º, CPS),[43] quer dizer, quando um ato delituoso cometido por uma pessoa física que não pode ser identificada é imputado à pessoa moral, o prazo de prescrição da ação penal é determinado pela pena máxima da infração que o autor responsável poderia se expor;[44] e
- em caso de **responsabilidade primária** da empresa (art. 102, § 2º, CPS),[45] quer dizer, quando a pessoa moral é o autor direto do crime ou do delito, é conveniente que se aplique o prazo de 7 anos previsto no artigo 97, c, do Código Penal suíço para "as outras penas" ao invés do prazo de 3 anos geralmente aplicável às contravenções (art. 109 CPS). Essa prática permite evitar que a prescrição intervenha mais cedo para a empresa que para a pessoa física responsável.[46]

2.4. PONTO DE PARTIDA

O artigo 98 do Código Penal suíço, que regula o início da prescrição da ação penal, prevê três hipóteses. A prescrição corre:

- desde o dia em que o autor exerceu sua atividade culpável (letra a);
- desde o dia do último ato, se essa atividade foi em mais de uma ocasião (letra b);
- desde o dia em que as atividades cessaram, se esta se deu de forma contínua (letra c).

O resultado eventual do ato repreensível não importa, isso significa que uma infração pode ser prescrita antes mesmo de provocar danos.

Segundo a jurisprudência, o dia em que começa a correr o prazo não é contado, de modo que o prazo da prescrição começa a ser computado a partir do dia seguinte ao ato cometido.[47]

2.4.1. Infrações instantâneas

O artigo 98, letra *a*, do Código Penal suíço prevê que, no que diz respeito aos delitos instantâneos, o prazo inicia no dia da execução, pelo autor, da atividade

---

[42] FF **1999** 1787 [1939].

[43] Cf. MACALUSO, em: CR-CP I, art. 102 n. 42 segs.

[44] KOLLY, em: CR-CP I, art. 97 n. 45.

[45] Ver MACALUSO, em: CR-CP I, art. 102 n. 50 segs. Independentemente da perseguição da pessoa física, a empresa é criticada por não tomar todas as medidas de organização necessárias e razoáveis para impeder as seguintes infrações: organização criminal (art. 206ter CPS), financiamento do terrorismo (art. 260[quinquies] CPS), lavagem de dinheiro (art. 305bis CPS), violação do sigilo das correspondências e telecomunicações (art. 322ter CPS), corrupção de dinheiro público suíço (art. 322[quinquies] CPS), corrupção de dinheiro público estrangeiro (art. 332[septies], § 1°, CPS), corrupção ativa ou passiva no sentido do art. 4°, § 1°, da Lei federal de 19 de dezembro 1986 contra a corrupção desleal.

[46] KOLLY, em: CR-CP I, art. 97 n. 45.

[47] ATF 97 IV 238 (publicado: JdT 1972 IV 98).

punível. Em outras palavras, a prescrição começa a partir do momento que o delinquente realiza o comportamento descrito no texto legal, e não a partir do momento do resultado[48] ou da data da realização de uma condição objetiva de punibilidade.[49] Para as infrações perseguidas por queixa, a apresentação desta não aciona a prescrição da ação penal.[50]

Em caso de infração comissiva, a prescrição inicia no dia da ação punível, enquanto que em caso de omissão propriamente dita, o prazo de prescrição inicia no dia em que o autor deveria ter agido ou quando se encerram as obrigações de agir às quais o autor estava submetido.[51]

Para as infrações por negligência, acontece que o prazo se prescreve antes mesmo da realização do resultado. O comportamento negligente pode ter consequências mais tarde. Segundo a jurisprudência federal, "o início da prescrição coincide então, em matéria de homicídio negligente, com o momento em que o autor agiu contrariamente a seus deveres de prudência, ou, no caso de delito de omissão imprópria, a partir do momento em que o garante deveria ter agido; se este dever é durável, então a prescrição somente começa a correr a partir do momento em que as obrigações do garante se encerram".[52]

2.4.2. Infrações repetidas

Quando uma infração é "exercida em várias vezes", isto é, quando uma unidade jurídica da ação[53] ou uma unidade natural da ação[54] entre os diferentes atos cometidos,[55] o artigo 98, b, do Código Penal suíço prevê que o prazo corra a partir

---

[48] ATF 122 IV 61 cons. 2a/aa; ATF 102 IV 79. Capus, art. 98 n. 1; PC CP, art. 98 n. 2; Hurtado Pozo, n. 1710.

[49] ATF 101 IV 20 cons. 3a.

[50] ATF 69 IV 74.

[51] ATF 107 IV 9 cons. 1b (publicado: JdT 1981 I 360); Zürbrügg, em: BSK I, art. 98 n. 8; PC CP, art. 98 n. 3. O TF apontou (em: ATF 122 IV 61 cons. 2a/aa) que, no caso de omissão impropriamente dita ou dever de agir perdura em um certo lapso de tempo, o prazo da prescrição da ação penal começa no dia em que as obrigações do responsável terminam.

[52] ATF 122 IV 61 cons. 2a-aa/bb. Hurtado Pozo, N 1711; Stratenwerth, AT II, § 7 N 28.

[53] Falamos da unidade jurídica da ação assim que um comportamento criminoso implica, por natureza, o cometimento de atos separados (p. ex., assaltos, no sentido do art. 140 CPS, que deduz a substração de coisa alheia mediante violência, arma, *etc*) ou em um comportamento contínuo (p. ex., na gestão defeituosa, no sentido do art. 165 CPS) que devem estar descritos como tais pelo enunciado legal. PC CP, art. 98 n. 6.

[54] Falamos de unidade natural da ação no caso de repetição de infrações ou do cometimento de uma infração por etapas sucessivas que subjetivamente decorrem de uma **decisão única** (uma vontade [intenção] única) e, objetivamente, forma um conjunto em virtude de sua relação estreita no tempo e no espaço. PC CP, art. 98 n. 7. Jurisprudência federal: TF 6P.111/2005 cons. 9.2 de 12.11.2005; ATF 132 IV 49 cons. 3.1.1.3; ATF 131 IV 83 cons. 2.4.5 (publicado: JdT 2007 IV 83).

[55] A antiga jurisprudência era mais abrangente, uma vez que ela admitia a unidade de ação assim que mais de uma infração idêntica e análoga fossem cometidas afetando o mesmo bem jurídico e se elas decorressem de um comportamento de caráter duradouro (não se confunde como crime continuado, no sentido do art. 97, let. c, CPS): ATF 127 IV 49 cons. b; ATF 126 IV 141 cons. 1b (publicado: JdT 2001 IV 10); ATF 124 IV 5 cons. 3a (publicado: JdT 1999 IV 191); ATF 118 IV 235 cons. 2b; ATF 118 IV 309 cons. 2c; ATF 117 IV 408 cons. 2f (publicado: JdT 1993 IV 169).

do dia do último ato punível. Os comportamentos repetidos são então assimilados a uma "atividade global para a qual o prazo de prescrição começa a correr do dia em que o último ato foi cometido".[56]

2.4.3. Infrações permanentes

O artigo 98, c, do Código Penal suíço prevê que para os delitos permanentes, nos quais a execução se alonga no tempo, o prazo começa no dia em que o comportamento se encerra, e não no dia em que sobrevém o resultado.[57] Os atos que criam a infração permanente devem formar uma unidade com as ações que a perpetuam no tempo e as omissões para fazê-la parar, conquanto o comportamento que vise à manutenção do estado de coisa delituoso seja expressa ou implicitamente descrito nos elementos constitutivos da infração.[58]

2.4.4. Problemáticas da participação e do concurso de infrações

O artigo 98 do Código Penal suíço não menciona a participação em uma infração. Quando várias pessoas agem como cúmplices ou coautores em momentos diferentes, o momento determinante que desencadeia a prescrição é aquele em que um desses agentes tenha realizado o último ato punível.[59]

Em caso de concurso imperfeito, apenas a prescrição prevista para a infração aplicável deve ser considerada. Em caso de concurso perfeito, real ou ideal, é conveniente analisar a prescrição de cada infração.[60]

2.5. FIM DO PRAZO

A prescrição da ação penal cessa de correr quando é emitido um julgamento de primeira instância. Se, em um primeiro momento, os juízes federais exigem o pronunciamento de um julgamento condenatório,[61] o Tribunal Federal modificou a sua jurisprudência para admitir que a noção de um julgamento de primeira instância engloba também as decisões absolutórias e os pedidos de arquivamento levados a efeito.[62] Não importa se o julgamento tenha sido feito com a presença do

---

[56] TF 6S.397/2005 cons. 2.2 de 13.11.2005. Stratenwerth, AT II, § 7 n. 29.

[57] Dito de outra maneira, a infração é consumada desde que todos elementos constitutivos sejam realizados, mas só é finalizada quando a conduta cessa. ATF 117 IV 414. Stratenwerth, AT II, § 7 n. 30.

[58] TF 6B_310/2014 e TF 6B_311/2014 de 23.11.2015. PC CP, art. 98 n. 8.

[59] ATF 102 IV 79 (publicado: JdT 1977 IV 75). Hurtado Pozo, n. 1714; PC CP, art. 98 n. 4; Zurbrügg, em: BSK I, art. 98 n. 27 e seg; Stratenwerth, AT II, § 7 n. 31; Capus, art. 98 n. 2. Criticado por Kolly, em: CR-CP I, art. 98 n. 30 e segs.

[60] Müller, em: BSK I, art. 97 n. 19

[61] O TF afirma que a noção de julgamento de primeira instância, a partir do qual a prescrição não corre mais, visa às sentenças condenatórias, e não às absolutórias. TF 6B_242/2011 de 15.03.2012 (publicado: SJ 2012 I 313); ATF 135 IV 196 (publicado: SJ 2009 I 474); ATF 134 IV 328 (TF 6B_686/2008 de 16.10.2008) cons. 2.1.

[62] ATF 139 IV 62 c. 1.5 (publicado: JdT 2014 IV 44. Délèze, em: CR CP II, art. 333 n. 23.

acusado ou não (julgamento à revelia).[63] A data do pronunciamento, e não do dia de sua notificação, é determinante.[64]

Desde que, em virtude do artigo 97, parágrafo 3º, do Código Penal suíço, a prescrição não corre mais se, antes de seu prazo, um julgamento de primeira instância for emitido, a questão da aquisição da prescrição, no curso do processo de apelação, não se coloca mais em princípio.

A doutrina é dividida no que diz respeito à sorte da prescrição quando o julgamento emitido em primeira instância é anulado ao final do processo de apelação. Se uma minoria estima que a prescrição continua a correr uma vez que o julgamento que a tinha interrompido não existe mais, a maioria dos autores, com os quais concordamos, defende que o importante para cessar definitivamente a prescrição é que um julgamento de primeira instância tenha sido emitido.[65] O texto legal do artigo 97, parágrafo 3º, do Código Penal suíço – "não corre mais"; "*definitiv endet*" – e a mensagem do Conselho federal – "definitivamente finalizado"[66] – confirma essa segunda hipótese.

3. Prescrição da pena

3.1. NOÇÃO

A prescrição da pena principal[67] é a extinção do direito e da obrigação do Estado de executar uma pena pronunciada por um julgamento levado a efeito, mas fica sem execução durante um certo período de tempo.[68] Acontece de uma pessoa condenada estar doente ou em fuga escapar assim da execução da sua sanção.

3.2. PRAZOS

Conforme o artigo 99 do Código Penal suíço:

- as penas privativas de liberdade de caráter perpétuo prescrevem em 30 anos;
- as penas privativas de liberdade de 10 a 20 anos prescrevem em 25 anos;
- as penas privativas de liberdade de 5 a (menos de) 10 anos prescrevem em 20 anos;
- as penas privativas de liberdade de (mais de) 1 a (menos de) 5 anos prescrevem em 15 anos;
- as penas privativas de liberdade de (menos de) 1 ano e as penas pecuniárias prescrevem em 5 anos.

---

[63] FF **1999** 1787 [1940 s.]

[64] A jurisprudência afirma que essa regra só é valida se o julgamento sobrevier em um prazo razoável.

[65] Kistler Vianin, em: CR-CPP, art. 409 n. 11 e referências citadas. Piquerez/Macaluso, n. 1572; Riedo/Kunz, p. 906.

[66] FF **1999** 1787 [1940]. PC CP, art. 97 n. 6. ATF 139 IV 62 cons. 1.5.2 (publicado: JdT 2014 IV 44 e SJ 2013 I 95).

[67] O CPS não reconhece nem prevê mais a pena acessória, de maneira que sua prescrição não precisa mais ser regulamentada. Quanto às medidas, que visam prevenir um perigo para sociedade, elas estão submetidas ao princípio da não-prescrição e devem ser executadas assim que as condições de aplicação estiverem cumpridas (FF **1999** 1787 [1942]).

[68] Hurtado Pozo, n. 1699. Jositsch/Ege/schwarzenegger, p. 297 e segs.; Viredaz/Thalmann, n. 21.

O artigo 109 do Código Penal suíço prevê um prazo de 3 anos para o acerto das multas.

É competência das autoridades cantonais de executar as penas e as medidas (art. 372 CPS). Conforme o artigo 441, parágrafo 1º, do Código Penal suíço, "as penas prescritas não podem ser executadas". Essa disposição se aplica somente às penas dos artigos 99, 100 e 109 do Código Penal suíço, de sorte que as medidas, no sentido dos artigos 56 a 73 do Código Penal suíço, devem ser implementadas "enquanto as condições de sua execução sejam satisfeitas".[69] A prescrição da pena e a imprescritibilidade das medidas são princípios que devem ser aplicados de ofício pelo juízo da execução.[70] Em caso de litígio sobre a prescrição da pena (art. 441, § 3º, CPS), o recurso "perante a autoridade de recurso do cantão de execução" é aberto. Se o condenado cumpriu uma pena privativa de liberdade prescrita, uma compensação pelo erro moral lhe deverá ser atribuída, ao passo que, nas penas de caráter pecuniário, devem ser reembolsadas.[71]

3.3. PONTO DE PARTIDA

Em face do artigo 100 do Código Penal suíço, o prazo corre "a partir do dia em que a decisão se torna executória". Em caso de condenação com *pena suspensa* (art. 42 CPS : *sursis*) e de execução anterior a uma medida (art. 57, §2º), a prescrição corre "desde o dia em que a execução da pena é ordenada". O Tribunal Federal estabeleceu que essa exceção não se aplica a outras constelações, assim como a conversão de uma pena pecuniária em privativa de liberdade de substituição: em caso de conversão, o início da contagem da prescrição será determinado pela pena original.[72] Se a pena privativa de liberdade é combinada com uma pena parcialmente suspensa, é apropriado admitir dois pontos de partida: para aquilo que concerne à parte da pena a ser executada, o prazo corre desde o dia de seu pronunciamento; e, no que diz respeito à parte da pena suspensa, o prazo corre desde a sua revogação.[73]

À semelhança da prescrição da ação penal, o dia em que a prescrição se inicia não é levado em conta quando do cálculo daquele.[74]

3.4. PRORROGAÇÃO DO PRAZO

O artigo 99, parágrafo 2º, do Código Penal suíço, prevê que o prazo da prescrição pode ser prolongado "da duração da execução ininterrupta desta sentença,

---

[69] FF **1999** 1787 [1942].

[70] Art. 97, § 2°, CPS. A única exceção do princípio da não-prescrição de uma medida decorre do art. 61, § 4°, 3ª frase, CPS, que descreve que a medida imposta a jovem adulto deve ser aplicada ao mais tardar assim que ele atingir 30 anos. Se a autoridade ordenar sua transferência em um estabelecimento para jovens adultos (Segundo art. 61 CPS), este pode recorrer do cantão de execuçao (art. 441, § 3°, CPP).

[71] FF **2006** 1057 [1318]. Perrin, em: CR-CPP, art. 441 n. 10 et 12 e referências citadas.

[72] ATF 105 IV 16. PC CP, art. 100 n. 4; Stratenwerth, AT II, § 7 n. 38; Kolly, em: CR-CP I, art. 100 n. 8.

[73] Kolly, em: CR-CP I, art. 100 n. 7

[74] ATF 97 IV 238/JdT 1972 IV 98.

de uma outra pena privativa de liberdade ou de uma medida [privativa de liberdade][75] executada imediatamente antes", ou de uma duração igual ao período de regime de prova. Assim, o prazo da prescrição não corre enquanto uma privação de liberdade está em sendo executada.

Sem essa prorrogação do prazo da prescrição, uma pessoa condenada a uma pena privativa de liberdade de longa duração poderia, por exemplo, em suas licenças, cometer infrações de menor importância, sem que elas cumprir a pena para os pequenos crimes, a prescrição destes últimos corre o risco de expirar antes de a pena de longa duração encerrar.[76]

Em sua jurisprudência,[77] o Tribunal Federal lembrou que o direito federal não regulava a ordem da execução das penas, de maneira que o juízo da execução é livre para executar primeiro aqueles que são ameaçados de prescrição. Além do mais, o artigo 99, parágrafo 2º, do Código Penal suíço não é aplicável à pena privativa de liberdade que substitui a uma pena pecuniária em virtude do artigo 36 do Código Penal suíço,[78] nem à conversão de multas de acordo com o artigo 106 do Código Penal suíço (§§ 2º e 3º).[79]

4. Imprescritibilidade

O povo suíço aprovou em uma votação popular no dia 30.11.2008 a introdução de um artigo 123b da Constituição Federal da Confederação suíça do dia 18.04.1999 [Cst; RS 101], que dispõe que a ação penal e a pena, para um ato punível de cunho sexual ou pornográfico contra uma criança impúbere (menos de 12 anos completos), são imprescritíveis. O artigo 101, parágrafo 1º, letra "e",[80] e parágrafo 3º, *in fine*,[81] do Código Penal suíço foi adaptado nesse sentido no dia 01.01.2013.

O regime de imprescritibilidade da ação penal e da pena[82] de certas infrações graves se baseia no sistema estabelecido pelo direito internacional, notadamente a Convenção de 26.11.1968 sobre a imprescritibilidade de crimes de guerra e crimes

---

[75] As medidas ambulatórias e outras medidas não estão incluídas. (FF **1999** 1787 [1942]).

[76] FF **1999** 1787 [1941]).

[77] ATF 113 IV 49 cons. 3 (publicado: JdT 1988 IV 17).

[78] Kolly, em: CR-CP I, art. 99 n. 26; PC CP, art. 99 n. 7.

[79] TF 6B_366/2012 de 17.10.2012 (publicado: SJ 2013 I 348).

[80] São agora imprescritíveis os delitos previstos no art. 187, núm. 1, 189, 190, 191, 192, § 1° e 193, § 1°, CPS, desde que a vítima seja uma criança com menos de 12 anos de idade. O limite de idade foi fixado em 12 anos, tendo em conta a vontade popular, o aspecto científico e biológico, bem como o aspecto legal: FF **2011** 5565[5584].

[81] A lei de transição prevê que a imprescritibilidade se aplica se a ação penal ou a pena não tiver sido prescrita em 30.11.2008, data da adoção pelo povo do artigo constitucional, e que a infração cometida antes de esta data ainda não estava definitivamente prescrita (FF 2011 5565 5592). Sobre uma lei transitória: PC CP, art. 101 n. 5.

[82] Cf. Bolle, p. 308 segs.

contra a humanidade,[83] que não foi ratificado pela Suíça. Os atos imprescritíveis se diferenciam da criminalidade ordinária pela crueldade inumana da sua execução e pelo número elevado de vítimas.[84] A maioria das infrações descritas no artigo 101 do Código Penal suíço[85] protege os princípios éticos e morais igualmente protegidos pelo direito internacional. São especialmente considerados como crimes contra a humanidade os atos cometidos na ocasião de um ataque generalizado ou sistematizado contra uma população civil, o assassinato, o extermínio, a escravidão, a deportação, a prisão, a tortura, o estupro, a escravidão sexual, a prostituição forçada e a discriminação racial. São qualificados como crimes de guerra as infrações graves contrárias às pessoas ou aos bens protegidos pelas disposições das Convenções de Genebra e as outras violações graves do direito dos conflitos armados: homicídio intencional, tortura, deportação, tratamento inumano, detenção ilícita, tomada de reféns, destruição massiva, ataque intencional de civis ou de bens protegidos, recrutamento de crianças.

Não existe nenhuma obrigação para o juiz pronunciar, automaticamente, a pena máxima em desfavor aos autores de infrações imprescritíveis. O regime da imprescritibilidade não interfere, pois, na livre apreciação do juiz.[86] Nota-se, igualmente, que, para certas infrações nas quais o prazo de prescrição é menor que 15 anos, a prescrição ordinária (art. 97, §1º, CPS) pode ser mais favorável que a prescrição especial do artigo 97, parágrafo 2º, do Código Penal suíço para a vítima de mais de 10 anos feitos no momento do ato punível. Por essa razão, é mais apropriado aplicar a primeira que a segunda.

Por fim, além das circunstâncias atenuantes ordinárias, o artigo 101, parágrafo 2º, prevê que o juiz atenue a pena quando uma infração se prescreverá na aplicação dos artigos 97 e 98.

5. Autor submetido à jurisdição militar

Em conformidade com o princípio da unidade do direito penal material na Suíça, o Código Penal Militar de 13.06.1927 (CPM)[87] é (geralmente) modificado paralelamente ao Código Penal suíço. Particularidades militares podem existir na *lex specialis* ou *lex extraordinaria*, o que não é o caso quando se refere aos regimes da prescrição da ação penal e da pena.

---

[83] Adoptada e aberta à assinatura, ratificação e adesão da Assembleia Federal na sua resolução 2391 (XXIII) de 26.11.1968.

[84] FF **1977** II 1217 [1223].

[85] Em 22.06.2011, o Conselho Federal aprovou a mensagem de apoio às modificações legislativas necessárias à implementação da "Iniciativa sobre a imprescritibilidade" (art. 123*b* da Constituição Federal da Confederação Suíça de 18.04.1999 [Cst; RS **101**]) em: FF **2011** 5565. Art. 101, § 1°, letra e, e § 3°, 3ª frase, do Código Penal Suíço concretiza a imprescritibilidade de certos atos sexuais cometidos em crianças impúberes (menores de 12 anos). As Câmaras Federais aprovaram o projeto em 15.06.2012 (FF **2012** 5475).

[86] Hurtado Pozo, n. 1726.

[87] RS **321.0**.

Quando o autor é maior de idade, a ação penal prescreve em 30, 15, 10 ou 7 anos de acordo com a gravidade da pena máxima da qual a infração é passível, independentemente que o procedimento e o julgamento do caso sejam assuntos da jurisdição ordinária (art. 97, § 1°, CPS) ou da jurisdição militar (art. 55, §1°, CPM).[88] A pena prescreve em 30, 25, 20, 15 ou 5 anos segundo a pena pronunciada, independentemente da jurisdição ordinária (art. 99 CPS) ou militar (art. 57 CPM). Além das infrações descritas no artigo 59, parágrafo 1°, do Código Penal Militar, as mesmas descritas no artigo 101 do Código Penal suíço, ter a autorização de continuar a exploração militar de crianças menores de 12 anos (art. 50, § 1°, letra "c" e *cum* art. 157 CPM)[89] e de fazer executar a pena acessória da degradação (art. 57, § 3°, *cum* art. 35 CPM) também são imprescritíveis.

O direito penal militar não reconhece mais a suspensão e a interrupção da prescrição,[90] com a exceção do direito disciplinar militar[91] aplicável às faltas disciplinares e aos delitos de pouca gravidade (art. 180 CPM).[92] Conforme o artigo 184 do Código Penal Militar, o direito de processar (o que poderíamos chamar de "prescrição da ação disciplinar") prescreve em 12 meses (§1°) mas ele é suspenso durante a investigação (§ 2°). A jurisprudência do Tribunal militar de recurso admitiu, contudo, a aplicação analógica do prazo de prescrição absoluta de 3 anos previsto para as contravenções (art. 60 e CPM).[93] Quanto à pena disciplinar, a autoridade militar cantonal dispõe de 12 meses (a partir da data da entrada em vigor da mesma) para executá-la. Em caso de recurso contra uma decisão de conversão de uma multa em dias de detenção, o procedimento é suspenso. Um novo prazo de 12 meses começará a contar da decisão de conversão da autoridade de recurso.

6. Autor menor de idade

Para os autores menores de idade, os prazos de prescrição são significativamente reduzidos. Os artigos 36 e 37 da lei federal, regentes da condição penal dos menores (DPMin),[94] são *lex specialis* dos artigos 97 e seguintes do Código Penal suíço, sem prejuízo da remissão para as *lex generalis* descritas no artigo 1°, parágrafo 2°, do DPMin.

Como já citado, a prescrição da ação penal é um modo de extinção da ação penal em razão do tempo esgotado. Quanto mais tempo se passar desde a infração do menor, mais problemas acontecem, de um ponto de vista psicológico e peda-

---

[88] Sobre o procedimento penal militar : GODEL, p. 227 e segs. (em particular p. 240 e segs. relativo à extensão da lei penal militar).

[89] FF **2011** 5565 [5599].

[90] Sobre o direito anterior da prescrição contido no Código Penal Militar: HAURI, art. 51-56bis.

[91] Sobre a prescrição em direito disciplinar: HAUSER/FLACHSMANN/FLURI, p. 44 e segs.

[92] Sobre as brechas disciplinar: GODEL, p. 313 segs.

[93] Decisão do Tribunal militar de apelação de 20.05.2008 (AG2 07 22 cons. III/1).

[94] RS **311.1**. Para um comentário ao art. 36 e 37 DPM em: QUELOZ, N 399-416; RIEDO, n. 2583-2630.

gógico, de invocar como motivo a aplicação de uma medida socioeducativa ou de uma sanção. Contudo, é necessário antecipar uma regulamentação que, na presença de infrações graves, preserve a necessidade da proteção da coletividade e que não traia a confiança que esta tem na eficácia do ordenamento jurídico.[95]

Até o dia 31.12.2006, os artigos 88, parágrafo 4º, e 98, parágrafo 4º, do antigo Código Penal admitiam um sistema de "quase-prescrição" segundo o qual o juiz podia abrir mão de qualquer medida ou pena se tivesse passado 3 meses para as crianças[96] e 1 ano para os adolescentes.[97] Tratava-se de um motivo facultativo de exceção que permitia ao juiz se adaptar ao caso concreto e levar em conta o desenvolvimento da personalidade do jovem delinquente.[98] O direito em vigor é menos favorável aos menores. Em virtude do artigo 36, parágrafo 1º, do DPMin,[99] a ação penal prescreve:

- em 5 anos se o crime é passível de uma pena privativa de liberdade de mais de 3 anos,[100] segundo o direito penal aplicável aos adultos (let. a);
- em 3 anos se o delito é passível de uma pena privativa de liberdade de até 3 anos no máximo, conforme o direito penal especial aplicável aos adultos (let. b); e
- em 1 ano se o delito é passível de uma contravenção (punido com multa),[101] conforme o direito penal especial aplicável aos adultos (let. c);

A lei possui uma lista exaustiva de crimes graves para os quais, quando são cometidos contra uma criança menor de 16 anos, a prescrição penal correrá até a vítima completar 25 anos. Esse prazo especial da prescrição diz respeito ao homicídio (art. 111 CPS), assassinato (art. 112 CPS), homicídio passional (art. 113 CPS), lesões corporais graves (art. 122 CPS), coação sexual (art. 189 CPS), estupro (art. 190 CPS), ato de cunho sexual contra uma pessoa incapaz de discernir e de resistir (art. 191 CPS), incentivo à prostituição (art. 195 CPS).[102]

O direito penal de menores se refere igualmente ao tráfico de pessoas (art. 182 CPS), mesmo que pareça difícil o autor ser menor. Ao contrário do direito dos adultos, o artigo 36, parágrafo 2º, do DPMin menciona expressamente o assassinato (art. 112 CPS) que prescreve em 5 anos quando o autor é menor, e não em 30.[103]

---

[95] FF **1999** 1787 [2064]. O direito penal dos menores (DPMin) está de acordo com o princípio fundamental da proteção e da educação, descritos no art. 2 DPMin.

[96] Segundo art. 82, § 1°, CPS, era das crianças de 7 anos (maioridade penal) a 15 anos.

[97] Segundo art. 89 CPS, adolescentes de 15 anos (maioridade penal) a 18 anos.

[98] FF **1999** 1787 [2064].

[99] Queloz, N. 401.

[100] Em virtude do art. 25, § 2°, DPmin, a pena privativa de liberdade máxima é de 1 ano no máximo (se o menor tivesse 15 anos no momento da infração) ou 4 anos (se o menor tinha 16 anos).

[101] O art. 109 CPS prevê um prazo de prescrição da ação penal e da pena de 3 anos para as contravenções cometidas por adultos.

[102] Essas infrações ainda podem ser perseguidas, se foram cometidas antes da entrada em vigor do DPmin, dia 01.07.2007 e se a ação penal ainda não prescreveu até essa data.

[103] O direito dos menores não se refere às mutilações genitais femininas (art. 124 CPS), perigo de desenvolvimento dos menores (art. 187 e 188 CPS) e à pornografia infantil (art. 197, § 3°, CPS), infrações nais quais o autor é um adulto.

Ao contrário do direito penal dos adultos, a lei dos menores não regulamenta a interrupção da prescrição.[104] No recesso de 03.01.2017, o Tribunal Federal admitiu que é uma lacuna do direito propriamente dita que o juiz deve preencher.[105] Baseando-se na mensagem do Conselho Federal,[106] os juízes federais admitiram a aplicação do artigo 97, parágrafo 3º, do Código Penal suíço apesar de o texto do artigo 1º, parágrafo 2º, letra "j" do DPMin que não se refere.

Em conformidade com artigo 37, parágrafo 1º, do DPMin, as penas privativas de liberdade de mais de 6 meses se prescrevem em 4 anos, enquanto que as outras penas se prescrevem em 2 anos. A execução de qualquer pena mencionada em virtude da presente lei termina quando a pessoa condenada atinge os 25 anos de idade (art. 37, § 2º, DPMin). À semelhança da prescrição da ação penal, os prazos de prescrição da execução de todos os tipos de sanção são inferiores aos prazos do direito dos adultos.

Por fim, o artigo 2º, parágrafo 2º, letra "j", do DPMin retoma expressamente os artigos 98 (ponto de partida da prescrição da ação penal),[107] 99, parágrafo 2º (prorrogação do prazo de prescrição da pena),[108] 100 (ponto de partida da prescrição da pena)[109] e 101, parágrafo 1º, letras "a-d", parágrafos 2º e 3º.[110]

Bibliografia

BOLLE Pierre-Henri, La Suisse et l'imprescriptibilité des crimes de guerre et des crimes contre l'humanité, em: Revue pénale suisse (RPS), 1977, p. 308-317.

CAPUS Nadja, Art. 97-101 StGB, em: TRECHSEL Stefan / PIETH Mark, *Schweizerisches Strafgesetzbuch Praxiskommentar*, 2º éd., 2017.

COMMISSION DES AFFAIRES JURIDIQUES DU CONSEIL DES ÉTATS, Rapport du 16.11.2001 « Initiative parlementaire : Prescription de l'action pénale – adaptation de dispositions du code pénal et du code pénal militaire au nouveau droit régissant la prescription » em : Feuille fédérale 2002, p. 2512 e seg (citado : FF 2002 2512).

CONSEIL FÉDÉRAL, Message complémentaire du 06.07.1977 concernant le projet de loi fédérale sur l'entraide internationale en matière pénale em : Feuille fédérale 1977, volume II, p. 1217 e seg (citado : FF 1977 II 1217); Message du 21.09.1998 concernant la modification du code pénal suisse (dispositions générales, entrée en vigueur et application du code pénal) et du code pénal militaire ainsi qu'une loi fédérale régissant la condition pénale des mineures, em: Feuille fédérale 1999, p. 1787 e seg (citado: FF 1999 1787); Message du 22.06.2011 relatif à la loi fédérale portant mise en œuvre de l'art. 123*b* de la Constitution concernant l'imprescriptibilité des actes d'ordre sexuel ou pornographique commis sur des enfants impubères (Modification du code pénal, du code pénal militaire et du droit pénal des mineurs) em: Feuille fédérale 2011, p. 5565 e seg [citado: FF 2011 5564]; Message du 04.07.2012 concernant l'approbation de la convention du Conseil de l'Europe sur la protection des enfants contre l'exploitation et les abus sexuels (convention de Lanzarote) et sa mise en œuvre (modification du code pénal) em: Feuille fédérale 2012, p. 7051 ss (citado : FF 2012 7051) ;

[104] QUELOZ, n. 406.

[105] ATF 143 IV 49 (publicado: JdT 2017 IV 307). Jurisprudência confirmada em acórdãos TF 6B_400/2016 e 6B_206/2016 de 16.02.2017. Esta é uma mudança de orientação da jurisprudência em relação ao acórdão TF 6B_771/2009 de 07.10.2009, nos quais os juízes federais concordaram que a prescrição não poderia ser interrompida. Uma parte da doutrina concordava: RIEDO, n. 2582 et n. 2611.

[106] FF **1999** 1787 [1939].

[107] QUELOZ, n. 402.

[108] QUELOZ, n. 414.

[109] QUELOZ, n. 415.

[110] QUELOZ, n. 407 e segs.

Message du 07.11.2012 concernant la modification du code pénal et du code pénal militaire (Allongement des délais de prescription), em: Feuille fédérale 2012, p. 8533 ss (citado: FF 2012 8533).

DUPUIS Michel / MOREILLON Laurent / PIGUET Christophe / BERGER Séverine / RODIGARI Virginie (ed.), *Code pénal, Petit commentaire*, 2° ed., 2017 (citado: PC CP); **GODEL** Thierry, *La Procédure pénale militaire en Suisse: État des lieux, examen critique et propositions de révision*, 2018.

HAURI Kurt, Militärstrafgesetz, Kommentar, 1983.

HAUSER Peter / FLACHSMANN Stefan / FLURI Patrick, *Disziplinarstrafordnung*, 2008.

HURTADO POZO José, Droit pénal: Partie générale, 2008.

HURTADO POZO José avec la collaboration de GODEL Thierry, *Droit pénal général, abrégé*, 2° ed., 2013.

JOSITSCH Daniel / EGE Gian / SCHWARZENEGGER Christian, *Strafrecht II*, 2018.

KUHN Robert / JEANNERET Yvan, *Commentaire Romand, Code de procédure pénale suisse*, 2011 (citado: autora, em: CR-CPP).

MACALUSO Alain / MOREILLON Laurent / QUELOZ Nicolas (ed.), Commentaire Romand, Code pénal II (art. 111-392 CP), 2017 (citado: autora, em: CR-CP II).

NIGGLI Marcel Alexander / HEER Marianne / WIPRÄCHTIGER Hans (ed.), *Schweizerische Strafprozessordnung / Jugendstrafprozessordung (StPO / JStPO)*, 2° ed., 2014 (citado : autora, em : BSK I [art. 1-110] ; autora, em : BSK II [art. 111-392]).

PIQUEREZ Gérard / MACALUSO Alain, *Procédure pénale suisse*, 3° ed. com a colaboração Laurence PIQUEREZ, 2011.

QUELOZ Nicolas (ed.), Droit pénal et justice des mineurs en Suisse, Commentaire DPMin et PPMin, 2018.

RIEDO Christoph, Jugendstrafrecht und Jugendstrafprozessrecht, 2013.

RIEDO Christoph / KUNZ Oliver M., *Jetlag oder Grundprobleme des neuen Verjährungsrechts*, em: Pratique juridique actuelle (PJA) n° 8/2004, p. 904-916.

ROTH Robert / MOREILLON Laurent (éditeurs), *Commentaire Romand, Code pénal I (art. 1-110 CP)*, 2009 (citado: autorar, em: CR-CP I).

VIREDAZ Baptise / TALMANN Vanessa, Abrégé: Introduction au droit des sanctions, 2013.

Tema II

Prescritibilidade como garantia: o conflito entre a jurisdição interna e a jurisdição internacional de proteção dos direitos humanos

João Paulo Orsini Martinelli

Leonardo Schmitt de Bem

Considerações introdutórias

Um problema que permeia o sistema jurídico-penal brasileiro é o conflito entre a prescritibilidade dos crimes, prevista na Constituição Federal, e a imprescritibilidade das graves violações a direitos humanos, imposta pela Convenção Americana de Direitos Humanos, e dos crimes contra a humanidade, conforme o Estatuto de Roma. De um lado, a Carta Magna só prevê algumas poucas exceções de crimes que não prescrevem; de outro, o documento internacional exige a apuração e punição de delitos, mesmo quando já decorrido o prazo prescricional.

A Corte Interamericana de Direitos Humanos já responsabilizou internacionalmente o Brasil sob o argumento de que a impunidade de graves violações a direitos humanos não pode encontrar eco nas regras internas relativas à prescrição. A mesma Corte já obrigou que o Estado brasileiro torne imprescritíveis determinados delitos. No entanto, a imprescritibilidade imposta pelo sistema regional seria realmente legítima? Haveria fundamento convencional para tanto? Esta diretriz se compatibilizaria naturalmente com os princípios constitucionais?

Antes de descortinar as devidas respostas, nossa intenção é situar o leitor no terreno da prescritibilidade, como uma garantia constitucional. Assim, após breve apanhado histórico, destacar-se-á que o Estado possui uma estrutura constitucionalmente reconhecida que permite o exercício da persecução penal em tempo razoável para todo e qualquer delito, de sorte que se deve combater a excepcional perenidade já consagrada na Constituição de 1988 e qualquer outra ressalva proposta por legislação ordinária ou derivada de criação jurisprudencial, porque contrárias à missão de contenção do poder punitivo.

As objeções à imprescritibilidade também avançarão ao plano interamericano, mesmo para casos de graves violações de direitos humanos. Isso não significa que a defesa da prescrição penal como garantia constitucional equivalha à defesa da impunidade. Ao contrário, o resguardo da prescrição far-se-á para combater uma tendência punitivista da própria Corte Interamericana de Direitos Humanos, seja por descumprir o texto da Convenção Americana de Direitos Humanos, seja por ultrapassar alguns limites nela previstos.

1. Conceito e breve histórico de prescrição

Prescrição é a perda do poder punitivo do Estado pelo decurso de tempo. Quando alguém pratica uma infração criminal, surge para o Estado o poder de punir. Entretanto, esse poder não perdura eternamente. Ninguém pode permanecer por toda a vida na expectativa de ser condenado quando o Poder Público for ineficaz. Apesar de um crime ser mais ou menos grave, o acusado é o lado mais fraco na relação com o Estado, que conta com uma estrutura formada por Polícias, Ministério Público, Poder Judiciário e Forças Armadas. Se, mesmo com toda estrutura em seu favor, não sobrevier uma condenação em tempo razoável, perde-se a legitimidade para imposição de uma pena. A prescrição é um instituto jurídico fundamental à manutenção do Estado democrático de direito sustentado na dignidade da pessoa humana. Trata-se, pois, de uma garantia constitucional.

A consequência direta da prescrição é a extinção da punibilidade do violador da norma penal, é dizer, torna-se impossível sua punição penal (art. 107, IV, 1ª parte). Se ainda não houve a decisão condenatória transitada em julgado, o inquérito será arquivado ou o processo será finalizado. Não há mais motivos para continuar o labor investigativo ou a persecução criminal. Seria um contrassenso despender recursos públicos para o agente não ser punido.

Quando ocorrer a prescrição, qualquer ato persecutório, em relação ao injusto culpável, será considerado constrangimento ilegal. Ninguém poderá ser mantido na condição de indiciado ou réu quando o Estado não puder mais aplicar pena no caso concreto.[1] A prescrição, portanto, é uma garantia de não ser punido após decurso de tempo considerável e, ademais, de não ser objeto de investigação ou persecução penal.

A prescrição é uma garantia do indivíduo de não precisar sofrer, pelo restante da vida, a expectativa de, a qualquer momento, ser condenado criminalmente, muito tempo depois da prática do delito. Historicamente, a literatura da época das Luzes revelou-se adversa à prescrição dos crimes atrozes e favorável aos crimes poucos consideráveis.[2] Sílvia Alves também informa que o inglês Jeremy Bentham, em princípio, declarou-se contrário à prescrição dos crimes por considerá-la

---

[1] Da leitura conjunta dos arts. 647 e 648 da Lei Processual Penal afere-se que, quando a punibilidade estiver extinta, considerar-se-á coação ilegal o prosseguimento de qualquer procedimento contra o agente, cabendo, por conseguinte, *habeas corpus* contra o ato da respectiva autoridade. (MARTINELLI, João Paulo Orsini; DE BEM, Leonardo Schmitt. *Lições fundamentais de Direito penal*. Parte geral. 3ª ed. São Paulo: Saraiva, 2018, p. 1011-2).

[2] BECCARIA, Cesare. *Dos delitos e das penas*. Trad. Torrieri Guimarães. São Paulo: Hemus, 1983, p. 37, enfatiza que "tratando-se de crime horrendos, cuja lembrança perdura por muito tempo na memória dos homens, se os mesmos forem comprovados, não deve ocorrer qualquer prescrição em favor do culpado que evita o castigo pela

um privilégio odioso, pois, ao fim de alguns anos, a maldade poderia triunfar sobre a inocência. Apesar disso, o importante filósofo reconhecia que a espera do criminoso durante o intervalo do prazo da prescrição já seria uma pena em parte.[3]

No Brasil, o Código Criminal de 1830 estabeleceu expressamente a não prescrição das penas (art. 65). René Ariel Dotti, porém, esclarece que o dispositivo se referia à prescrição da *condenação*, de sorte que a Lei de 29 de novembro de 1932 cuidava da prescrição da *ação*.[4-5] Admitiu-se a prescrição como causa extintiva da ação penal no Código Penal dos Estados Unidos do Brasil, de 1890 (art. 71, 4°). Em regra, a prescrição da *ação* estava subordinada aos mesmos prazos que a da *condenação* (art. 78), sendo ambas interrompida pela reincidência (art. 81).[6] As mesmas regras foram mantidas na Compilação de Vicente Piragibe.[7] Na redação originária do Código Penal de 1940, houve previsão tão-somente da imprescritibilidade das penas acessórias imposta na sentença ou resultante de condenação (art. 118, parágrafo único).

Com a supressão das penas acessórias pela Reforma de 1984, o sistema penal regressou à política prescricional, excepcionando as regras quanto à imprescritibilidade do racismo e da ação de grupos armados, civis ou militares, contra a ordem constitucional e contra o Estado de Direito (art. 5º, XLII e XLIV, da Constituição Federal de 1988).

2. Fundamentos políticos da prescrição

Por ser uma garantia constitucional, fundamentos não faltam para legitimar a prescrição enquanto instituto jurídico. A prescrição não é um instrumento jurídico a favor da impunidade, ao contrário, é uma maneira de impor ao Estado o dever de apurar uma infração penal e aplicar a respectiva punição. Ao mesmo tempo em que a vítima da infração quer que seu ofensor seja punido, o réu tem o direito constitucional à duração razoável do processo. Diante de tamanha importância, é imprescindível fundamentar a prescrição.

---

fuga. Tal não é, no entanto, o caso dos crimes ignorados, e pouco importantes; é necessário determinar um prazo após o qual o criminoso, bastante punido pelo exílio voluntário, possa retornar sem temer novos castigos".

[3] ALVES, Sílvia. *Fundamentos da extinção da punibilidade*: um estudo de história do direito penal luso-brasileiro. Belo Horizonte: D'Plácido, 2016, p. 21.

[4] DOTTI, René Ariel. Variações sobre a prescrição na busca de um tempo perdido. In. *Prescrição penal*: temas atuais e controvertidos: doutrina e jurisprudência. V. 6. Ney Fayet Júnior (Coord.). Porto Alegre: Livraria do Advogado, 2018, p. 23.

[5] BRASIL. Código de Processo Criminal de Primeira Instância do Imperio do Brasil. Recife: Typographia Universal, 1859, p. 40-41. Vide, em especial, os arts. 54-57.

[6] As expressões "prescrição da ação" e "prescrição da condenação", usuais à época, têm reconhecida sua impropriedade nos dias atuais, devendo-se falar da prescrição da pretensão de punir e da prescrição da pretensão de executar a pena imposta.

[7] Decreto n. 22.213, de 14 de dezembro de 1932.

Segundo a *teoria do esquecimento*, a prescrição tem respaldo na constatação de que após o decurso de certo tempo, que sofre variações de acordo com a gravidade do fato, o crime é esquecido pela sociedade, não restando, assim, motivos que justifiquem sua punição.[8] É uma ideia com base na finalidade de prevenção geral da pena, visto que a punição tardia não surte o mesmo efeito sobre a população.[9] Como a pena, enquanto prevenção geral, deve atuar sobre a sociedade, para estimular o comportamento conforme a norma (prevenção geral positiva) ou incutir o medo da punição (prevenção geral negativa), o lapso temporal entre a conduta ilícita e a imposição de sanção, para que esta seja eficaz, não pode extrapolar o razoável.

Uma segunda corrente defende a prescrição com base no fim de prevenção especial da pena. É a *teoria da presunção de correção*. Quando o decurso do tempo traz a regeneração do agente, que deixa de praticar outros atos ilícitos, a pena criminal perde sua relevância.[10] Com a presumida recuperação do agente, a punição perde relevância com o passar dos anos.[11] É dizer, a reinserção social do criminoso teria acontecido sem a necessidade de uma intervenção penal. Logo, o castigo passa a ser inútil no caso concreto.[12] Essa opinião coincide, aliás, com previsão da Convenção Americana de Direitos Humanos, pela qual a pena privativa de liberdade deve ter por fim essencial a ressocialização do criminoso (art. 5, 6º). A demora na punição inviabilizaria a finalidade de prevenção especial imposta pelo tratado internacional.

Para a *teoria do desgaste probatório*, por sua vez, a prescrição é um remédio para evitar eventual condenação com respaldo em provas deterioradas, afinal, quanto mais o tempo passa, mais frágeis elas ficam, especialmente a testemunhal, que depende da compreensão dos fatos pelo depoente. Sabe-se que a memória da testemunha, e até da vítima, perde sua eficácia no reconhecimento do fato delituoso.[13] As certezas tornam-se dúvidas e, com efeito, em razão do princípio *in dubio pro reo*, a probabilidade de absolvição fica cada vez maior. E mais, o próprio

---

[8] ABDALA, Vinícius. Imprescritibilidade dos crimes contra a humanidade? In. *Revista Brasileira de Ciências Criminais*, n. 97, v. 20, São Paulo, 2012, p. 488.

[9] Proclamava Beccaria que "quando o delito é constatado e as provas são certas, é justo conceder ao acusado o tempo e os meios de justificar-se, se lhe for possível; é preciso, porém, que esse tempo seja bastante curto para não retardar demais o castigo que deve seguir de perto o crime, quando quiser que o mesmo seja um freio útil contra os celerados" (Dos delitos e das penas. Op. cit., p. 37).

[10] De acordo com Vinícius Abdala, "seria como se o Estado durante um determinado tempo, mesmo que involuntariamente, tivesse feito uma experiência com o criminoso, que resultou positiva; concluindo, deste modo, que lhe enviar ao cárcere seria uma medida inútil" (*Imprescritibilidade dos crimes contra a humanidade. Op. cit.*, p. 489).

[11] SWENSSON JR., Lauro Joppert. *Responsabilidade penal para os crimes da ditadura militar*: a justiça de transição diante da lei. Curitiba: Juruá, 2017, p. 156.

[12] PIÑA, Alejandro W. Anticonvencionalidad de la prescripción de la acción penal en casos de graves atentados a la persona. In. *Anuário de Derecho penal 2010-2011*. Buenos Aires: Ad-Hoc, 2012, p. 385.

[13] Sobre a credibilidade, qualidade e confiança na prova testemunhal e, em especial, à questão das falsas memórias, entre outros, vide: ROSA, Alexandre Morais da. *Guia do processo penal conforme a teoria dos jogos*. 4ª ed. Florianópolis: Empório do Direito, 2017, p. 762-8.

estado de coisa também é alterado, por isso a necessidade de apuração rápida dos fatos. Neste aspecto processual penal, portanto, a precariedade das provas pode ensejar a condenação de um inocente, pois é possível se alcançar uma sentença eivada de erro judicial.[14] A condenação só pode estar amparada em conteúdo probatório robusto sem deterioração pelo tempo.

Para os adeptos da *teoria da expiação moral*, o autor de um crime, qualquer que seja, tem o direito de saber em tempo razoável se terá de cumprir uma pena. Além disso, quanto antes ocorrer a execução penal, melhor para o condenado, que terá sua liberdade restituída em tempo de (tentar) se reinserir na sociedade. Aduz Bitencourt que a pretensão punitiva "não pode eternizar-se como uma espada de Dâmocles pairando sobre a cabeça do indivíduo".[15] Portanto, a prescrição constitui uma garantia do sujeito de receber a pena em tempo razoável. O fantasma da punição não pode acompanhá-lo pelo restante de sua vida. A duração razoável do processo é garantia prevista na Convenção Americana de Direitos Humanos (art. 7, 5º) e na Constituição (art. 5º, LXXVIII), sendo que sua violação implica sanção ao Estado, que não mais poderá punir o agente. A prescrição reafirma o direito à duração razoável do processo a qualquer pessoa.

Entendemos que há um fundamento de natureza política que considera o Estado como ente soberano. Sendo responsável pela segurança das pessoas, o Estado possui uma estrutura constitucionalmente reconhecida visando à prevenção, investigação e punição dos crimes. Cada membro da Federação possui sua Polícia Militar e sua Polícia Civil, além de seu Ministério Público e seu Poder Judiciário. No âmbito da União, há semelhante estrutura, além das Forças Armadas. Como segurança pública não é problema tão somente de repressão, o Estado possui a obrigação de atuar na prevenção por intermédio de educação, saúde, lazer, cultura e outros meios que proporcionam o desenvolvimento da dignidade humana.

Tanto na prevenção quanto na repressão, o Estado desenvolve sua soberania por meio de uma estrutura própria: extenso corpo de servidores que gozam de estabilidade, magistrados e membros do Ministério Público com garantias constitucionais (vitaliciedade, inamovibilidade e irredutibilidade de vencimentos), orçamento anual destinado à aquisição de equipamentos, etc. Não há dúvidas de que é dever do Estado iniciar e encerrar o processo criminal em tempo razoável. Eventuais falhas não podem sustentar um período indefinido para que a punição seja imposta. Uma indefinição resulta prejudicial ao agente, potencializando o poder punitivo contra ele. O retardamento de atos e a prática destes sem prévia fixação temporal possibilita prolongar o processo desnecessariamente,[16] contrapondo o

---

[14] MACHADO, Fábio Guedes Paula. Prescrição: a identidade no tempo e a proporcionalidade. In. *Prescrição penal*: temas atuais e controvertidos: doutrina e jurisprudência. V. 3. Ney Fayet Júnior (Coord.). Porto Alegre: Livraria do Advogado, 2011, p. 37.

[15] BITENCOURT, Cezar Roberto. *Tratado de Direito penal*: parte geral. V. 1. 15ª ed. São Paulo: Saraiva, 2014, p. 888. Neste mesmo sentido: SWENSSON JR., Lauro Joppert. *Responsabilidade penal para os crimes da ditadura militar*. *Op. cit.*, p. 157.

[16] MACHADO, Fábio Guedes. *Prescrição*: A identidade no tempo e a proporcionalidade. *Op. cit.*, p. 37.

modelo constitucional de redução de danos. Portanto, a prescrição serve como punição ao Estado pela negligência na apuração do crime em tempo razoável. Estas são razões para adoção da *teoria da perda de legitimidade*.

3. A imprescritibilidade delitiva na Constituição Federal

Não obstante ser garantia do cidadão contra a demora do Estado na persecução penal, o legislador constitucional apresentou exceções a grupos de crimes não prescritíveis.[17] Dispôs que a prática do racismo constitui crime inafiançável e imprescritível, sujeito à pena de reclusão, nos termos da lei (art. 5º, XLII), bem como a ação de grupos armados, civis ou militares, contra a ordem constitucional e o Estado democrático (art. 5º, XLIV). Conforme a jurisprudência pátria, tal imprescritibilidade se aplica à pretensão punitiva e à pretensão de execução (STJ, 5ª Turma, HC n. 15.155/RS, rel. Min. Gilson Dipp, DJ 18-3-2002).

Quanto ao racismo, há previsão expressa de mandado constitucional de criminalização de sua prática. Na Lei 7.716/1989, porém, não consta o termo *racismo*, mas apenas a definição – segundo o preâmbulo – dos crimes "resultantes de preconceito de raça ou cor", com ulterior ampliação do âmbito de punição às condutas "discriminatórias" também relacionadas à "etnia, religião ou procedência nacional" (art. 1º com redação dada pela Lei n. 9.459/1997).

Ao expor a questão terminológica em seu livro, Fabiano Martins Silveira enfatiza que a "palavra *racismo* comporta as mais inúmeras divergências conceituais, com enorme potencial de problematização".[18] A colocação é certeira. Para escrever sobre racismo, por primeiro se faz necessário dizer o que se entende por racismo. Ainda que todos possam ter um conhecimento vulgar, a sua definição não é simples, e certamente vários especialistas reconhecem este fator quando buscam oferecer suas contribuições. O que parece simples, portanto, oferece enormes dificuldades, ao ponto de não se lograr chegar a um consenso.

A depender do critério utilizado para fins de alcançar o sentido do termo em destaque, realmente é possível evitar ou criar problemas, em especial quando o sentido for transportado ao campo penal. É simples: se nos limitarmos à etimologia, associaremos o racismo apenas à *raça*; porém, decidindo-se pelo abandono

---

[17] Não sem receber contundentes críticas da doutrina. Entre outros, por exemplo, Katia Elise Oliveira aduz que a previsão "arranhou o princípio da proporcionalidade", considerando que crimes muito mais graves seguem conectados às regras gerais de prescrição previstas no Código Penal (*O papel do Direito penal no enfrentamento da discriminação*. São Paulo: PUC, 1997, p. 60). Na esteira de que o legislador constituinte pecou pela desproporcionalidade, mas favorável à imprescritibilidade, veja-se: SANTOS, Christiano Jorge. *Crimes de preconceito e de discriminação*. São Paulo: Saraiva, 2010, p. 163. O autor salienta que, excepcionando ele próprio e Fábio André Guaragni, não há notícias de outros penalistas que tenham defendido a imprescritibilidade no país. Porém, em análise da dissertação de mestrado do representante do Ministério Público do Paraná, não há linha defensiva neste sentido. Aliás, sequer o Procurador de Justiça já escreveu algo sobre o tema.

[18] SILVEIRA, Fabiano A. Martins. *Da criminalização do racismo*: aspectos jurídicos e sociocriminológicos. Belo Horizonte: Del Rey, 2007, p. 72.

étimo, o racismo alcançaria sentido amplo, sendo que a imaginação poderia elencar ou abarcar diferentes elementos.[19]

Como penalistas, interpretamos o termo sem a ousadia de expandir demasiadamente o seu alcance, pois nos guiamos pela legalidade. Não seria nada razoável interpretar um preceito constitucional sem considerar um princípio constitucional. Assim, analisando a Lei 7.716/1989 e seu histórico de alterações legais, vê-se que a palavra *raça* se conecta com o termo *cor*. Nosso legislador associou ambos, visando a evitar, em regra, um discurso racializante em desfavor dos negros. Baseou-se, pensamos possível dizer, fenotipicamente (raça negra ou negroide).

Assim o fez, primeiramente, já no preâmbulo da referida lei e em seu preceito inaugural.[20] Depois, quando tipificou os atos discriminatórios ou preconceituosos praticados pelos meios de comunicação ou por publicação de qualquer natureza, por meio da Lei n. 8.081/1990.[21] Por fim, ao manter a mesma conexão quando da promulgação da Lei n. 9.459/1997, que alterou tanto a redação típica, como as margens penais do art. 20 da Lei n. 7.716/1989.[22]

Parcela da doutrina não discrepa desta orientação conjunta entre raça e cor. Ilustrando, Ney Fayet Júnior estende a imprescritibilidade aos crimes de discriminação ou preconceito quanto à *cor*, por se tratar de uma característica física hereditária e, como tal, passível de encaixe no conceito de raça.[23] Também Fabiano Augusto Silveira: "a partícula *cor* exerce, do ponto de vista legal, como elemento normativo dos crimes de racismo, a mesma função da *raça*, particularizar aqueles agrupamentos humanos corados pelo preconceito e discriminação (*as pessoas de cor*), ligando-se aos referidos conectores. Há, entre *raça* e *cor*, uma relação de especialidade, um *plus*, revelando que o legislador preferiu a abundância à escassez".[24]

---

[19] TRIPPO, Maria Regina. *Imprescritibilidade penal*. São Paulo: Juarez de Oliveira, 2004, p. 79, amplia a prática de racismo quando presentes qualquer das características do art. 1º da Lei 7.716/1989.

[20] Atente-se à justificação do PL 52/1988, depois convertido na Lei 7.716/1989, de autoria do Dep. Carlos Caó: "[...] o negro está privado do direito à cidadania em uma prática odienta do racismo [...]".

[21] Os mais atentos poderão observar que há uma imprecisão na apresentação da redação do respectivo tipo legal na página oficial do Planalto (www4.planalto.gov.br/legislação/), de sorte que o termo "cor" foi suprimido equivocadamente. Certa diligência e consulta ao PL 5.239/1990, de autoria do Dep. Ibsen Pinheiro, depois convertido na Lei 8.091/1990, permite aferir a presença deste elemento na previsão típica e seu consequente sancionamento presidencial *in totum*.

[22] Insta apontar que o PL 1.240/1995, de autoria do Dep. Paulo Paim, depois convertido na supracitada Lei 9.459/1997, pretendeu tipificar na Lei n. 7.716/1989 a prática de "injúria, calúnia e difamação utilizando elementos referentes à raça, cor, etnia, religião ou procedência nacional". Posteriormente, em Emenda de Plenário, propôs a tipificação (e no Código Penal) da injúria qualificada nestes termos: "se a injúria consiste na utilização de elementos referentes a raça, cor, etnia, religião ou origem".

[23] FAYET JÚNIOR, Ney. Injúria racial: um crime imprescritível? In. *Prescrição penal*: temas atuais e controvertidos: doutrina e jurisprudência. V. 6. Ney Fayet Júnior (Coord.). Porto Alegre: Livraria do Advogado, 2018, p. 73.

[24] SILVEIRA, Fabiano A. Martins. *Da criminalização do racismo*. *Op. cit.*, p. 72. Ou, ainda, a síntese que é apresentada por Christiano Jorge Santos: "as cores das pessoas, no sentido de preconceito de cor, são objeto de idêntica classificação racial" (*Crimes de preconceito e de discriminação*. *Op. cit.*, p. 58).

Nestes termos, seria inaceitável fechar os olhos à taxatividade na análise do dispositivo constitucional. Igualmente intolerável seria eleger uma expressão visando a camuflar a extensão formal da não prescrição da prática do racismo aos demais elementos normativos previstos no tipo legal do art. 20 da Lei 7.716/1989. Etnia, religião e procedência nacional têm conotação técnica e não vulgar, a ponto de não se equipararem aos demais elementos (raça e cor). Assim, a partir de uma técnica de exclusão (que favorece alcançar um conceito de racismo), limitamos a extensão da imprescritibilidade às condutas criminosas discriminatórias ou preconceituosas relacionadas à etnia, religião ou procedência nacional (art. 1º).

Outro setor da doutrina,[25] bem como a jurisprudência da Corte Constitucional, porém, amplia seu raio de abrangência para albergar qualquer conduta com as características previstas no art. 1º (STF, Pleno, HC n. 82.424/RS, rel. p/Ac. Min. Maurício Corrêa, DJ 19-3-2004).

No caso em apreço, adotou-se um conceito de "racismo social". No famoso julgamento de Siegfried Ellwanger, o Plenário do Tribunal, partindo da premissa de que não há subdivisões biológicas na espécie humana, entendeu que a divisão dos seres humanos em raças resulta de um processo de conteúdo meramente político-social. Desse pressuposto, origina-se o racismo que, por sua vez, gera a discriminação e o preconceito segregacionista. Para a construção de um conceito jurídico-constitucional do termo "racismo", a Corte Suprema, por maioria, concluiu que é necessário, por meio da interpretação teleológica e sistêmica da Constituição, conjugar fatores e circunstâncias históricas, políticas e sociais que regeram a sua formação e aplicação. Apenas desta maneira seria possível obter o real sentido e alcance da norma, que deve compatibilizar os conceitos etimológicos, etnológicos, sociológicos, antropológicos e biológicos.

Há ainda um segundo ponto a deter atenção na redação do art. 5º, XLII, da Constituição Federal. Note que o constituinte aduz que a "prática" do racismo constitui crime imprescritível, delegando ao legislador infraconstitucional o detalhamento do tipo legal e da respectiva sanção. Ao cumprir a ordem constitucional, porém, valeu-se de técnica disjuntiva. Ao lado do núcleo "praticar", previu outros verbos: "induzir" ou "incitar" (art. 20). Portanto, é dever investigar se o efeito da perenidade também alcança os outros dois comportamentos alternativos.

Gimbernat Ordeig ensina-nos que a letra da lei nunca deve ser sobrepassada, estando em jogo a imposição de uma pena (e suas consequências).[26] Logo, na esteira do que acima foi dito, consagrando o princípio da legalidade, seria dever

---

[25] TRIPPO, Maria Regina. *Imprescritibilidade penal. Op. cit.*, p. 79. SANTOS, Christiano Jorge. *Crimes de preconceito e de discriminação. Op. cit.*, p. 163, afasta a perenidade do Direito de punir somente nos crimes relacionados à religião e à procedência nacional, pois entende que, em determinados casos, não há como distinguir de forma segura o preconceito de raça ou de cor (e algumas vezes também o preconceito por etnia), podendo até, eventualmente, significar a mesma coisa.

[26] GIMBERNAT ORDEIG, Enrique. *Concepto y método de la ciencia del Derecho penal*. Madrid: Tecnos, 1999, p. 45.

não ampliar a imprescritibilidade aos crimes de induzimento ou incitação de discriminação ou preconceito de raça ou de cor.[27]

Menos polêmica é a análise do outro crime imprescritível segundo o teor constitucional, é dizer, a ação de grupos armados, civis ou militares, contra o Estado democrático de direito (art. 5º, XLIV). Isto porque, por hora, viola-se o princípio da proibição de proteção insuficiente, uma das faces da proporcionalidade, diante da ausência lei ordinária regulando a matéria.[28]

Não seria correto afirmar que os crimes previstos na Lei de Segurança Nacional seriam imprescritíveis: primeiro, pois há dispositivo expresso na Lei 7.170/1983, de 14 de dezembro, arrolando a prescrição como uma causa extintiva da punibilidade (art. 6º, IV); segundo, os tipos penais nela previstos não englobariam os requisitos constitucionais;[29] por último, referida lei foi promulgada no período da ditadura, não se coadunando com o modelo de 1988, uma vez que a Lei 7.170/83 faz menção à "segurança nacional", não a "Estado democrático de direito".

Demonstração da falta de definição legal dos crimes contra o Estado democrático de direito é o Projeto de Lei (PLC 6.764/2002) apresentado pelo então Ministro da Justiça, Miguel Reale Júnior, com o objetivo de inserir esses crimes no Código Penal e revogar a Lei de Segurança Nacional. Na Exposição de Motivos, foi devidamente explicitado: "O projeto, ora apresentado, visa a tutelar valores e princípios fundamentais do Estado brasileiro, dentre os quais a soberania nacional, o regime democrático, os direitos de cidadania e o pluralismo político. Com tal propósito, acrescentou-se ao Código Penal um Título XII, denominado 'Dos crimes contra o Estado Democrático de Direito'. Abandona-se, assim, em definitivo, a referência a segurança nacional, empregando-se a terminologia consagrada pelo próprio texto constitucional".

No entanto, a orientação constitucional pela imprescritibilidade, por si só, não encontra qualquer legitimidade. Andrei Zenkner Schmidt, inclusive, enfatiza se tratar de "instituto que vai de encontro à evolução do Direito Penal".[30] Embora um setor da doutrina persista em discursos (preventivos) legitimadores do poder de punir, tampouco nestes encontra algum fundamento.[31] Apresenta-se com fim

---

[27] SILVEIRA, Fabiano A. Martins. *Da criminalização do racismo*. *Op. cit.*, p. 72, discorda, sustentando que uma interpretação gramatical não é consistente e, por isso, tanto quem discrimina como aquele que induz ou incita a discriminação, praticam o racismo.

[28] Quando o legislador suprir esta lacuna, deverá atentar que a Constituição Federal se refere ao crime (ação) perpetrado por grupos armados. A interpretação não pode ir além da exceção constitucional, motivo pela qual um crime praticado por pessoa que não pertença a um grupo armado prescreverá segundo as regras gerais do Código Penal. Ademais, não poderá ser enquadrada entre as hipóteses nenhuma ação anormal ou subversiva (por exemplo, um protesto), pois, embora possa ser violenta, não representará necessariamente um atentado ao Estado Democrático.

[29] TRIPPO, Mara Regina. *Imprescritibilidade penal*. *Op. cit.*, p. 85.

[30] SCHMIDT, Andrei Zenkner. *Da prescrição penal*. Porto Alegre: Livraria do Advogado, 1997, p. 19.

[31] INCOTT JR., Paulo Roberto. Imprescritibilidade e funções da pena. In. *Boletim do IBCCRIM*, ano 26, nº 304, São Paulo, março/2018, p. 17, explana sobre os inconvenientes de ligar a imprescritibilidade aos fins preventivos (especiais e gerais) da pena.

totalmente retributivista e, como tal, irrealizável na prática. Não se pode querer transformar o Estado em titular de um direito de punir no tempo em que julgar possível e/ou conveniente realizá-lo. Ao contrário, justamente por sua estrutura, tem o dever de apurar a infração penal e aplicar a respectiva punição em tempo razoável. A negligência persecutória do Estado, independentemente do delito, deve ser merecedora de sanção. Por isso a prescrição é uma das causas de extinção de punibilidade do agente.

4. A imprescritibilidade na legislação infraconstitucional

Discorrendo sobre o tema, Ney Fayet Júnior e Martha da Costa Ferreira questionam a possibilidade de uma lei especial estabelecer expressamente a imprescritibilidade de delitos ou regras de imprescritibilidade.[32-33] Ambos entendem possível essa ampliação, pois o constituinte não teria vetado, expressamente, que pudesse haver previsão infraconstitucional nesse sentido.

Com todo respeito aos autores,[34] discordamos. A razão de não haver previsão expressa é simples: a imprescritibilidade está embasada simplesmente em aspectos retributivos, ao passo que a Carta Federal tem como missão a contenção do poder punitivo. No Estado democrático de direito, os limites constitucionais para a punição sempre serão máximos, nunca mínimos. Em outras palavras, qualquer restrição de liberdade deve ter previsão na Carta Magna; em caso de silêncio, lei infraconstitucional não poderá ampliar o poder punitivo estatal.[35]

Mas, também poderíamos dizer que tampouco o constituinte autorizou expressamente que assim se proceda (previsão de novos casos de perenidade). A falta de uma norma taxativa, para Dimitri Dimoulis, não seria empecilho, mas observa o autor que eventual extensão deverá basear-se em *critérios de semelhança* com as figuras já consideradas imprescritíveis pela Carta Federal.[36] A defesa é genérica e, como tal, perigosa, pois, quais critérios de semelhança deverão ser considerados? O desvalor da ação ou o desvalor do resultado será o parâmetro? Ou o critério não se ligará ao injusto culpável em si, senão à sanção cominada?

---

[32] FAYET JÚNIOR, Ney; FERREIRA, Martha da Costa. Da imprescritibilidade. In. *Prescrição penal*: temas atuais e controvertidos: doutrina e jurisprudência. V. 3. Ney Fayet Júnior (Coord.). Porto Alegre: Livraria do Advogado, 2011, p. 59.

[33] A título de informação, o art. 2º da Lei n. 7.716/1989 – vetado – previa textualmente (na sequência da Carta Federal) *"que os crimes nesta lei serão imprescritíveis [...]"*.

[34] Agradecemos, em especial, menção feita pelo ilustre Professor da Pontifícia Universidade Católica do Rio Grande do Sul – em texto mais recente – ao nosso dissonante posicionamento (Injúria racial: um crime imprescritível? *Op. cit.*, p. 59, nota 8).

[35] SILVEIRA, Fabiano A. Martins. *Da criminalização do racismo. Op. cit.*, p. 160, defende que a "sede das exceções constitucionais – o Título dos Direitos e Garantias Fundamentais – leva à conclusão imediata de que a lei ordinária não pode, sem mais, determinar outros crimes imprescritíveis".

[36] DIMITRI Dimoulis. *Direito penal constitucional*: garantismo na perspectiva do pragmatismo jurídico-político. Belo Horizonte: Arraes Editores, 2016, p. 73.

Há quem defenda, inclusive, que a 1ª parte do artigo 366 do Código de Processo Penal alargou a regra da imprescritibilidade constitucional, visto que o legislador ordinário silenciou quanto ao limite temporal da suspensão da prescrição.[37] O Superior Tribunal de Justiça propôs enunciado buscando "resolver" esta questão: "o período de suspensão do prazo prescricional será regulado pelo máximo da pena cominada" (Súmula 415). Portanto, em síntese, a prescrição antes do trânsito em julgado para as hipóteses de citação ficta opera se transcorrido o dobro do prazo prescricional determinado na lei penal.[38]

A solução proposta incide, ao menos, em dois problemas. O primeiro se relaciona com o princípio da presunção de inocência, tão combalido nos dias atuais, de sorte que o tempo de suspensão deveria considerar a pena mínima cominada ao crime[39]; ao utilizar a pena máxima, parte-se da presunção de que o suspeito teria todas as circunstâncias judiciais desfavoráveis e que sua pena final seria a maior possível. O segundo diz respeito com o princípio da humanidade, pois, um prazo prescricional de 40 anos – se o acusado responder por homicídio, por exemplo – equiparar-se-ia com a imprescritibilidade. Neste sentido, nenhum prazo prescricional poderia suplantar o limite máximo do tempo de cumprimento da pena privativa de liberdade previsto na lei vigente (CP, art. 75). Melhor solução seria utilizar como critério a pena mínima cominada, inclusive para compatibilizar a suspensão do processo com sua duração razoável.[40]

5. A imprescritibilidade "criada" jurisprudencialmente

Em tempo ainda recente, decidiu o Superior Tribunal de Justiça que a injúria qualificada por utilização de elemento referente a raça (simplesmente, injúria racial) deve ser considerada um delito imprescritível (AREsp n. 686.965/DF, DJe 31-8-2015[41]).[42] O mesmo entendimento teve o Supremo Tribunal Federal (Ag. Reg. REsp n. 983.531/DF, DJe 13-6-2018).

---

[37] CLARO, Antonio Ricardo. *Prescrição penal.* Porto Alegre: Verbo Jurídico, 2008, p. 140.

[38] Para ilustrar: STJ, 6ª Turma, RHC n. 36.830/PE, rel. Min. Ericson Maranhão [convocado], DJ 2-6-2015.

[39] FAYET JÚNIOR, Ney; FERREIRA, Martha da Costa. *Da imprescritibilidade. Op. cit.*, p. 62. Ambos, na esteira da doutrina de Antonio Alberto Machado, mais além do princípio da presunção de inocência, referem a aplicação *in bonam partem* da lei penal em matéria de prescrição.

[40] CHOUKR, Fauzi Hassan. A prescrição na Lei 9271/96. In. *Boletim IBCCRIM.* São Paulo, 1996, p. 7.

[41] *In verbis*: "[...] a questão da imprescritibilidade do delito de injúria racial foi reconhecida por mim ao entendimento de que esse crime, por também traduzir preconceito de cor, atitude que conspira no sentido da segregação, veio a somar-se àqueles outros, definidos na Lei n. 7.716/89, cujo rol não é taxativo [...]". Para fundamentar o voto, valeu-se da doutrina de Guilherme de Souza Nucci que tem a mesma orientação, é dizer, da injúria racial representaria mais um delito no cenário do racismo.

[42] SILVEIRA, Fabiano A. Martins. *Da criminalização do racismo. Op. cit.*, p. 229, situa-se firme em outra posição, defendendo que a injúria do § 3º do art. 140 do Código Penal não caracteriza, de um ponto de vista rigorosamente penalístico, crime racial (ou de racismo). Com efeito, perfazendo uma leitura restritiva do art. 5º, XLII, da Carta Federal, conclui não se tratar de crime imprescritível.

O racismo, embora possua consequência sancionadora idêntica ao crime de injúria racial (CP, art. 140, § 3º), com ele não se equiparava (ao menos antes da decisão supracitada), porque, a princípio, o delito contra a honra prescrevia conforme as regras gerais do Código Penal. O Superior Tribunal de Justiça, porém, descortinou nova hipótese de imprescritibilidade. Se julgávamos insubsistente qualquer previsão além do texto constitucional, não é difícil o leitor alcançar nossa conclusão sobre esta manobra judicial (ativismo). Há, sim, Direito penal vagando fora da lei.[43]

Antes de continuar, duas lembranças. A primeira recorda o Projeto de Lei de Carlos Caó, que, em seu artigo 2º, expressamente consignava que os crimes definidos em Lei (posteriormente o PL 52/1988 se converteu na Lei 7.716/1989) seriam imprescritíveis. O referido dispositivo foi vetado, sob alegação de contrariedade ao interesse público, porque (mais além de obstar a prescritibilidade do crime de racismo e impossibilitar o pagamento de fiança por parte do preso) impedia a oferta da suspensão condicional da pena em caso de condenação. As duas primeiras restrições seguiram a orientação contida na Carta Federal. A última foi exagero. Aliás, o Senado Federal censurou o rigor legislativo contrário ao *sursis*, inclusive propondo projetos alternativos, sempre ignorados. O veto presidencial acabou por afastar do regramento legal não só a restrição à suspensão condicional, senão a previsão expressa da imprescritibilidade do delito. A segunda rememora a proposição inicial do Deputado Paulo Paim ao tipificar na Lei 7.716/1989 a prática de injúria (e também difamação e calúnia) com utilização de elementos referentes à raça ou à cor, por exemplo. Sua justificativa foi clara em tratar estas transgressões como crime de racismo. Mas, depois, em Emenda de Plenário, o atual Senador do PT/RS propôs novo enquadramento e para uma das condutas apenas, isto é, tipificava o crime de injúria qualificada como crime contra a honra no Código Penal. Por que estas lembranças? Se ficássemos com as proposições originais, nada do que está sendo discutido neste tópico mereceria consideração. A injúria racial seria uma espécie de crime de discriminação previsto na Lei 7.716/1989 e, assim, imprescritível.

Superada a fase de recordações – e, também lamentações, pois toda esta análise furtou considerável tempo – cumpre registrar que Álvaro Cruz e Paulo Roberto Iotti elogiaram a decisão proferida pelo Superior Tribunal de Justiça que, de alguma maneira, teria eliminado o aparente conflito entre os tipos de injúria racial e racismo. Aliás, em balizada opinião virtual, destacaram que esta diferenciação teve sua origem no próprio Poder Judiciário, pois, antes da inserção do parágrafo 3º ao artigo 140 do Código Penal pela Lei 9.459/1997, os tribunais constantemente procediam a desclassificação do racismo para o crime de injúria simples

[43] É conhecida a doutrina de Nélson Hungria de ser a norma legal a única fonte do direito penal e, assim, não existir direito penal vagando fora da lei escrita. A jurisprudência – e não é apenas este exemplo – tem servido como fonte do Direito penal.

(art. 141, *caput*). Com o acréscimo do tipo qualificado, tornou-se forçoso diferenciá-lo do delito da Lei n. 7.716/1989.[44]-[45]

Se antes os tribunais quase "sepultavam" o tipo penal de "racismo", como aduziram Cruz e Iotti, com a presente decisão se reforçou a existência de ambos os crimes. Ora, se os autores refutaram a "tentativa de homicídio" da Lei do racismo operada pelos tribunais, certamente não concordariam com um "homicídio consumado" do parágrafo 3º do artigo 140 do Código Penal. Com efeito, de acordo com o Superior Tribunal de Justiça, nada impede que eventual conduta de segregação – apta a caracterizar racismo – esteja especificamente tipificada em outro diploma.

Isto estaria retratado sob o *nomen juris* injúria racial. O crime mais genérico passou a ser o previsto em lei especial, ao passo que a infração específica está tipificada no Código Penal. A acenada especificidade diz respeito ao modo de execução ou à forma singular como se realiza a ação típica, ou seja, ofensa com referência à raça (ou à cor). Em consequência, não se poderá fechar os olhos às regras que envolvam a mesma especificação, como, por exemplo, a exigência de representação do ofendido para fins de proposição de ação penal pelo membro do Ministério Público, ou seja, o manejo de futura ação penal exigirá que se cumpra uma condição preliminar (art. 145, § único, *in fine*).[46]

É o Ministério Público o titular da ação penal para provocar a manifestação do julgador sobre a suposta prática do crime de injúria racial. Porém, para tanto, far-se-á imprescindível que o ofendido demonstre interesse na provocação da jurisdição. O representante ministerial ficará de mãos atadas, sem poder agir, enquanto a vítima do delito não apresentar interesse. Apenas incidirá o princípio da obrigatoriedade, referido pelo Deputado Paulo Rocha, se a vítima quiser que um processo de inicie. Uma manifestação de vontade neste sentido precisa ocorrer no prazo máximo de 6 meses contados do dia em que o ofendido tem conhecimento

---

[44] CRUZ, Álvaro Ricardo; IOTTI, Paulo Roberto. Decisão do STJ que considera injúria racial imprescritível é correta. In. *Consultor Jurídico*. Disponível: www.conjur.com.br, acesso em 28 jul. 2018. Os autores caracterizaram a inserção do delito de injúria racial como forma de obstar "a tentativa de homicídio" da Lei de Racismo (no caso, especificamente o art. 20) pelos tribunais.

[45] O STJ perfez uma diferenciação atinente ao bem jurídico tutelado. Enquanto uma infração tutela a honra subjetiva da vítima, a outra visa à proteção de um sentimento em relação a toda uma comunidade (5ª T., RHC 19.166/RJ, rel. Min. Félix Fischer, DJ 20-11-06). Havíamos sugerido outra: avaliar o campo de comunicação em que a ofensa é proferida. Se fechado, trata-se de injúria qualificada, pois direcionada apenas à vítima por meio de ofensa à raça, cor, etc. Quando aberto, será racismo, pois a ofensa acaba por atingir o grupo racial (social) ao qual a vítima pertence. Aplicada ao caso em apreço, aliás, como a ofensa foi realizada pela rede mundial de computadores (um jornalista se referiu a outro jornalista como "negro de alma branca"), estar-se-ia diante do crime imprescritível de racismo (a decisão de 1º grau, mantida em grau recursal, imputou o crime de injúria racial).

[46] A injúria qualificada era considerada crime de ação penal privada até 29 de setembro de 2009. Decidiu o legislador alterar a regra ao promulgar a Lei 12.033, tornando-a pública condicionada. Considerou o Deputado Paulo Rocha do PT/PA "de que, em geral, os agredidos ali referidos são pobres, não tendo condições de exercitar plenamente o direito de queixa pela impossibilidade de contratação advogado ou mesmo desconhecimento dos serviços de assistência judiciária ou da Defensoria Pública". A partir da mudança, entendia que "o ofendido, se assim o desejar, terá a certeza de que o procedimento será impulsionado pelo Ministério Público até o seu termo".

da autoria do delito (CP, art. 103; CPP, art. 38). Se, ultrapassado este prazo, decairá do direito de representação e, com efeito, haverá extinção da punibilidade do infrator (CP, art. 107, IV).

Em síntese, não obstante o Superior Tribunal de Justiça tenha descortinado hipótese de imprescritibilidade em legislação ordinária e, com efeito, tenha perpetuado o poder punitivo do Estado quanto ao delito de injúria racial, a punição poderá ficar impossibilitada por outra causa, a decadência, cuja consequência é igualmente a extinção de punibilidade. Mas, caso os autores, já neste caso, ou mesmo o Superior Tribunal de Justiça, em caso futuro, escusem a necessidade da representação como condição de exercício da ação penal pública, outra questão importante surgiria e, como tal, valemo-nos deste artigo para antecipar algumas considerações.

A nova questão diz respeito à extensão ou não da proibição da aplicação retroativa às mudanças jurisprudenciais prejudiciais, estando vigente idêntico texto de lei (o Código Penal). Cogita-se, por evidente, como aduz Alberto Silva Franco, somente de "jurisprudência consistente em um grau elevado de estratificação".[47] Assim, uma corrente jurisprudencial – com posição pela exigência de representação – vigente antes da prática da conduta pode ser modificada – para posição consagrando a incondicionalidade da ação penal pública – após sua realização e, tudo isso, sob o império da mesma lei?

Nesse estudo, merece inicial ênfase Fragoso, que se declarou manifestamente pela não incidência da proibição retroativa, por entender que "esta se refere à lei e não às alterações da jurisprudência dos tribunais".[48] Também Roxin menciona que "em relação à jurisprudência não vige a proibição de retroatividade, porque, se o Tribunal interpreta a norma de maneira mais desfavorável para o acusado, diverso do que havia feito na jurisprudência anterior, este tem de suportá-la, pois, conforme o seu sentido, essa nova interpretação não é uma punição ou agravação retroativa, mas a realização de uma vontade da lei, que já existia desde sempre, mas que apenas agora foi corretamente reconhecida".[49]Hassemer, visando a amenizar eventual injustiça, sustenta que seria possível reconhecer a situação de erro de proibição, pois o agente só realizou sua conduta sabendo da jurisprudência firme e consolidada a respeito.[50]

Os argumentos anteriores compõem a corrente majoritária. No entanto, outro setor da doutrina penal passou a defender a proibição da retroatividade. Primeiramente, pois, embora as mudanças de postura jurisprudencial não constituam propriamente a lei, se o tribunal apela para suas decisões e altera um posicionamento

---

[47] FRANCO, Alberto Silva. *Código penal e sua interpretação.* 8ª ed. São Paulo: Revista dos Tribunais, 2007, p. 71.

[48] FRAGOSO, Heleno Cláudio. *Lições de Direito penal.* São Paulo: José Bushatsky Editor, 1983, p. 95.

[49] ROXIN, Claus. *Derecho penal.* Parte general. Trad. Diego-Manuel Luzón Peña, Miguel Díaz y García Conlledo e Javier de Vicente Remesal. Madrid: Civitas, 1997, p. 165.

[50] HASSEMER, Winfried. *Fundamentos del Derecho penal.* Barcelona: Bosch, 1984, p. 325.

até então uniforme, não seria coerente sustentar que a mudança desfavorável ao réu possa ser aplicada retroativamente.[51] O que impediria o agente de pautar sua conduta filiado à jurisprudência e mais do que propriamente à lei?[52] Sanguiné é enfático ao sustentar que a segurança jurídica deve andar lado a lado com a irretroatividade também no que pertine às alterações decisionais, até porque algo que é reiterado e constante no conteúdo das decisões baliza as condutas humanas.[53]

Aliás, fazendo um paralelo com a doutrina de Claus Roxin, não raro, algumas mudanças de postura jurisprudencial desfavorável não decorrem de descoberta da vontade da lei, senão em razão de o fato virar capa de revista, é dizer, ser exaustivamente noticiado pela imprensa, provocando revolta popular e, assim, uma nova "resposta" por parte das Instâncias de Controle formal.[54] Eis por que Andrei Zenkner é enfático ao salientar que "a reserva de lei é uma garantia do cidadão contra os abusos não só do legislativo, mas também dos juízes".[55]

A nova corrente jurisprudencial, nos dizeres de Nuno Brandão, deveria valer apenas para os fatos praticados a partir do momento em que foi emanada. Haveria imposição da cláusula *ex nunc* ao entendimento mais prejudicial.[56] Nada impede que o colegiado alerte que a alteração de interpretação será aplicada para casos futuros (praticados após a guinada de orientação e desde que a ela se ajustem), justamente para que se preserve a evolução da valoração e se afaste a quebra de segurança jurídica.[57]

---

[51] VICENTE MARTÍNEZ, Rosario de. *El principio de la legalidad penal*. Barcelona: Bosch, 2004, p. 74.

[52] GOMES, Mariângela Gama de Magalhães. *Direito penal e interpretação jurisprudencial*. Do princípio da legalidade às súmulas vinculantes. São Paulo: Atlas, 2008, p. 140, a respeito, matiza que "eventual mudança na orientação jurisprudencial pode trair a confiança dos cidadãos que realizaram suas condutas antes da modificação, que se aplicará não apenas ao futuro, mas também àquela conduta em julgamento, que constitui passado".

[53] SANGUINÉ, Odone. Irretroatividade e retroatividade das alterações da jurisprudência penal. In. *Revista Brasileira de Ciências Criminais*, n. 31, 2000, p. 163.

[54] É suficiente relembrar a guinada jurisprudencial ofertada pelo Supremo Tribunal Federal no que tange à execução antecipada de pena (HC n. 126.292/SP, rel. Min. Teori Zavascki, DJ 17-5-2016). A polêmica persiste mesmo depois dos julgamentos das ADC's n. 43 e n. 44 quando o Supremo Tribunal Federal, por maioria, subverteu o sentido do texto constitucional, autorizando a execução antecipada da pena. Por todos, vide: Dotti, René Ariel; Gomes, Luiz Flávio. *Execução provisória da pena logo após decisão de 2º grau: irretroatividade da mudança jurisprudencial do STF desfavorável ao réu*. In. *Revista virtual Migalhas*. Disponível em: <www.migalhas.com.br>. Acesso em: 03 jul. 2018.

[55] SCHMIDT, Andrei Zenkner. *O princípio da legalidade penal no Estado democrático de direito*. Porto Alegre: Livraria do Advogado, 2001, p. 234. Relevante, igualmente, a observação do Professor Lauro Joppert Swensson Jr.: "Qualquer nova interpretação do direito vigente no passado, ainda que à luz dos princípios atuais do Estado de direito ou então dos direitos humanos, incorre, por via de uma manobra interpretativa *a posteriori*, em uma retroatividade. Trata-se, pois, de uma retroatividade encoberta que, segundo Alexy, é ainda pior do que a retroatividade penal explícita" (Punição para os crimes da ditadura militar: contornos do debate. In. *Justiça de transição no Brasil. Direito, responsabilidade e verdade*. São Paulo: Saraiva, 2010, p. 40).

[56] BRANDÃO, Nuno. Contrastes jurisprudenciais. In. *Liber Discipulorum para Figueiredo Dias*. Coimbra: Coimbra Editora, 2003, p. 1302.

[57] CALEFFI, Paulo Saint. A execução provisória da pena no Brasil e a irretroatividade da jurisprudência maléfica. In. *Boletim do IBCCRIM*, ano 26, n. 304, mar/2018, p. 11, aduz que "o novo entendimento da Suprema Corte, relativo à execução provisória da pena privativa de liberdade, não poderia ter atingido infrações penais já processadas, mas tão-somente aquelas cometidas a partir da vigência da modificação jurisprudencial".

6. A imprescritibilidade das graves violações aos direitos humanos

Um dos temas mais controvertidos da atualidade jurídica refere-se à imprescritibilidade dos crimes que atentam contra os direitos humanos. A questão gira em torno dos tratados internacionais. O direito penal reconhece a prescrição como uma garantia do cidadão diante da inércia do Estado na persecução penal; no entanto, não é essa a visão do Direito Internacional dos Direitos Humanos. Conforme o Estatuto de Roma, os crimes contra a humanidade, crimes de guerra, crimes de genocídio e os crimes de agressão, cujas consequências refletem não só na vítima individual, senão em toda a comunidade, são *imprescritíveis* (art. 29).

O Estatuto de Roma, que instituiu o TPI, Tribunal Penal Internacional, tem competência para julgar e processar esses crimes.[58] Como o Brasil expressamente reconheceu sua jurisdição (CF, art. 5º, § 4º), parte da doutrina concluiu pela ampliação do rol de crimes imprescritíveis no ordenamento jurídico brasileiro e, inclusive, diante da inadequada regulamentação dos citados delitos, em eventual caso concreto, poder-se-á engendrar a jurisdição complementar do TPI.[59] Fauzi Choukr, entre outros,[60] no entanto, defende que os respectivos crimes são imprescritíveis somente na jurisdição da corte internacional, e não no direito interno, com exceção dos delitos também previstos na norma constitucional.[61]

Essa vertente, no entanto, afasta-se das decisões da Corte Interamericana de Direitos Humanos, que considera que as violações a direitos humanos não prescrevem (entre outros julgados, por exemplo, o caso Gomes Lund e outros *versus* Brasil[62]).

Um setor da doutrina também defende a imprescritibilidade como legítima. Ivan Luis Marques recorre aos tratados internacionais de direitos humanos. Para o autor, há um conjunto de regras não convencionais imperativas que se sobrepõem à autonomia dos Estados e não podem ser derrogadas por tratados, por costumes ou por princípios de direito internacional. Essas regras formam o *jus cogens*, que são reconhecidas pela sociedade internacional como um todo.[63-64] A impresc ri-

---

[58] Decreto 4.388 em 25 de setembro de 2002.

[59] FAYET JÚNIOR, Ney; FERREIRA, Martha da Costa. *Da imprescritibilidade*. *Op. cit.*, p. 84.

[60] VELLOSO, Ana Flávia. A imprescritibilidade dos crimes internacionais. In. III *Anuário Brasileiro de Direito Internacional*. V. 1. Leonardo Nemer (Coord.). Belo Horizonte: CEDIN, 2008, p. 15.

[61] CHOUKR, Fauzi Hassan. *O Brasil e o Tribunal Penal Internacional*: Abordagem inicial à proposta de adaptação da legislação brasileira, 2005. Disponível em: <www.academia.edu>. Acesso em: 29 jul. 2018.

[62] Caso nº 22.552, Julia Gomes Lund e outros (Guerrilha do Araguaia) contra a República Federativa do Brasil, 26.03.2009. A petição à Comissão Interamericana foi apresentada em agosto de 1995. Quase 14 anos depois, pelo fato de o Brasil não ter se manifestado sobre os relatórios da Comissão, o caso foi submetido à Corte Interamericana requerendo a condenação do Estado brasileiro sobre violações de direitos humanos. A sentença da CIDH é datada de 24.11.2010 e, entre outras disposições, declarou inválidas e sem efeito jurídico as regras relativas à prescrição dos delitos.

[63] MARQUES, Ivan Luís. O princípio da imprescritibilidade dos crimes contra a humanidade e sua aplicação no Brasil. In. *Crimes da ditadura militar, análise à luz da jurisprudência atual da Corte Interamericana de direito humanos*: Argentina, Brasil, Chile, Uruguai. Luiz Flávio Gomes e Valério de Oliveira Mazzuoli (Org.). São Paulo: Revista dos Tribunais, 2011, p. 148.

tibilidade dos crimes contra a humanidade seria uma imposição do direito internacional e não há texto constitucional que possa evitá-la. Caio Paiva e Thimotie Heemann reforçam este argumento – ao criticarem decisão do Supremo Tribunal Federal denegatória de extradição[65] – porque a norma que regula a imprescritibilidade destes crimes tem caráter consuetudinário, passível de ser aplicada diretamente no ordenamento jurídico pátrio.[66]

No mesmo sentido, Celso Antonio Bandeira de Mello, especificando o crime de tortura praticado durante a ditadura militar e admitindo a persecução penal contra os agentes estatais violadores de direitos humanos, afirma que a dignidade humana é o maior valor a ser protegido pela legislação interna por força de documentos internacionais.[67]

As graves violações poderiam ficar impunes internamente,[68] embora os compromissos internacionais assumidos pelo Brasil. A nosso juízo, a imprescritibilidade tem como fundamento a finalidade retributiva da pena.[69] A persecução penal após longo decurso do tempo não possui qualquer finalidade preventiva (geral ou especial). Nessa linha, Guilherme Ferreira da Silva ensina que "a ausência de prescrição nos crimes de competência da Corte Penal Internacional justifica-se por um conceito retributivo, concretizando-se o ideal devolutivo pelo caráter aflitivo da sanção. Mesmo na concepção da imprescritibilidade como direito à memória, vislumbra-se, na essência, um conceito retributivo, pois o desejado não é apenas conhecer os fatos, mas punir os responsáveis, não importa em que instante da linha do tempo".[70]

Outra objeção ao aceite da imprescritibilidade é apresentada por Lauro Swensson Jr. ao comentar a referida decisão da Corte Interamericana de Direitos

---

[64] O caráter *jus cogens* da imprescritibilidade destes crimes já foi reconhecido pela CIDH em sentença de 26.9.2006 (Série C, nº 154) no caso *Almonacid Arellano* e *outros vs. Chile*.

[65] O STF negou a extradição de cidadão argentino, acusado de praticar crimes contra os direitos humanos em seu país de origem, com o argumento de que o Brasil não é signatário da Convenção sobre a Imprescritibilidade dos Crimes de Guerra e dos Crimes contra a Humanidade, adotada pela Assembleia Geral das Nações Unidas (ONU) em 1968. Se o crime não prescreveu no país requerente, porém, já está prescrito no país requerido, estaria ausente o requisito da dupla tipicidade para a concessão da extradição (STF, Ext. 1362, rel. Min. Edson Fachin, j. 9-11-2016).

[66] PAIVA, Caio; HEEMANN, Aragon Thimotie. *Jurisprudência internacional de Direitos humanos*. 2ª ed. Belo Horizonte: CEI, 2017, p. 429-30.

[67] MELLO, Celso Antônio Bandeira de. Imprescritibilidade dos crimes de tortura. In. *Memória e verdade*: a justiça de transição no Estado Democrático brasileiro. Inês Virgínia Prado e Sandra Akemi Shimada Kishi (Org.). Belo Horizonte: Fórum, 2009, p. 136.

[68] A impunidade que fazemos referência é a penal, pois, em nosso juízo, nada impede o reconhecimento da responsabilidade internacional do Brasil pelas violações de direitos humanos e uma consequente imposição de sanções de caráter extrapenal.

[69] INCOTT JR., Paulo Roberto. *Imprescritibilidade e funções da pena. Op. cit.*, p. 17, com apoio em Kant, menciona que a imprescritibilidade não se sustentaria nem mesmo diante de funções retributivas.

[70] SILVA, Guilherme José Ferreira da. Artigo 29: Imprescritibilidade. In. *O Tribunal Penal Internacional*: comentários ao Estatuto de Roma. Sylvia Helena Figueiredo Steiner, Leonardo Nemer Brant (Coord.). Belo Horizonte: Konrad-Adenauer-Stiftung: CEDIN: Del Rey, 2016, p. 595-6.

Humanos no caso *Gomes Lund* vs. *Brasil*.[71] A partir destas críticas, adaptando uma célebre frase de Charles Evans[72] e repetindo questão do mestre argentino Ezequiel Malarino provoca-nos: *se os direitos humanos protegem os cidadãos, quem protege os cidadãos dos direitos humanos?*

A pergunta é pontual para enfatizar, em síntese, que entre o Direito (de fato) aplicado pela CIDH e o texto da CADH há um hiato enorme que suplanta os limites que uma *interpretação progressiva* poderia admitir.[73] Ou, em termos filosóficos, a distância entre o *ser* e o *dever ser* é cada vez maior. Daí decorrem novas questões: o ativismo não gera uma insegurança jurídica?;[74] seria permitida a reabertura da persecução penal a qualquer tempo?[75]

Esta decisão, por muitos aplaudida, acabou por favorecer uma tendência punitivista dos direitos humanos. Visando alcançar um fim que muitos reputam nobre, valeu-se de meio que contrariou o próprio regramento de Convenção já pactuada. No caso exposto, e especificamente no que respeita à prescrição, a CIDH acabou por subtrair uma garantia individual dos agentes, de maneira que é possível concluir, como já o fez Lauro Swensson Jr., pela existência de um direito humano de se punir (em atenção às vítimas) violador de outros direitos humanos (em prejuízo do transgressor). Isto, porém, deve ser energicamente refutado, porque "o recurso aos direitos humanos, *em uma narrativa jurídica*, apenas pode ser admitido se sua defesa for compreendida como uma luta por maior reconhecimento de certos direitos subjetivos e jamais pela subtração de direitos já reconhecidos".[76]

Cumpre alertar para outra incongruência da imprescritibilidade imposta pelo sistema regional de direitos humanos. Como demonstrado, a punição muito distante do fato praticado atende apenas à finalidade retributiva da pena, passando por cima das finalidades preventivas. Porém, a própria Convenção Americana de Direitos Humanos impõe que "as penas privativas da liberdade devem ter por finalidade essencial a reforma e a readaptação social dos condenados" (art. 5, 6º).

---

71 Antes, contudo, cabe apresentar duas importantes críticas externadas pelo autor. Em primeiro lugar, salienta que o Brasil apenas reconheceu a competência obrigatória da CIDH em 8.11.2002, nos termos do Decreto n. 4.463, mas "para fatos posteriores a 10.12.1998". Logo, em interpretação à margem de sentimentos, e primando por um debate, o que move a própria Academia, a nosso juízo, a CIDH criou espécie de retroatividade (competencial), é dizer, arvorou-se, mesmo sem licença oficial, competente para decidir um feito que ocorreu em tempo prévio à autorização do Brasil. Em segundo lugar, matiza que a CIDH extrapolou sua competência, criando regras não previstas pela Convenção Americana de Direitos Humanos. É taxativo ao dizer que não existe nenhuma referência à invalidade da prescrição no texto da CADH, de modo que a própria CIDH teria violado o que exige ser respeitado pelos Estados-Membro (*Reponsabilidade penal para os crimes da ditadura militar. Op. cit.*, p. 272-4).

72 *"We are under a Constitution, but the Constitution is what the Supreme Court says it is?"*. In. HUGHES, Charles Evans. *Adresses and papers of Charles Evans*. 1908, p. 139.

73 Swensson Jr., Lauro. *Reponsabilidade penal para os crimes da ditadura militar. Op. cit.*, p. 275.

74 Neste sentido, vide: TRF 1ª Região, HC n. 0005684-20.2014.4.02.0000, rel. Des. Antonio Ivan Athié, Data da decisão 02.07.2014, Data da publicação 30.07.2014, quando foi decidido não existir critérios legais internos que determinem o que seriam os crimes contra a humanidade.

75 O que poderia alcançar crimes não excepcionados pela Carta Federal no tocante à imprescritibilidade (racismo e atentados coletivos armados ao Estado Democrático de Direito).

76 Swensson Jr., Lauro. *Reponsabilidade penal para os crimes da ditadura militar. Op. cit.*, p. 275.

Significa que a finalidade de prevenção especial positiva é uma obrigação imposta pelo Pacto, o que é incompatível com a finalidade puramente retributiva da imprescritibilidade.

6.1. PRINCÍPIO DA LEGALIDADE E IMPRESCRITIBILIDADE

Apesar de o Estatuto de Roma apresentar um rol de crimes de competência do Tribunal Penal Internacional, há um problema a ser avaliado no plano do sistema regional de proteção dos direitos humanos. A jurisprudência da Corte Interamericana perfilha que são imprescritíveis as graves violações a direitos humanos. Esta orientação se iniciou no caso *Barrios Altos vs. Peru*[77] e dela decorreu lacuna que enseja preocupação: o que se deve entender por *graves violações a direitos humanos*? A CADH reconhece vários direitos fundamentais individuais e da coletividade, como a vida, a integridade pessoal, a liberdade, a honra, a dignidade, a liberdade religiosa, entre outros. Desse modo, abre-se um leque de possibilidades para interpretar o que seriam as *graves violações*, pois uma infinidade de crimes previstos em nossa legislação representaria violações a direitos humanos. O homicídio, a lesão corporal, a calúnia, a redução à condição análoga à de escravo, enfim, os bens jurídicos individuais, em especial, estão diretamente relacionados aos direitos humanos. Portanto, quais crimes representariam *graves violações* a direitos humanos? Pode ser qualquer homicídio, qualquer lesão corporal ou qualquer calúnia?

Existe um problema grave de legalidade em considerar a imprescritibilidade das graves violações a direitos humanos. O intuito do sistema regional de proteção é impedir que graves violações fiquem impunes, já que estas possuem efeitos que extrapolam o indivíduo atingido. O Brasil, enquanto signatário do Pacto de São José da Costa Rica, comprometeu-se a proteger os direitos fundamentais e punir quem os violar. Porém, não há um limite previsto na Convenção Americana de Direitos Humanos para distinguir qual crime praticado é uma grave violação e que se torna imprescritível. O método para determinar se um crime prescreve ou não é o casuísmo, pois a suposta violação deve chegar ao conhecimento da Comissão Interamericana, mediante provocação, e depois prosseguir para a Corte. Cada caso é analisado individualmente sem regras claras – ou sem nenhuma regra – na legislação interamericana.

No direito penal, o princípio da legalidade possui certas particularidades. Não há crime nem pena sem lei anterior que os definam. Os tipos penais devem

[77] Sentença de 14.03.2001. No § 41 do Mérito se anota que são inadmissíveis "as disposições de anistia, as ***disposições de prescrição*** e o estabelecimento de excludentes de responsabilidade que pretendam impedir a investigação e a punição dos responsáveis por ***graves violações de direitos humanos***, como tortura, execuções sumárias, extralegais ou arbitrárias e desaparecimentos forçados, todas proibidas por violar direitos interrogáveis reconhecidos pelo Direito Internacional dos Direitos Humanos". Esta orientação se repetiu em outros casos de justiça de transição, como: *La Cantuta vs. Peru* (29.11.2006), *Almonacid Arellano vs. Chile* (26.9.2006) e *Massacre de la Rochela vs. Colômbia* (11.5.2007).

ser interpretados de forma restritiva, sem a possibilidade de expandir o alcance do tipo e da sanção. A lei deve descrever uma conduta com o máximo de detalhes, e não apenas a violação ao bem jurídico. Por exemplo, não pode haver tipo penal que determine o furto como "atentar contra o patrimônio de outrem", pois seria uma descrição vaga. O tipo deve detalhar ao máximo a conduta incriminada: "subtrair, para si ou para outrem, coisa alheia móvel", como está no artigo 155 do Código Penal. Afirmar que é crime "violar gravemente direitos humanos" não é suficiente para respeitar o princípio da legalidade. O conteúdo da grave violação não está no Pacto de San Jose da Costa Rica, e sim em decisões pontuais da Comissão Interamericana ou da Corte Interamericana de Direitos Humanos.

Além disso, a punição atribuída ao fato criminoso deve ser prévia: o indivíduo deve saber qual o máximo de pena receberá caso pratique o fato descrito no preceito primário. E também deve saber previamente quais garantias estão intimamente ligadas ao princípio da legalidade, como, por exemplo, as causas de extinção da punibilidade. Para cada tipo penal, há um prazo prescricional determinado por lei e essa regra fica prejudicada na visão da Comissão e da Corte. Se o indivíduo não consegue saber se sua conduta representa uma grave violação aos direitos humanos, também não pode ter consciência sobre eventual imprescritibilidade. Em caminho semelhante, Mohamad Ale Hassan Mahmoud explica que a imprescritibilidade exigida pelas cortes internacionais atenta contra a segurança jurídica interna pela indefinição de eventual aplicação da pena.[78]

E não paramos por aqui. O que é mais grave, com perdão do trocadilho, é que a CIDH, especificamente no caso *Bulacio vs. Argentina*, reiterou seu posicionamento – agora como razão única de decidir – de vedação da prescrição, como fator interno de extinção de punibilidade, nos casos de violações a direitos humanos.[79] A CIDH suprimiu o qualificativo *graves*. Isto é sério e preocupante, pois, qualquer delito que violar direitos humanos será imprescritível? A resposta deverá ser negativa, porque, do contrário, qualquer desvio de conduta individual perpetuará no tempo, contrariando, inclusive, outros direitos e garantias fundamentais.

As consequências são idênticas às destacadas acima por Lauro Swensson Jr., porque a CIDH recorre às exigências sobre o dever de investigar e punir, embora elas não sejam expressas no texto da Convenção Americana[80] e despreza as garantias fundamentais que todo acusado deveria ter ao enfrentar a estrutura penal

---

[78] MAHMOUD, Mohamad Ale Hasan. Sobre a imprescritibilidade penal. In. *Boletim IBCCRIM*. São Paulo. v. 19, n. 228, nov. 2011, p. 6.

[79] Sentença de 18.9.2003. No § 17 do Mérito, reparações e custas se infere que "nenhuma disposição de direito interno, **entre elas a prescrição**, poderia opor-se ao cumprimento das decisões da Corte quanto à investigação e sanção dos responsáveis pelas **violações dos direitos humanos**". Esta direção também foi seguida por Cançado Trindade: "numa etapa de maior desenvolvimento da consciência humana, e por consequente do próprio Direito, ressalta indubitável que a realização da justiça se sobrepõe a todo e qualquer obstáculo, inclusive os que decorrem do exercício abusivo das regras ou institutos de direito positivo, fazendo assim **imprescritíveis os delitos contra os direitos humanos**".

[80] LIMA, Raquel da Cruz. *O Direito penal dos Direitos humanos*: paradoxos no discurso punitivo da Corte Interamericana de Direitos Humanos. Belo Horizonte: CEI, 2018, p. 115.

pública por cometer tais violações. O discurso da CIDH é totalmente punitivo, convergindo para o que Daniel Pastor chama de *neopunitivismo*.[81]

A infeliz decisão no caso *Bulacio vs. Argentina* – com apelo à imprescritibilidade de todo crime que violar direitos humanos – foi revista pela Corte ao analisar o caso *Albán Cornejo vs. Equador*,[82] quando se reavivou o epíteto *graves*, agora, intensificado pelo *muito*. E segundo o conceito do juiz Sérgio García Ramirez, com sua decisão, "a Corte avançou na precisão de sua jurisprudência sobre a matéria", pois, "não modificou o seu critério", senão "o precisou melhor". Silenciamos. Não é necessário repetir os argumentos já expostos.

Este entendimento é reiterado no caso *Ibsen Peña vs. Bolívia*[83] e ganhou novo contorno, ao menos interpretativo, no caso *Vera Vera vs. Equador*,[84] ocasião em que a CIDH "rebateu" um argumento da própria Comissão Interamericana,[85] isto é, de que a gravidade do crime que vem a afastar a prescrição não é a de sua própria natureza, pois toda violação aos direitos humanos supõe certa gravidade, mas certa gravidade particularizada, como a jurisprudência da Corte já aduziu em outros precedentes.[86] Um crime "grave", assim, para efeitos de imprescritibilidade, "teria conotação e consequências próprias". Pois bem, a determinação típica que é derivação da legalidade não se vislumbra sem certa penumbra. Buscou-se contornar a falta de precisão se valendo de considerações tautológicas tendo em vista o retorno aos casos passados.

A advertência da Comissão Interamericana não deve ser ignorada. Este casuísmo, aliás, pode ser bem observado pela análise do caso *Trabalhadores da*

---

[81] PASTOR, Daniel *apud* PAIVA, Caio; HEEMANN, A. Thimotie. *Jurisprudência internacional de Direitos humanos*. 2ª ed. Belo Horizonte: CEI, 2017, p. 194.

[82] Sentença de 22.11.2007. No § 111 do Mérito consta que "a prescrição em matéria penal determina a extinção da pretensão punitiva pelo transcurso do tempo, e geralmente, limita o poder punitivo do Estado para perseguir a conduta ilícita e sancionar os seus autores. Esta é uma garantia que deve ser observada devidamente pelo juiz a todo acusado de um crime. Sem prejuízo do anterior, a prescrição da ação penal não é admitida e não se aplica quando se trata de **muito graves violações aos direitos humanos** nos termos do Direito Internacional. A jurisprudência constante e uniforme da Corte assim tem assinalado. No presente caso não opera a exclusão da prescrição, porque não se satisfazem os requisitos de imprescritibilidade reconhecidos em instrumentos internacionais".

[83] Sentença de 1º.9.2010.

[84] Sentença de 19.11.2011.

[85] A Comissão fez referência (realmente) ao que considerou como "diferenças fáticas" entre dois casos, e mencionou que uma "análise integral dos pronunciamentos do Tribunal sobre a matéria permite concluir que, no âmbito do sistema interamericano, a exclusão da figura de prescrição foi além dos pressupostos de imprescritibilidade consagrados em outros tratados internacionais, outorgando maior relevância, em certos casos, aos direitos das vítimas ou seus familiares a conhecerem a verdade sobre o ocorrido e a obter justiça e reparação". Em termos diretos, alertou para o casuísmo.

[86] A improcedência da prescrição usualmente foi declarada pela Corte diante das peculiaridades de casos que envolveram delitos de desaparecimento forçado de pessoas, de execução extrajudicial e a tortura. Em alguns desses casos, os crimes ocorreram em contextos de violações massivas e sistemáticas. Tão somente no caso *Almonacid Arellano vs. Argentina* (2006), a CIDH faz menção que a perenidade seria consequência da prática de crime contra a humanidade.

Fazenda Brasil Verde vs. Brasil.[87] A própria Corte Interamericana fez um recorte da *ratio* dos casos anteriores que consagraram a imprescritibilidade das graves violações, de sorte que não se tratou de violação provocada por agentes estatais dentro de um padrão sistematizado e generalizado de violência, mas da prática de trabalho escravo em inúmeras fazendas particulares em região paraense.[88]

6.2. PRINCÍPIO DA DURAÇÃO RAZOÁVEL DO PROCESSO E IMPRESCRITIBILIDADE

A imprescritibilidade de crimes não previstos constitucionalmente viola outra garantia individual: a duração razoável do processo. Tanto a Carta Magna (art. 5º, LXXVIII) quanto o Pacto de São José da Costa Rica (art. 7, 5º) impõem ao Estado o dever de resolver questões judiciais dentro de prazo considerado razoável. A Corte, no caso *Hilaire, Constantine, Benjamin e outros vs. Trindade e Tobago*, proferiu: "a Corte considera que uma demora prolongada pode chegar a constituir, por si mesma, em certos casos, uma violação as garantias judiciais. Cabe ao Estado expor e provar por que precisou de mais tempo que o razoável, a princípio, para impor sentença definitiva num caso particular, em conformidade cm os critérios indicados".[89] Parece ser um paradoxo, pois a mesma Corte que considera legítima a imprescritibilidade, reconhece a duração razoável do processo (ainda que seja impossível fixar de forma estaque um prazo para o término dos processos) como um direito fundamental.

E, sob esse fundamento, reside um segundo possível argumento crítico contra os delitos imprescritíveis, mesmo aqueles previstos na Carta Magna, pois seria patente a contradição com o princípio da duração razoável do processo. Aliás, advogar a punição do crime de racismo, por exemplo, muito além de qualquer prazo razoável, apenas representa a consagração do espírito de retribuição, incompatível com o Estado democrático de direito.[90] Nesse sentido, igualmente orienta Fábio Machado: "Promover a ação penal ou a execução da pena muito tempo depois do cometimento do ilícito mostra-se como medida desnecessária e sem qualquer proveito, senão o de realizar e satisfazer os fins retributivos da pena".[91] Atualmente,

---

[87] Sentença de 20.10.2016. No § 454 do Mérito se infere que "a aplicação da figura da prescrição neste caso representou uma violação ao art. 2 da Convenção Americana, pois foi um elemento decisivo para manter a impunidade dos fatos constatados em 1997".

[88] PAIVA, Caio; HEEMANN, A. Thimotie. *Jurisprudência internacional de Direitos humanos*. 2ª ed. Belo Horizonte: CEI, 2017, p. 631, salientam que "no caso, a CIDH também se dirigiu ao Poder Legislativo, uma vez que exarou um mandado internacional implícito de ajustamento para que o Estado brasileiro torne imprescritível os crimes de escravidão, servidão, trabalho forçado e o tráfico de pessoas quando cometidos num grave contexto de crimes contra a humanidade".

[89] Sentença de 21.06.2002.

[90] DIAS, Jorge de Figueiredo. *Direito penal português*: as consequências jurídicas do crime. Coimbra: Coimbra Editora, 2004, p. 703. No direito interno, aliás, faz-se pouco uso da garantia constitucional do inc. LIX do art. 5º, de acordo com a qual "será admitida ação privada nos crimes de ação pública, se esta não for intentada no prazo legal".

[91] MACHADO, Fábio Guedes. *Prescrição*: a identidade no tempo e a proporcionalidade. *Op. cit.*, p. 36.

conciliar rapidez e eficiência parece não ser a meta dos órgãos envolvidos no sistema de justiça do país. Reduzir ou eliminar os prazos prescricionais é jogar o problema da lentidão estatal para baixo do tapete.

Aury Lopes Júnior faz um desenho da duração razoável do processo como um suporte para outros direitos fundamentais. Para o autor, "a perpetuação do processo penal, além do tempo necessário para assegurar seus direitos fundamentais, converte-se na principal violação de todas e de cada uma das diversas garantias que o réu possui".[92] Primeiro, há violação ao princípio da jurisdicionalidade: quando o processo se prolonga por muito tempo transforma-se em pena prévia à sentença, devido à estigmatização, angústia prolongada, restrição de bens e medidas cautelares. Segundo, viola-se a presunção e inocência, pois o prolongamento excessivo do processo sepulta, paulatinamente, a credibilidade da versão do acusado. Terceiro, a ampla defesa e o contraditório são afrontados porque, quanto mais o tempo passa, mais difícil exercer eficazmente a resistência processual. Enfim, há uma pena processual, mesmo quando não há prisão cautelar, uma vez que a violência estatal se torna ilegítima com a prolongação excessiva do tempo.[93] O renomado autor ainda sustenta a necessidade de fixação legal de prazo máximo para o processo e para as medidas cautelares, impondo uma sanção em caso descumprimento (por exemplo, extinção do processo e liberação automática do acusado). É necessário que o ordenamento jurídico interno defina limites ordinários para os processos, um referencial do que seja a "dilação devida". Não obstante, não foi essa a opção eleita pelo legislador brasileiro, que faz referência à análise de três critérios à demora processual: complexidade do caso, atuação dos órgãos do Estado e atuação do interessado. O processualista sustenta que o resultado final é excessivamente vago e discricionário, o que compromete a eficácia do direito fundamental, pois o conceito de "duração razoável" continua vago, impreciso e indeterminado.[94]

Há íntima relação entre prescrição e da duração razoável do processo. Como adverte Román P. Lanzón, a prescrição é uma maneira de resguardar o direito de ser julgado dentro de prazo aceitável para preservar a dignidade humana.[95] Toda pessoa tem a liberdade de elaborar seu plano de vida e esse direito fica prejudicado quando o Estado prolonga excessivamente o desfecho de um processo. A brevidade dos procedimentos é necessária quando se considera a influência psicológica, social e familiar que a morosidade pode exercer.[96] A ausência de prazos precisos e peremptórios fixados em lei para a duração do processo, assim, faz da prescrição

---

[92] LOPES JÚNIOR, Aury. A (de)mora jurisdicional no processo penal: o direito a um processo sem dilações indevidas. In. *Revista de Estudos Criminais*, Porto Alegre, v. 4, n. 15, 2004, p. 68.

[93] LOPES JÚNIOR, Aury. *A (de)mora jurisdicional no processo penal. Op. cit.*, p. 68-9.

[94] LOPES JÚNIOR, Aury. Direito à duração razoável do processo tem sido ignorado no país. In. *Revista Magister de Direito Penal e Processual Penal*, Porto Alegre, v. 11, n. 61, ago./set. 2014, p. 57.

[95] LANZÓN, Román. La prescripción de la acción y el derecho a ser juzgado en un plazo razonable. *Revista de derecho penal y procesal penal*, Buenos Aires, n. 2, fev. 2010, p. 250.

[96] LANZÓN, Román. *La prescripción de la acción... Op. cit.*, p. 251.

uma necessidade para que haja um tempo máximo para seu desfecho.[97] A prescritibilidade criminal, assim, é uma espécie de sanção ao Estado que não confere ao acusado o direito de julgamento breve e, portanto, não pode ser mitigada pelo simples argumento da necessidade de punir os delitos mais graves.

Aury Lopes Júnior e Gustavo Badaró ressaltam que o direito a um julgamento no prazo razoável não pode ser entendido como o direito que busque a celeridade processual a qualquer custo. O processo no prazo razoável não é o processo em sua celeridade máxima. Deve-se respeitar o direito ao processo no prazo razoável sem violar outras garantias processuais, como a ampla defesa e o direito de a defesa possuir o tempo necessário para seu exercício adequado.[98] Os autores enfatizam que "a partir do momento em que o Brasil começar a ser condenado pela Corte Interamericana de Direitos Humanos, por sistemática e reiterada violação do direito ao processo em prazo razoável, com a consequente imposição de multas reparatórias, o Estado poderá perceber que a existência de uma organização judiciária adequada, com recursos humanos e meios materiais suficientes, é um dever a ser cumprido".[99] Quando o Estado exigir de seus agentes a prestação judicial em tempo hábil, com eficiência, não haverá mais necessidade de se cogitar qualquer tipo de imprescritibilidade.

Conclusões

A prescrição consiste em causa extintiva de punibilidade em razão da inércia do Estado na punição ou na execução da pena imposta ao infrator. Trata-se de garantia constitucional e é fundamental sua existência à manutenção do Estado democrático de direito.

O Estado, como ente soberano, estrutura-se constitucionalmente visando à prevenção dos delitos. Possível falha não pode acarretar um período indefinido à consequente punição do infrator. Neste sentido, eventual retardamento poderá ensejar a perda de legitimidade punitiva. A prescrição, com efeito, é uma sanção imposta ao Estado.

Os casos de imprescritibilidade consagrados constitucionalmente contrariam a própria evolução do Direito Penal e se sustentam, exclusivamente, por um viés retributivo. A Constituição Federal, aliás, tem como missão a contenção do poder punitivo, de sorte que a previsão em lei ordinária de outras hipóteses de imprescritibilidade é insustentável. Uma lei infraconstitucional não pode ampliar o poder punitivo do Estado.

---

[97] LANZÓN, Román. *La prescripción de la acción... Op. cit.*, p. 253.

[98] LOPES JÚNIOR, Aury; BADARÓ, Gustavo. Direito ao processo no prazo razoável. Rio de Janeiro: Lumen Juris, 2006, p. 44. Emblemático, neste sentido, o caso *Damião Ximenes vs. Brasil*, no qual a condenação proferida pela Corte foi a primeira no que diz com a violação do disposto no art. 8.1 da CADH, com correspondência no art. 5º, LXXVIII, da Constituição Federal (Sentença de 04.07.2006).

[99] LOPES JÚNIOR, Aury; BADARÓ, Gustavo. *Direito ao processo no prazo razoável. Op. cit.*, p. 194.

Também é insubsistente que os Tribunais, com seu odioso ativismo, descortinem novos casos. O Direito Penal não deve vagar fora da lei. Defende-se, inclusive, que esta nova corrente jurisprudencial incida apenas para fatos praticados a partir do momento em que foi emanada. Impõe-se, assim, uma irretroatividade prejudicial. Mesmo assim, caso se aceite a orientação do Superior Tribunal de Justiça quanto ao delito de injúria racial, não se deve olvidar que a extinção da punibilidade poderá derivar de outra causa, a decadência, desde que o ofendido não exerça o seu direito de representação no prazo legal. Em caso de inércia, faltará condição específica ao manejo da ação penal pública por parte do representante ministerial.

A imprescritibilidade sustentada pela Corte Interamericana de Direitos Humanos, embora a força dos argumentos, também deve ser dispensada. Primeiro, pois a finalidade de prevenção especial positiva (reforma e readaptação do agente) consagrada no próprio texto da Convenção Americana é incompatível com a real finalidade (retributiva) desta figura. Segundo, porque não se compatibiliza com o princípio da legalidade. Não há nenhuma regra na CADH que consagre o real significado de *graves violações* aos direitos humanos, de sorte que o método para definir se um crime prescreve ou não é o casuísmo dos juízes da CIDH. Por último, pela ofensa ao princípio da duração razoável do processo, reconhecido literalmente pela própria Corte Interamericana, e todas as violações decorrentes deste desrespeito a outros direitos fundamentais.

A tendência punitivista dos direitos humanos a partir da análise das decisões da Corte Interamericana – especialmente no que pertine à perenidade do poder punitivo – é manifesta, seja quando os juízes olvidam as diretrizes acenadas pelo Pacto de San Jose da Costa Rica, seja quando ultrapassam os limites permitidos pelas mesmas. É dever reforçar que a atuação da Corte não se pode realizar com a ideia fixa de subtração de direitos humanos já reconhecidos, porque, do contrário, aproximando-nos de Malarino, quem nos defenderá desta Corte?

Referências bibliográficas

ABDALA, Vinícius. Imprescritibilidade dos crimes contra a humanidade? In. *Revista Brasileira de Ciências Criminais*, n. 97, v. 20, São Paulo, 2012.

ALVES, Sílvia. *Fundamentos da extinção da punibilidade*: um estudo de história do direito penal luso-brasileiro. Belo Horizonte: D'Plácido, 2016.

BECCARIA, Cesare. *Dos delitos e das penas*. Trad. Torrieri Guimarães. São Paulo: Hemus, 1983.

BITENCOURT, Cezar Roberto. *Tratado de Direito penal*: parte geral. V. 1. 15ª ed. São Paulo: Saraiva, 2014.

BRANDÃO, Nuno. Contrastes jurisprudenciais. In. *Liber Discipulorum para Figueiredo Dias*. Coimbra: Coimbra Editora, 2003.

CALEFFI, Paulo S. A execução provisória da pena no Brasil e a irretroatividade da jurisprudência maléfica. In. *Boletim do IBCCRIM*, ano 26, n. 304, mar/2018.

CHOUKR, Fauzi Hassan. A prescrição na Lei Nº9271/96. In. *Boletim IBCCRIM*, São Paulo, 42 Esp., jun. 1996.

——. *O Brasil e o Tribunal Penal Internacional*: Abordagem inicial à proposta de adaptação da legislação brasileira, 2005. Disponível em: <www.academia.edu>. Acesso em: 29 jul. 2018.

CLARO, Antonio Ricardo. *Prescrição penal*. Porto Alegre: Verbo Jurídico, 2008.

CRUZ, Álvaro Ricardo; IOTTI, Paulo Roberto. Decisão do STJ que considera injúria racial imprescritível é correta. In. *Consultor Jurídico*. Disponível: www.conjur.com.br, acesso em 28 jul. 2018.

DIAS, Jorge de Figueiredo. *Direito penal português*: as consequências jurídicas do crime. Coimbra: Coimbra Editora, 2004.

DIMITRI Dimoulis. *Direito penal constitucional*: garantismo na perspectiva do pragmatismo jurídico-político. Belo Horizonte: Arraes Editores, 2016.

DOTTI, René Ariel. Variações sobre a prescrição na busca de um tempo perdido. In. *Prescrição penal*: temas atuais e controvertidos: doutrina e jurisprudência. V. 6. Ney Fayet Júnior (Coord.). Porto Alegre: Livraria do Advogado, 2018.

FAYET JÚNIOR, Ney. Injúria racial: um crime imprescritível? In. *Prescrição penal*: temas atuais e controvertidos: doutrina e jurisprudência. V. 6. Ney Fayet Júnior (Coord.). Porto Alegre: Livraria do Advogado, 2018.

——; FERREIRA, Martha da Costa. Da imprescritibilidade. In. *Prescrição penal*: temas atuais e controvertidos: doutrina e jurisprudência. V. 3. Ney Fayet Júnior (Coord.). Porto Alegre: Livraria do Advogado, 2011.

FRAGOSO, Heleno Cláudio. *Lições de Direito penal*. São Paulo: José Bushatsky Editor, 1983.

FRANCO, Alberto Silva. *Código Penal e sua interpretação*. 8ª ed. São Paulo: Revista dos Tribunais, 2007.

GIMBERNAT ORDEIG, Enrique. Concepto y método de la ciencia del Derecho penal. Madrid: Tecnos, 1999.

HASSEMER, Winfried. *Fundamentos del Derecho penal*. Barcelona: Bosch, 1984.

INCOTT JR., Paulo Roberto. Imprescritibilidade e funções da pena. In. *Boletim do IBCCRIM*, ano 26, nº 304, São Paulo, março/2018.

LOPES JÚNIOR, Aury. A (de)mora jurisdicional no processo penal: o direito a um processo sem dilações indevidas. In. *Revista de Estudos Criminais*, Porto Alegre, v. 4, n. 15, 2004.

——. Direito à duração razoável do processo tem sido ignorado no país. In. *Revista Magister de Direito Penal e Processual Penal*, Porto Alegre, v. 11, n. 61, ago./set. 2014.

——; BADARÓ, Gustavo Henrique. Direito ao processo no prazo razoável. Rio de Janeiro; Lumen Juris, 2006.

LIMA, Raquel da Cruz. *O Direito penal dos Direitos humanos*: paradoxos no discurso punitivo da Corte Interamericana de Direitos Humanos. Belo Horizonte: CEI, 2018.

MACHADO, Fábio Guedes Paula. *Prescrição*: a identidade no tempo e a proporcionalidade. In. *Prescrição penal*: temas atuais e controvertidos: doutrina e jurisprudência. V. 3. Ney Fayet Júnior (Coord.). Porto Alegre: Livraria do Advogado, 2011.

MAHMOUD, Mohamad Ale Hasan. Sobre a imprescritibilidade penal. In. *Boletim IBCCRIM*, São Paulo, v. 19, n. 228, nov. 2011.

MARQUES, Ivan Luís. O princípio da imprescritibilidade dos crimes contra a humanidade e sua aplicação no Brasil. In. *Crimes da ditadura militar, análise à luz da jurisprudência atual da Corte Interamericana de direito humanos*: Argentina, Brasil, Chile, Uruguai. Luiz Flávio Gomes e Valério de Oliveira Mazzuoli (Org.). São Paulo: Revista dos Tribunais, 2011.

MARTINELLI, João Paulo Orsini; DE BEM, Leonardo Schmitt. *Lições fundamentais de Direito penal*. Parte geral. 3ª ed. São Paulo: Saraiva, 2018.

MELLO, Celso Antônio Bandeira de. Imprescritibilidade dos crimes de tortura. In. *Memória e verdade*: a justiça de transição no Estado Democrático brasileiro. Inês Virgínia Prado e Sandra Akemi Shimada Kishi (Org.). Belo Horizonte: Fórum, 2009.

OLIVEIRA, Katia Elise. *O papel do Direito penal no enfrentamento da discriminação*. (Dissertação de Mestrado em Direito). São Paulo: PUC, 1997.

P. LANZÓN, Román. La prescripción de la acción y el derecho a ser juzgado en un plazo razonable. In. *Revista de derecho penal y procesal penal*, Buenos Aires, n. 2, fev. 2010.

PAIVA, Caio; HEEMANN, Aragon Thimotie. *Jurisprudência internacional de Direitos humanos*. 2ª ed. Belo Horizonte: CEI, 2017.

PIÑA, Alejandro W. Anticonvencionalidad de la prescripción de la acción penal en casos de graves atentados a la persona. In. *Anuário de Derecho penal 2010-2011*. Buenos Aires: Ad-Hoc, 2012.

ROSA, Alexandre Morais da. *Guia do processo penal conforme a teoria dos jogos*. 4ª ed. Florianópolis: Empório do Direito, 2017.

ROXIN, Claus. *Derecho penal*. Parte general. Trad. Diego-Manuel Luzón Peña, Miguel Díaz y García Conlledo e Javier de Vicente Remesal. Madrid: Civitas, 1997.

SANGUINÉ, Odone. Irretroatividade e retroatividade das alterações da jurisprudência penal. In. *Revista Brasileira de Ciências Criminais*, n. 31, 2000.

SANTOS, Christiano Jorge Santos. *Crimes de preconceito e de discriminação*. São Paulo: Saraiva, 2010.

SCHMIDT, Andrei Zenkner. *Da prescrição penal.* Porto Alegre: Livraria do Advogado, 1997.

——. *O princípio da legalidade penal no Estado democrático de direito.* Porto Alegre: Livraria do Advogado, 2001.

SILVA, Guilherme José Ferreira da. Artigo 29: Imprescritibilidade. In. *O Tribunal Penal Internacional*: comentários ao Estatuto de Roma. Sylvia Helena Figueiredo Steiner, Leonardo Nemer Brant (Coord.). Belo Horizonte: Konrad-Adenauer-Stiftung: CEDIN: Del Rey, 2016.

SILVEIRA, Fabiano A. Martins. *Da criminalização do racismo*: aspectos jurídicos e sociocriminológicos. Belo Horizonte: Del Rey, 2007.

SWENSSON JR., Lauro Joppert. *Responsabilidade penal para os crimes da ditadura militar*: a justiça de transição diante da lei. Curitiba: Juruá, 2017.

TRIPPO, Maria Regina. *Imprescritibilidade penal.* São Paulo: Juarez de Oliveira, 2004.

VELLOSO, Ana Flávia. A imprescritibilidade dos crimes internacionais. In. *III Anuário Brasileiro de Direito Internacional.* V. 1. Leonardo Nemer (Coord.). Belo Horizonte: CEDIN, 2008.

VICENTE MARTÍNEZ, Rosario de. *El princípio de la legalidad penal.* Barcelona: Bosch, 2004.

Tema III

A prescrição no direito penal francês[1]

Véronique Tellier-Cayrol

A prescrição é um dos meios de extinção da ação pública.[2] Sua existência remonta ao Império Romano, e esse instituto atravessa o tempo, aperfeiçoando--se. Encontra-se, desde 1246, na Carta de *Aigues-Mortes*, outorgada por Louis IX (o futuro *Saint Louis*), um sistema acabado extremamente próximo do sistema atual. O Código de Instrução Criminal de 1808 diferencia: a prescrição da ação pública era alcançada após o período de um ano para as contravenções; depois de três anos, para os delitos; e depois de dez anos, para os crimes; por outro lado, a prescrição da pena se produzia em dois anos para as contravenções; em cinco anos, para os delitos; e em vinte anos, para os crimes. Retomados no Código de Processo Penal de 1958, nos artigos 7º, 8º e 9º, esses períodos, no entanto, foram objetos pontuais de intervenções legislativas ou de interpretações jurisprudenciais questionáveis, o que explica, em parte, a recente reforma legislativa da prescrição pela Lei nº 2017-242, de 27 de fevereiro de 2017.[3]

Hoje em dia, os prazos da prescrição da ação pública são de um ano para as contravenções; de seis anos, para os delitos; e de vinte anos, para os crimes. Os prazos de prescrição da pena são de três anos para as contravenções; de seis anos, para os delitos; e de vinte anos, para os crimes.

De modo a respeitar a distinção tradicional, é conveniente apresentar, em primeiro lugar, a prescrição da ação pública (§ 1); e, em segundo lugar, a prescrição da pena (§ 2).

1. A prescrição da ação pública

Fundamentos clássicos. Ao contrário do direito inglês – que ignora a prescrição (salvo para as infrações menos graves), o legislador francês escolheu limi-

---

[1] Tradução de Bianca Pata Flores e Ney Fayet Júnior.

[2] Conforme o art. 6º, alínea 1, do CPP: "A ação pública para a aplicação da pena se extingue pela morte do réu, a prescrição, a anistia, a revogação da lei penal e da coisa julgada".

[3] Lei 2017-242, de 27 de fevereiro de 2017, relativa à reforma da prescrição em matéria penal, Jornal Oficial, 28 de fevereiro de 2017. Conforme A. Mihman "A reforma da prescrição da ação pública", Gaz. Pal. 7 de março de 2017, nº 29, p. 14; A. Lepage e H. Matsopoulou, "A prescrição da ação pública entre continuidade e inovações. Apresentação da Lei 2017-242 de 27 de fevereiro de 2017 relativa à reforma da prescrição em matéria penal", direito penal, maio de 2017, nº 5, p. 17; J.-B. Perrier, "O essencial e o detalhe da reforma da prescrição em matéria penal", Decreto. 2017, p. 713.

tar o tempo durante o qual uma infração pode ser perseguida. A ação pública pode prescrever-se, isto é, extinguir-se pelo efeito do tempo. Três razões principais são propostas.

A primeira razão concerne ao delinquente: este, durante todo o período, viveu com medo de ser processado; a ausência de paz de espírito constitui uma pena moral, um castigo que, passado um certo tempo, não é mais necessário de ser intensificado por uma pena jurídica. De outra parte, é possível pensar que o autor da infração vai adotar uma conduta razoável posteriormente para não correr o risco de investigações sobre seu comportamento passado.

A segunda razão concerne à opinião pública: se as acusações tardias fossem possíveis, elas colocariam ênfase na incapacidade de as autoridades reagirem rapidamente, o que não deixaria de chocar a opinião pública. Na mesma ordem de ideia, fala-se de negligência: a sociedade perderia seu direito de punir porque ela não o teria exercido em tempo útil.

A terceira razão concerne à prova: o risco de erro aumenta com o tempo, uma vez que as evidências são cada vez mais difíceis de reportar. À medida que o tempo passa desde que a infração foi cometida, as provas desaparecem; ou, ao menos, perdem muito valor. Muitos anos depois do crime ou do delito, será difícil de descobrir os traços e os indícios, de encontrar as testemunhas. Uma ação exercida muito tempo depois da comissão da infração é mais suscetível de produzir um erro judiciário.

Assim, para evitar isso – no interesse da própria justiça punitiva (e, em seguida, da sociedade) –, o melhor é renunciar ao exercício da ação pública.

Críticas. Essas diferentes razões foram criticadas.

Tratando-se da angústia que o delinquente sofreria, o argumento pode ser facilmente afastado: "quantos fugitivos, riqueza feita, encontraram refúgio nos belos países dos quais não podem ser extraditados?"[4] Sem mesmo ir até o cruzamento das fronteiras, pode-se pensar que a fragilidade psicológica, o fato de estar afetado pelo "presentismo"[5] e o sentimento de impunidade de certos delinquentes protegem os autores das infrações dessa angústia permanente que deveria justificar a prescrição. Cuidando-se da opinião pública, também nesse caso, o argumento é pouco convincente. Assim, para a União sindical dos magistrados, "o dogma fundador da prescrição, segundo o qual a tranquilidade pública seria perturbada pelas acusações tardias, é amplamente colocado em questão, até mesmo invertido: o benefício desse direito ao esquecimento não sendo mais admitido, pois o tempo não atenuaria o perigo que os delinquentes representariam para a sociedade".[6]

---

[4] F. Fourment, Processo penal, 14ª ed. Paradigme, 2013, nº 376, p. 192.

[5] O "presentismo" caracteriza-se por uma incapacidade de prever as consequências penais da comissão de uma infração. Conforme F. Glowacz e M. Born, Psicologia do delinquente, 4ª ed., Deboeck, 2017.

[6] Contribuição escrita da União sindical dos magistrados, anexada ao relatório de informação de A. Touret e G. Fenech, registrado na Presidência da Assembleia nacional dia 20 de maio de 2015 (n° 2778, XIV legislatura), p. 244.

Quanto ao risco do desaparecimento das provas, isso hoje é igualmente colocado em questão. Os progressos científicos, notadamente na coleta, na exploração e na conservação de provas digitais e genéticas, mas também olfativas e acústicas, permitem a resolução de investigações penais muitas dezenas de anos depois de cometidos os fatos.[7]

Fundamentos contemporâneos. Apesar da insuficiência dos fundamentos clássicos da prescrição, esta última segue fundada. Hoje, dois argumentos mostram-se mais convincentes. Por um lado, trata-se de respeitar o direito de ser julgado em um prazo razoável; de outro lado, cuida-se de evitar que, com o tempo, o processo não se termine por uma aquiescência ou por uma libertação em virtude do "benefício da dúvida", ou por uma condenação a uma pena simbólica, o que constituiria uma pena adicional para a vítima.

1.1. A PASSAGEM DO PRAZO DE PRESCRIÇÃO

1.1.1. O prazo da prescrição

Um, seis, dez. Os prazos de prescrição da ação pública permaneceram os mesmos desde 1808 (um ano para as contravenções; três anos para os delitos; e dez anos para os crimes). A Lei de 27 de fevereiro de 2017 aumentou os prazos de prescrição, passando de 10 anos para 20 anos em matéria de crime (art. 7º, alínea 1, do CPP), e de 3 a 6 anos em matéria de delito (art. 8º, alínea 1, do CPP). Em matéria de contravenção, o prazo de um ano foi mantido (art. 9º do CPP).

Além da imprescritibilidade dos crimes contra a humanidade (art. 7º do CPP), os prazos derrogatórios estão previstos para certas infrações, às vezes mais longos, às vezes mais curtos.

Prazos mais longos. O legislador previu os prazos especiais mais longos:

- em matéria de infrações à legislação das drogas: trinta anos para os crimes e vinte anos para os delitos (arts. 706-26 e 706-31 do CPP);
- em matéria de atos terroristas: trinta anos para os crimes e vinte anos para os delitos (arts. 706-16 et 706-25-1 do CPP);
- em matéria de delitos cometidos contra menores de quinze anos: violências voluntárias com incapacidade superior a oito dias (art. 222-12 do CP); violações sexuais agravadas sem violência (art. 227-26 do CP); e agressões sexuais agravadas (art. 222-30 do CP): vinte anos. A mais recente Lei de 3 de agosto de 2018, reforçando a luta contra as violências sexuais e sexistas,[8] modificou o artigo 7º do Código de Processo Penal, elevando o prazo de vinte para trinta anos: "A ação pública dos crimes mencionados no artigo 706-47 do presente Código, quando são cometidos contra menores, prescreve em trinta anos completados a contar da maioridade destes";
- para as infrações de proliferação de armas de destruição em massa e de seus vetores mencionados no artigo 706-167 do CPP: trinta anos para os crimes e vinte anos para os delitos (art. 706-175);

---

[7] O caso do desconhecido da estrada *A10* ainda recentemente mostrou: "os pais da 'pequena mártir da A10', desaparecida em 1987, acusados e presos", Le Monde, 14 de junho de 2018.

[8] A Lei 2018-703, de 3 de agosto de 2018, reforça a luta contra as violências sexuais e sexistas, JORF (Jornal Oficial) n° 0179 de 5 de agosto de 2018, texto n° 7.

- em matéria de eugenia e de clonagem reprodutiva (art. 214-1 e seguintes do CP); de desaparecimentos forçados (arts. 221-12 et 221-18 do CP); de crimes de guerra (art. 462-10 do CP): trinta anos; e
- em matéria de contravenções aduaneiras, o prazo de prescrição é de três anos (art. 351, alínea 2, do Código Aduaneiro).

Prazos mais curtos. O legislador previu os prazos mais curtos:

- o prazo é de três meses[9] para as infrações da Lei de 29 de julho de 1881 relativa à liberdade de imprensa (arts. 65 e 65-1);
- o prazo é de um ano para os delitos de difamação e provocação à discriminação, ao ódio ou à violência a respeito de uma pessoa ou de um grupo de pessoas em razão de sua origem ou de seu sexo; e
- o prazo é de seis meses a contar do dia da proclamação do resultado da eleição para certas infrações ao Código Eleitoral (fraudes nas inscrições ou na votação; subtração ou alteração de votos – art. L 114 do Código Eleitoral).

1.1.2. O início do prazo

Princípio. O início do prazo é o dia seguinte ao da prática da infração (não incluindo o *dies a quo*, o dia em que a infração foi cometida).

O dia da prática da infração varia de acordo com a duração dos comportamentos. No caso de infração instantânea, é o dia do fato delituoso ou criminal; no caso de infração permanente, cuida-se do dia em que o fato repreensível cessou; e no caso de crime habitual, trata-se do último ato constitutivo.

Maioridade da vítima. No que diz respeito a um certo número de infrações cometidas contra um menor, o legislador fixou o início do prazo de prescrição a maioridade deste. Os crimes (e delitos) mencionados no artigo 706-47 do Código de Processo Penal, o crime de violências voluntárias que provoca uma mutilação ou uma enfermidade permanente cometida com uma circunstância agravante (art. 222-10 do CP) e o delito de violências voluntárias que resulta em incapacidade total de trabalho de mais de oito dias cometida com uma circunstância agravante (art. 222-12 do CP).

A particularidade da prescrição da ação pública do crime de clonagem reprodutiva sempre que este resultar no nascimento de uma criança: seu início continua fixado na maioridade desta (art. 9-1, alínea 2 do CPP).

Infrações clandestinas. Anteriormente à Lei de 27 de fevereiro de 2017, a jurisprudência podia retardar o início do prazo de prescrição para certas infrações.[10] Esta posição jurisprudencial foi iniciada em matéria de abuso de confiança,

---

[9] Um prazo de três meses era igualmente previsto para o delito de descrédito lançado sobre uma decisão da justiça (art. 434-25 do CP). A Lei de 27 de fevereiro de 2017 o suprimiu.

[10] Conforme S. Roth, Clandestinidade e prescrição da ação pública, Thèse Strasbourg 2013; D. Dechenaud, "A clandestinidade no processo penal", em Mélanges J.-H. Robert, Paris, exisnexis 2012, p. 213 ; D. N. Commaret, "Início do prazo de prescrição da ação pública: os paliativos jurisprudenciais, culpa da reforma legislativa global", RSC 2004, p. 897; G. Lecuyer, "A clandestinidade da infração como justificativa do atraso da prescrição da ação pública", Direito penal, 2005, estudo n° 14, p. 9.

infração cujo início fora fixado no dia da descoberta da infração.[11] Posteriormente, a Câmara Criminal da Corte de Cassação deslocou o início do prazo de prescrição de diversas infrações: abuso de bens sociais;[12] violação à vida privada e armazenamento informatizado de dados pessoais;[13] e propaganda enganosa;[14] fraude;[15] tráfico de influência;[16] recebimento indevido de vantagem.[17] Esta jurisprudência aplicava-se às infrações "astuciosas", ocultas por natureza ou dissimulações das manobras e, logo, muito particularmente em matéria econômica e financeira. Essas soluções correspondiam pouco à redação do Código de Processo Penal.

O caso *Cottrez*. Em julho de 2010, os cadáveres de dois recém-nascidos foram descobertos enterrados em um jardim. Durante a investigação, seis outros cadáveres foram encontrados por meio da indicação da mãe, pois esta reconheceu que, ao nascerem, os matou e ocultou seus corpos. Os fatos desenrolaram-se entre 1989 e 2006, com o que se colocou em questão a prescrição para determinados homicídios. Em princípio, o homicídio não se enquadra na categoria das infrações ocultas.

A Câmara Criminal da Corte de Cassação francesa, em um acórdão de 16 de outubro de 2013,[18] determinou que "a ação pública prescreve por dez anos completados a contar do dia em que o crime foi cometido", reformando o entendimento dos juízes de segundo grau que decidiram "adiar o início do prazo ao dia da descoberta fortuita dos primeiros corpos das crianças". A Câmara Criminal considerou os fatos como prescritos. A Corte de Apelação não seguiu o entendimento da Câmara Criminal e o caso do óctuplo infanticídio foi remetido para julgamento frente ao plenário da Corte de Cassação. Esta julgou, no dia 7 de novembro de 2014, considerando "que se, nos termos do artigo 7º, alínea 1º, do Código de Processo Penal, a ação pública prescreve a contar do dia em que o crime foi cometido, a prescrição é suspensa em caso de obstáculo intransponível ao exercício do processo".[19] A solução adotada suscitou diversos protestos. De um

---

[11] Crim. 4 de janeiro de 1935, RSC 1936, p. 86, obs. F. Carrive.

[12] Crim. 7 de dezembro de 1967, n° 66-91.972, Boletim Criminal n° 321; Rev. Sociétés, 1969, p. 237, nota J.-M. R.

[13] Crim. 4 de março 1997, n° 96-84.773, Boletim Criminal n° 83; Direito penal 1997 comentário n° 75, nota M. Véron; LPA 4 de abril de 1997 n° 41 p. 17 nota B. Boccara.

[14] Crim. 22 de maio de 2002, n° 01-85.763, inédito; RSC 2003, p. 108, nota J.-F. Renucci e C. Ambroise-Castérot.

[15] Crim. 7 de julho de 2005, n° 05-81.119, Boletim Criminal n° 206; Direito Penal 2005, comentário. 132, obs. J.-H. Robert; RSC 2006 p. 84 nota C. Ambroise-Castérot.

[16] Crim. 19 de março de 2008, n° 07-82.124; Direito Penal, 2008, comentário. 102, obs. M. Véron.

[17] Crim. 20 de fevereiro de 2008, n° 02-82.676 e 07-82.110; Processos 2008, comentário 183, obs. J. Buisson; Contratos, Concorrência., Consumo. 2008 comentário 110, obs. M. Véron.

[18] Crim. 16 de outubro de. 2013, Boletim Criminal n° 192; D. 2013 p. 2673 nota Y. Mayaud; AJ penal 2014 p. 30 obs. J. Pradel; RSC 2013 p. 833 nota Salvat; JCP 2013, 1309 nota S. Detraz.

[19] Sessão plenária, 7 de novembro de 2014, n° 14-83.739; Boletim Sessão plenária, n° 1; D. 2014, p. 2498, obs. R. Parizot ; RSC 2014, p. 777, nota Y. Mayaud, e p. 803, nota Boccon-Gibod ; RSC 2015, p. 121, nota A. Giudicelli; Processos 2014 p. 326 obs. Chavent-Leclère; Direito Penal, 2014 comentário 151 obs. A. Maron et M. Haas; Dr. famille 2015 comentário. 24 obs. Ph. Bonfils; JCP 2015 estudo 69 A. Lepage. Ela julgou em espécie

lado, efetivamente, não pode haver a suspensão, a não ser que o prazo de prescrição tenha começado a correr. A suspensão não diz respeito ao início do prazo. De outro lado, potencialmente, essa decisão resultaria no aumento do campo de aplicação dessa jurisprudência *contra legem*, na medida em que, com frequência, os delinquentes procuram dissimular seus atos.

Essa decisão confirmou a necessidade de se reformar a prescrição em matéria penal.

Infrações ocultas ou dissimuladas. O novo artigo 9º-1, proveniente da Lei de 27 de fevereiro de 2017, fixa o início do prazo da prescrição de infrações ocultas ou dissimuladas ao "dia em que a infração apareceu e pôde ser constatada em condições que permitiam o movimento ou o exercício da ação pública". "É oculta a infração que, em decorrência de seus elementos constitutivos, não pode ser conhecida nem pela vítima, nem pela autoridade judiciária". "É dissimulada a infração em que o autor realiza deliberadamente toda a mão de obra caracterizada tendendo a impedir a descoberta".

Se a infração oculta pode ser facilmente compreendida, mas a mesma coisa não acontece com a infração dissimulada, suposto que, frequentemente, o agente vai querer dissimular o seu delito. Como o Conselho do Estado salientou, no seu parecer sobre a reforma, toda infração é suscetível de ser qualificada como infração dissimulada, desde que o autor tenha realizado uma manobra tendendo a impedir a descoberta.[20] Os autores questionam-se[21] e pode-se supor que essas novas disposições darão lugar a um contencioso importante.

Prazo limite. Adiando o início do prazo de prescrição das infrações clandestinas, o risco era de consagrar uma imprescritibilidade, de fato, dessas infrações. Pareceu necessário, como existe em outros países, instituir um prazo limite. É isso que prevê a terceira alínea do artigo 9º-1 do Código de Processo Penal ao precisar que "sem, no entanto, que o prazo de prescrição pudesse exceder a doze anos para delitos e a trinta anos para crimes a contar do dia em que a infração foi cometida". Esse texto, simples *a priori*, não está livre de causar problemas de aplicação, incluindo as dificuldades de articulação com as regras de interrupção. Considerando-se a sua redação (o texto deixa claro que o "prazo prescricional" não pode exceder a uma certa duração), a prescrição seria alcançada, em qualquer caso, no mais tardar, em doze anos para os delitos com previsão de até 10 anos de

---

que "as gravidezes da Madame Y., mascaradas por sua obesidade, não podiam ser detectadas por seus familiares, e nem pelos médicos consultados por outros motivos médicos, que os partos ocorreram sem testemunha, que os nascituros não foram declarados ao estado civil, que os cadáveres dos recém-nascidos ficaram escondidos até a descoberta fortuita dos dois primeiros corpos em 24 de julho de 2010 e que, nessas condições, ninguém era capaz de se preocupar com o desaparecimento das crianças nascidas clandestinamente, mortas no anonimato, as quais nenhum indício aparente revelou a existência".

[20] Conselho do Estado, 1º de outubro de 2015, n° 390335, parecer sobre a proposta de lei portando a reforma da prescrição penal.

[21] Conforme E. Daoud, "A prescrição das infrações ocultas ou dissimuladas no direito penal empresarial: em busca do tempo perdido", Direito Penal, 2017, n° 5 p. 27, especialmente, p. 28, n° 8; A. Mihman, artigo anterior.

pena privativa de liberdade e em trinta anos para os crimes que excedam a essa pena, a contar do dia em que a infração foi cometida.

Em outras palavras, a formação empregada evoca uma prescrição absoluta, isto é, um prazo para além do qual mais nenhum processo será possível. E, então, como instruir e julgar definitivamente um crime que será descoberto vinte e nove anos após os fatos serem cometidos e para o qual restará apenas um ano antes de atingir a prescrição? As regras de interrupção não ajudam a retardar a prescrição: antes de tudo, porque essas regras não podem aplicar-se enquanto o prazo da prescrição não começou a correr (ou, o início do prazo é adiado para o dia da **ocorrência** dos fatos); em seguida porque, em se tratando de uma prescrição absoluta, os atos interruptivos não podem interromper uma prescrição adquirida... Se uma tal interpretação do texto tivesse de ser mantida, seria mais interessante, em certas hipóteses, para as vítimas, que essas infrações se prescrevessem nos termos do direito comum, no qual o prazo pode ser reconduzido sem limite para os atos interruptivos de prescrição. Para ultrapassar essa dificuldade de interpretação, seria necessário considerar, então, que um ato interruptivo pudesse interromper uma prescrição em que o prazo ainda não começou? Tal solução não teria nenhum sentido jurídico. Ou seria necessário desnaturar a letra da norma a pretexto de que esta seria, na verdade e sem dúvida, um erro de redação, e o legislador querendo melhor dizer: "sem, entretanto, que o ponto de partida do prazo de prescrição (e não o prazo de prescrição) pode ultrapassar mais de doze anos para os delitos e mais de trinta anos para os crimes, a contar do dia em que a infração foi cometida"? A noção do prazo limite tem risco de ser a fonte de um importante litígio.[22]

1.2. AS CAUSAS INTERRUPTIVAS E SUSPENSIVAS DA PRESCRIÇÃO

1.2.1. Os atos interruptivos

Antes da reforma de 27 de fevereiro de 2017, o Código de Processo Penal previa que era interruptivo da prescrição todo ato de instrução ou de acusação (antigos artigos 7º a 9º do CPP). "(...) faltando definição, incumbia ao juiz os caracterizar. A elaboração de um estado da situação tinha se tornado necessária em razão da casuística operada, a qual usava mal os princípios da segurança jurídica e da previsão da lei".[23]

O novo artigo 9º-2 do Código de Processo Civil retoma as soluções jurisprudenciais anteriores. É interrompível:

- todo ato, emanando do Ministério Público ou da parte civil, tendendo a movimentar a ação pública, previsto nos artigos 80, 82, 87, 88, 388, 531 e 532 do Código supracitado, e no artigo 65 da Lei de 29 de julho de 1881 sobre a liberdade de imprensa. Esses atos correspondem em qualquer denún-

[22] Cf. A. Mihman, artigo anterior.

[23] A. Mihman, artigo anterior.

cia introdutiva ou supletiva, toda queixa com constituição de parte civil, todo ato de recurso de uma jurisdição penal e todo ato para fins de investigação sobre as infrações de imprensa;

- todo ato de investigação emanando do Ministério Público, todo processo verbal preparado por um oficial de polícia judiciária ou um agente habilitado exercendo os poderes de polícia judiciária tendendo efetivamente à investigação e à perseguição dos autores de uma infração;
- todo ato de instrução previsto nos artigos 79 ao 230 do Código de Processo Penal, realizados por um juiz de instrução, uma câmara de instrução ou por magistrados e oficiais de polícia judiciária por eles delegados, tendendo efetivamente à investigação e à perseguição dos autores de uma infração;
- todo julgamento ou acórdão, mesmo não definitivo, se ele não está viciado de nulidade.

Além disso, o legislador reconhece algumas vezes, nos textos especiais, um efeito interruptivo a atos particulares. Assim, a Lei de 30 de março de 2006, concedendo aos presidentes da câmara um poder de transação para certas contravenções, previu que os atos tendendo à implementação ou à execução dessa transação eram interruptivos de prescrição (art. 44-1, alínea 3, do CPP). Uma Lei de 29 de março de 2011 previu que os atos do Defensor de direitos tendendo à implementação ou à execução da transação em matéria de descriminação constitui uma causa de interrupção. Deste modo ainda, a transmissão ao promotor pela autoridade da concorrência de um processo suscetível de prossecução pela prática anticoncorrencial ou a investigação pela Comissão Europeia ou por uma autoridade de concorrência de um outro Estado membro da União Europeia (art. L. 462-6, alíneas 2 e 3 do Código Comercial) são interruptivos. Finalmente, os atos tendendo à aplicação ou à execução da composição penal também são (art. 41-2, alínea 8, do CPP).

Os efeitos dos atos interrompíveis. A interrupção da prescrição desconsidera o tempo que passou até a sua ocorrência, e começa a contar um novo prazo, no qual a duração é a mesma do prazo inicial interrompido.

1.2.2. Os atos suspensivos

O próprio princípio da suspensão, medida de igualdade em favor dos que são incapazes de agir, encontra a sua fonte no adágio civilista *contra non valentem agere non currit praescriptio*, segundo o qual a prescrição não corre contra quem não pode validamente agir.

Direito anterior. Existem diversas causas legais de suspensão: a prescrição é suspensa durante o mandado presidencial (art. 67 da Constituição). Também é suspensa em caso de recursos nos modos alternativos nos prosseguimentos do artigo 41-1 do Código de Processo Penal. Outras causas de suspensão são de origem pretoriana; a Câmara Criminal reconheceu dois grandes motivos de impossibilidade de agir pela parte perseguidora: os obstáculos de direito e os obstáculos de fato.

A reforma. Um novo artigo 9º-3 consagra a regra jurisprudencial: "todo obstáculo de direito previsto pela lei, ou todo obstáculo de fato intransponível e equiparável à força maior, que torna impossível o movimento ou o exercício da ação pública, suspende a prescrição". A regra, doravante legal, não regulamenta os problemas de interpretação que haviam surgido. A determinação do que é um obstáculo de direito ou de fato pertence à jurisprudência.[24]

2. A prescrição das penas

A prescrição da pena é "a prescrição extintiva aplicável à pena resultante de uma sentença de condenação (Código Penal, arts. 133-2 e seguintes) que impede a execução desta, mas não faz desaparecer a condenação".[25]

Assim como a prescrição da ação pública, diferentes argumentos fundam a prescrição da pena. Primeiramente, ela se baseia na ideia de que levar uma pena à execução muito tempo depois seu pronunciamento será um fator de inquietação, e colocaria em questão a pacificação adquirida. Depois, trata-se de sancionar a inércia das autoridades judiciais, na incapacidade de executar a sanção penal. Por fim, é evidente a inutilidade da execução de uma pena depois de vários anos, durante os quais o condenado viveu na clandestinidade.

2.1. OS PRAZOS DE PRESCRIÇÃO DA PENA

2.1.1. Prazos de prescrição de penas criminais

Prazo de direito comum. O artigo 133-2 do Código Penal prevê que, sob reserva do artigo 213-5 do mesmo Código, relativo à imprescritibilidade da ação pública e das penas de crimes contra a humanidade, as penas declaradas para um crime prescrevem em vinte anos completos a contar da data em que a decisão condenatória se tornou definitiva.

Convém notar que um dos objetivos da Lei de 27 de fevereiro de 2017 foi de harmonizar, em matéria criminal especialmente, os prazos de prescrição da ação pública e das penas.

Prazos excepcionais.

Prescrevem em trinta anos completos – a contar da condenação definitiva – as penas que sancionam:

- os crimes de eugenia e de clonagem reprodutiva reprimidos pelo subtítulo UU do título primeiro do segundo livro do Código Penal, em aplicação da primeira alínea do seu artigo 215-4;
- o crime de desaparecimento forçado figurado no artigo 221-12;
- os crimes de tráfico de drogas;
- os crimes de natureza terrorista;

[24] Conforme o direito anterior à reforma: A. Mihman e E. Drummond, "Situação atual dos atos interruptivos e das causas suspensivas da prescrição da ação pública. Jurisprudência em 1° de setembro de 2016", Gaz. Pal. 28 de outubro de 2016, p. 11.

[25] G. Cornu, Vocabulário jurídico, 2011, PUF, V° *Prescrição.*

- os crimes de guerra; e
- os crimes relativos à proliferação de armas de destruição em massa e de seus vetores mencionados no artigo 706-167 do Código de Processo Penal.

As penas que sancionam os crimes contra a humanidade, mencionados nos artigos 211-1 ao 212-3 do Código Penal, são, nos termos do artigo 213-5, imprescritíveis.

As disposições relativas aos prazos derrogatórios se encontram disseminadas no Código Penal e no Código de Processo Penal. Para remediar sua dispersão (que dificulta a acessibilidade e a legibilidade da norma), a reforma de 27 de fevereiro de 2017 os reúne no artigo 133-2 do Código Penal, completado por duas alíneas que tratam, respectivamente, dos casos em que as penas prescrevem em trinta anos, e dos casos em que as penas não prescrevem.

2.1.2. Prazos de prescrição de penas correcionais

Antes da lei de 27 de fevereiro de 2017. O artigo 133-3 do Código Penal previa que as penas decididas para um delito prescreviam em cinco anos completados a contar da data em que a decisão de condenação se tornou definitiva.

A lei de 27 de fevereiro de 2017. A reforma de 2017 escolheu alterar o prazo de prescrição para seis anos, para se alinhar ao novo prazo de prescrição da ação pública dos delitos previstos no artigo 8º do Código de Processo Penal.

Os prazos derrogatórios (art. 133-3). Como em matéria criminal, o legislador julgou pertinente alongar o prazo de prescrição das penas reprimindo determinados delitos. Prescrevem em vinte anos completos – a contar da condenação definitiva – as penas que sancionam:

- os delitos de tráfico de drogas;
- os delitos de natureza terrorista;
- os delitos de guerra; e
- os delitos relativos à proliferação de armas de destruição em massa e de seus vetores.

As penas que sancionam os delitos cometidos contra menores, mencionados no artigo 706-167 do Código de Processo Penal e nos artigos 222-12, 222-29-1 e 227-26 do Código Penal, pelos quais a ação pública prescreve após um prazo derrogatório (dez ou vinte anos), prescrevem nas condições de direito comum (seis anos).

É o mesmo para as penas atreladas às infrações que prescrevem nos prazos fortemente reduzidos (três meses para determinadas infrações previstas pela Lei de 29 de julho de 1881 sobre a liberdade de imprensa; e seis meses para as infrações mencionadas no artigo L. 114 do Código Eleitoral).

Fiéis ao seu desejo de desenvolver a legibilidade das disposições que regem o direito da prescrição, os parlamentares julgaram pertinente reagrupar, em um novo artigo 133-3 do Código Penal, as disposições aplicadas às penas que reprimem certos delitos que prescrevem em vinte anos a contar da data em que a decisão de condenação se tornou definitiva.

2.1.3. *O prazo de prescrição das penas contravencionais*

Em matéria de penas contravencionais, o prazo é de três anos. A reforma da prescrição operada pela Lei do dia 27 de fevereiro de 2017 não alinhou este prazo com o da prescrição da ação pública.

2.1.4. *Interrupção e suspensão*

Como em matéria de prescrição da ação pública, o prazo de prescrição da pena pode ser interrompido ou suspenso.

A interrupção da prescrição tem por efeito anular o tempo já decorrido; um novo prazo começa a contar do ato interruptivo. O exercício de uma via recursal é uma primeira causa de interrupção. Existem outras:[26] a consulta de um Procurador da República a um serviço de polícia sob o fundamento do artigo 74-1 (procura de uma pessoa em fuga), a inscrição do condenado no arquivo de pessoas procuradas...

Diferente dos atos interruptivos de prescrição da pena, as causas de suspensão da prescrição da pena são fixadas apenas pela jurisprudência. Esta decide que o curso da prescrição pode ser momentaneamente interrompido em razão da existência de um obstáculo de direito ou de fato.

2.2. EFEITOS DA PRESCRIÇÃO DE PENAS

Obstáculo legal à execução. A prescrição impede a execução de todas as penas suscetíveis de execução forçada sobre a pessoa condenada ou sobre seus bens: penas privativas de liberdade, penas pecuniárias, penas de confisco. Efetivamente, nos termos do artigo 133-1, alínea 2, do Código Penal, a pena, uma vez prescrita, não pode mais ser trazida à execução. A aplicação da sanção é impossível, porque o título que resultava de pleno direito da condenação não pode mais ser executado.

Meio de ordem pública. Como a prescrição de ação pública, a prescrição da pena é uma instituição de ordem pública: ela deve ser declarada de ofício.

Contencioso. A prescrição da pena implica um efeito principal, que é impedir a execução da pena, mas ela mantém a condenação com todas as suas consequências de direito (a pena segue inscrita nos antecedentes criminais e pode constituir um primeiro requisito da reincidência). Se uma contestação surge em relação à constatação de prescrição, a jurisdição que pode se pronunciar é a que

---

[26] Conforme art. 707-1 do CPP.

tem competência para conhecer um incidente contencioso. Com efeito, todos os incidentes contenciosos relativos à execução da pena devem ser levados diante do tribunal ou da corte que pronunciou a sentença (art. 710, do CPP), ou seja, ao condenado não é permitido sustentar, diante do juízo da execução penal, a suspensão de penas privativas de liberdade que estariam prescritas.

Tema IV

A prescrição da pretensão punitiva da Administração Pública Federal: breves considerações acerca da Lei 9.873, de 23 de novembro de 1999

Yuri Restano Machado

Introdução

Em recente decisão, o Supremo Tribunal Federal firmou tese no sentido de que são imprescritíveis as ações de ressarcimento ao erário fundadas na prática de ato doloso tipificado na Lei de Improbidade Administrativa.[1] Não fosse suficiente o conteúdo de tal decisão para caracterização de sua importância, o pronunciamento da nossa mais alta corte ganha relevo e projeção na medida em que fixa um posicionamento que rompe com a regra geral de prescrição.

No Direito brasileiro, vigora como regra geral o regime da prescrição, admitindo-se apenas em caráter excepcional a imprescritibilidade. É o caso, por exemplo, do crime de racismo, previsto no artigo 5º, XLII, da Constituição Federal, e da ação de grupos armados contra a ordem constitucional do Estado Democrático de Direito, regulado pelo artigo 5º, XLIV, da Constituição Federal.

No Direito Administrativo o tema prescrição sempre foi tormentoso e árido.[2] Ao longo do tempo, várias foram as teorias que se debruçaram sobre o seu estudo. Alguns autores chegaram a sustentar a tese da imprescritibilidade da ação estatal. Outros, na ausência de leis específicas, propugnaram pela imposição de prazos extraídos do direito privado.[3] Com relação à prescrição da pretensão punitiva da Administração Pública Federal, grande parte do debate acadêmico e jurisdicional foi superado com a edição da Lei 9.873, de 23 de novembro de 1999.

---

[1] RE 852.475 – Repercussão Geral – Tema 897.

[2] Explica Alexandre Schubert Curvelo: "Dizer que o instituto jurídico da prescrição encerra a um só tempo, um dos tópicos mais importantes e mais profícuos na profusão de dúvidas entre os juristas não configura novidade. Tanto assim o é que os debates acerca da natureza jurídica deste controvertido instituto ou mesmo os efeitos decorrentes do seu reconhecimento são praticamente incessantes. Além disso, convém anotar que o instituto da prescrição, a despeito de incidente nos diversos subsistemas jurídicos, como é o caso penal, trabalhista, tributário e o administrativo, exemplificadamente, sofre o influxo de regras que visam nada menos do que modular ora a aplicação do princípio da segurança jurídica ora a aplicação do princípio da legalidade" (CURVELO, Alexandre Schubert, 2007, p. 163).

[3] Sobre o tema e sua evolução no direito brasileiro, consultar: FAIAS, Carlos Augusto dos, 1995; e VERÇOSA, Haroldo Malheiros Duclerc, 1998.

A lei em comento preencheu um vazio até então existente no Direito brasileiro. É fato que já existiam normas especiais regulando diferentes prazos de prescrição para a Administração Pública e para os administrados, contudo, nosso ordenamento ainda carecia de uma norma que dispusesse acerca da prescrição relativa ao exercício de polícia administrativa.[4] Em seus poucos artigos, a lei estabeleceu, entre outras disposições, um prazo geral de prescrição da ação punitiva estatal, a regulação da chamada prescrição intercorrente e as hipóteses de interrupção e suspensão da prescrição.[5] Pois é destes temas que o presente estudo irá tratar. Com a modesta pretensão de apontar os principais aspectos relativos à prescrição da pretensão punitiva estatal, nossa intenção é contribuir para o debate que cerca matéria tão importante e, ao menos no Direito Administrativo, por vezes relegado a um plano secundário.

1. Prescrição e segurança jurídica

A segurança jurídica parece ter sido redescoberta nos últimos anos. Vários foram os livros e artigos publicados acerca do tema.[6] Mesmo sem poder afirmar categoricamente, parece que tais estudos são reflexos de uma era de insegurança que recai sobre os diferentes campos da vida moderna. A busca por estabilidade, uma constante das relações humanas, parece ter-se intensificado nos dias atuais. Bem expressando o natural anseio humano por estabilidade e segurança, Celso Antônio Bandeira de Mello faz o seguinte arrazoado:[7]

> Ora bem, é sabido e ressabido que a ordem jurídica corresponde a um quadro normativo proposto precisamente para que as pessoas possam se orientar, sabendo, pois, de antemão, o que devem ou o que podem fazer, tendo em vista as ulteriores consequências imputáveis a seus atos. O Direito propõe-se a ensejar uma certa estabilidade, um mínimo de certeza na regência da vida social. Daí o chamado princípio da "segurança jurídica", o qual, bem por isso, se não é o mais importante dentro de todos os princípios gerais de Direito, é, indisputavelmente, um dos mais importantes entre eles. Os institutos da prescrição, da decadência, da preclusão (na esfera processual), da usucapião, da irretroatividade da lei, do direito adquirido, são expressões concretas que bem revelam esta profunda aspiração à estabilidade, à segurança, conatural ao Direito. Tanto mais porque inúmeras dentre as relações compostas pelos sujeitos de direito constituem-se em vista do porvir e não apenas da imediatidade das situações,

---

[4] É o caso, por exemplo, do Decreto 20.910, de 6 de janeiro de 1932, que regula a prescrição das dívidas passivas da União, dos Estados e dos Municípios, bem como de todo e qualquer direito ou ação contra a Fazenda federal, estadual ou municipal.

[5] A Lei 9.873, de 1999, foi acrescida de disposições relativas à prescrição da ação executória. Tais dispositivos foram inseridos pela Lei 11.941, de 2009. Estas normas, entretanto, não serão objeto de análise no presente estudo.

[6] Cite-se, como exemplo, o aprofundado estudo elaborado por: ÁVILA, Humberto, 2014. No mesmo sentido, a coletânea de artigos coordenada pelos professores: VALIM, Rafael; OLIVEIRA, José Roberto Pimenta; POZZO, Augusto Neves Dal, 2013; e o trabalho do professor: TORRES, Heleno Taveira, 2012. Ainda que não seja um estudo novo, não se pode deixar de mencionar o artigo elaborado pelo professor Almiro do Couto e Silva, *Princípios da legalidade da Administração Pública e da segurança jurídica no Estado de Direito contemporâneo*. Seu caráter pioneiro e desbravador o coloca como referência para todos aqueles que queiram aprofundar-se no estudo da segurança jurídica. O texto foi originalmente publicado na *Revista de Direito Público*, vol. 84, e na *Revista da Procuradoria Geral do Estado do Rio Grande do Sul*, vol. 18. Atualmente o texto faz parte do livro SILVA, Almiro do Couto e, 2015.

[7] MELLO, Celso Antônio Bandeira de, 2010, p. 124-5.

cumpre, como inafastável requisito de um ordenado convívio social, livre de abalos repentinos ou surpresas desconcertantes, que haja uma certa estabilidade nas situações destarte constituídas. Esta "segurança jurídica" coincide com uma das mais profundas aspirações do Homem: a da segurança em si mesma, a da certeza possível em relação ao que o cerca, sendo esta uma busca permanente do ser humano. É a insopitável necessidade de poder assentar-se sobre algo reconhecido como estável, ou relativamente estável, o que permite vislumbrar com alguma previsibilidade o futuro; é ela, pois, que enseja projetar e iniciar, consequentemente – e não aleatoriamente, ao mero sabor do acaso –, comportamentos cujos frutos são esperáveis a médio e longo prazo. Dita previsibilidade é, portanto, o que condiciona a ação humana. Esta é a normalidade das coisas.

Conforme assinala Luís Roberto Barroso, em um Estado Democrático de Direito, a ordem jurídica gravita em torno de dois valores essenciais, quais sejam, a segurança e a justiça.[8] Para a realização da justiça, destaca do Ministro do Supremo Tribunal Federal, preveem-se diferentes mecanismos, que vão desde a distribuição de riquezas até a garantia do devido processo legal. É com vistas à promoção da justiça que se defende a supremacia da Constituição, o acesso ao Judiciário e o respeito a princípios como os da isonomia e da retroação da norma punitiva mais benéfica.[9]

Acerca da segurança, destaca o Ministro Barroso, ela encerra valores e bens jurídicos que não se esgotam na mera preservação da integridade física do Estado e das pessoas. Em seu conteúdo encontramos conceitos fundamentais para a vida civilizada, como a continuidade das normas jurídicas, a estabilidade das situações constituídas e a certeza jurídica que se estabelece sobre situações anteriormente controvertidas. Em nome da segurança jurídica, arremata, consolidaram-se institutos desenvolvidos historicamente, com destaque para a preservação dos direitos adquiridos e da coisa julgada. É nessa mesma ordem de ideias que vai se firmar e difundir o conceito de prescrição, vale dizer, da estabilização das situações jurídicas potencialmente litigiosas por força do decurso de tempo.[10]

Tal entendimento não difere, na essência, da lição de Juarez Freitas, para quem o princípio da segurança jurídica, descendente da própria ideia de Estado Democrático, impõe à Administração Pública o dever de zelar pela estabilidade e pela ordem nas relações jurídicas como condição para que se cumpram as finalidades simultâneas de justiça e de ordem.[11] O mesmo ocorre com os ensinamentos de André Ramos Tavares, que aponta como primeira "densificação" do princípio em

---

[8] Ensina Almiro do Couto e Silva: "Há hoje pleno conhecimento de que a noção de Estado de Direito apresenta duas faces. Pode ela ser apreciada sob o aspecto material ou sob o ângulo formal. No primeiro sentido, elementos estruturantes do Estado de Direito são as ideias de justiça e de segurança jurídica. No outro, o conceito de Estado de Direito compreende vários componentes, dentre os quais têm importância especial: a) a existência de um sistema de direitos e garantias fundamentais; b) a divisão das funções do Estado, de modo que haja razoável equilíbrio e harmonia entre elas, bem como entre órgãos que as exercitam, a fim de que o poder estatal seja limitado e contido por 'freios e contrapesos' (*checks and balances*); c) a legalidade da Administração Pública e, d) a proteção da boa fé ou da confiança (*Vertrauensschutz*) que os administrados têm na ação do Estado, quanto à sua correção e conformidade com as leis" (SILVA, Almiro do Couto e, 2015, p. 19).

[9] BARROSO, Luís Roberto, 2001.

[10] BARROSO, Luís Roberto, p. 3.

[11] FREITAS, Juarez, 2009, p. 98.

comento: (a) a necessidade de certeza, de conhecimento do Direito vigente, e de acesso ao conteúdo desse Direito; (b) a calculabilidade, quer dizer, a possibilidade de conhecer, de antemão, as consequências pelas atividades e pelos atos adotados; e, por fim, (c) a estabilidade da ordem jurídica.[12]

Com efeito, a prescrição tem por fundamento o princípio da segurança jurídica e, como tal, a regra geral é de que o tempo tem o poder de cristalizar certas relações, fazendo com que tais atos não possam mais ser revistos, tanto na esfera administrativa quanto na esfera judicial. Conforme leciona Fábio Medina Osório, a prescrição é um instituto normal e sempre presente no Direito Administrativo Sancionador. Apesar de falarmos em *princípio da prescrição*, ela decorre, em verdade, do princípio da segurança jurídica. A regra é que toda e qualquer pretensão punitiva deva estar submetida a limites temporais para seu exercício. "A previsibilidade mínima das relações, associadas à expectativa legítima de que as pessoas possam mudar seus valores e perfis, recomenda e até exige que o Estado exerça suas prerrogativas sancionatórias dentro de limites temporais básicos, previamente delimitados".[13]

Instrumento estabilizador das relações jurídicas, a prescrição é corolário natural e direto do princípio da segurança jurídica e, como dito antes, por decorrência lógica, da própria concepção de Estado de Direito. Ao tratar do papel e do alcance da Lei 9.873, de 1999, escreveu a Desembargadora Federal Marga Barh Tessler:[14]

> A Lei em comento envolve o debate sobre o princípio da segurança jurídica e o princípio da prescritibilidade das pretensões. A consagração do princípio da prescritibilidade repousa sobre o postulado da segurança jurídica. É reconhecido em lição exemplar por Pontes de Miranda, referindo que a prescrição atinge a todas as pretensões e ações, quer sejam direitos pessoais, reais, privados ou públicos. É a regra geral. O excepcional é a imprescritibilidade, e a Constituição admite duas hipóteses, o crime de racismo e o de terrorismo, grupos armados civis ou militares, (artigo 5º, XLII, XLIV da CF/88). Conclui-se que a prescrição é o princípio informador do sistema jurídico pátrio na matéria.

Nesse sentido, imperioso reconhecer que mesmo os atos estatais estão sujeitos aos efeitos da prescrição. Sem descurar da posição ocupada pelo Estado, não se pode deixar de considerar que a inércia e o transcurso do tempo, ao amparo da segurança jurídica, também alcançam as relações em que os entes estatais são partes. É exatamente pelo relevante papel que este, através da Administração Pública, deve desempenhar na persecução do interesse público, que sua ação também sofre os efeitos do tempo e se sujeita à prescrição. Talvez fosse até desnecessário dizer, mas é inegável que a insegurança jurídica é situação que não se coaduna com o interesse público.

2. Prescrição da pretensão punitiva do Estado e prescrição intercorrente

O artigo 1º da Lei 9.873, de 1999, estabelece, como regra geral, a prescrição quinquenal para a ação punitiva dos entes federais. Conforme consta no citado

---

[12] TAVARES, André Ramos, 2018, p. 640.

[13] OSÓRIO, Fábio Medina, 2011, p. 438-9.

[14] TESSLER, Marga Barth, 2008.

dispositivo, prescreve em cinco anos a ação punitiva da Administração Pública Federal, direta e indireta, no exercício do poder de polícia, objetivando apurar infração à legislação em vigor, contados da data da prática do ato ou, no caso de infração permanente ou continuada, do dia em que tiver cessado.

Antes de seguirmos adiante, dois destaques são necessários quanto ao alcance da precitada lei. Trata-se de norma de alcance federal, ou seja, tem aplicação restrita à União e às entidades que integram a Administração Pública federal. Não possuindo amplitude nacional, tal norma tem alcance limitado, sendo autorizado a Estados e Municípios, no âmbito das suas respectivas Casas Legislativas, dispor de maneira distinta. Importante anotar, também, que a lei em comento não se aplica às infrações de natureza funcional e aos processos e procedimentos de natureza tributária.

Estabelecidas essas premissas iniciais, releva destacar que a fixação do prazo de cinco anos para a ação punitiva da Administração Pública Federal pôs fim a um longo debate acerca do tema. Como resgate histórico, vale referir a tese, sustentada por Clóvis Beviláqua, acerca da imprescritibilidade da ação estatal. Com a autoridade que lhe é reconhecida, sustentava Beviláqua que a inalienabilidade dos bens públicos era o fator determinante para o reconhecimento da imprescritibilidade da ação estatal. Baseando-se no Código Civil de 1916, dizia que apesar da prescrição alcançar as pessoas jurídicas, essa regra não se estendia às pessoas jurídicas de direito público interno.[15] Apontando a radicalidade do entendimento de Beviláqua, Ruy Cine Lima assim se pronunciou sobre a matéria:[16]

> 1. Clóvis Bevilaqua entende que todos os direitos da União, Estados e Municípios são imprescritíveis. Apoia sua opinião ao resultado do confronto entre os arts. 66, II, 67 e 69 do CC. No art. 66, II, do CC, com efeito, faz-se alusão aos bens que constituem o patrimônio da União, dos Estados e Municípios, como objeto de direito pessoal, ou real de cada uma dessas entidades, para, no art. 67, declarar-se que são indistintamente inalienáveis e, no art. 69, compreendê-los "eo ipso" entre as coisas fora do comércio. Pensam, porém, de modo oposto, os que a exemplo de Luiz Carpenter, submetem às disposições do art. 177 do CC a prescrição dos direitos em geral da União, dos Estados e dos Municípios.
>
> 2. Demasiado radical é a opinião do ilustre Bevilaqua. Cessa, com efeito, a inalienabilidade, imposta aos bens públicos, pelo art. 67 do CC, nos casos e forma determinados pela lei. Essa lei será normalmente a lei da União, ou a lei do Estado, ou a lei do Município, enfim, a lei da pessoa legiferante de quem o bem público depender. A prescrição, no entanto, é reputada, formalmente, tema de direito civil sobre o qual aos Estados mesmos se recusa competência para legislar. De tal maneira, só a lei federal poderá estabelecer os casos de prescrição dos direitos em geral da União, dos Estados e dos Municípios. Mas é indiscutível que a lei federal poderá fazê-lo. Reduz-se, pois, a opinião de Bevilaqua à afirmativa de que nenhuma lei federal regula e estabelece a prescrição dos direitos da União, Estados e Municípios.

Não obstante a erudição do seu defensor, a tese da imprescritibilidade foi superada e o que restou para a doutrina e a jurisprudência foi o debate acerca do prazo a incidir sobre a atuação administrativa. Apesar de algumas vozes discor-

---

[15] FAIAS, Carlos Augusto dos, p. 29.

[16] LIMA, Ruy Cirne, 1987, p. 98-9.

dantes que sustentavam, na ausência de lei específica, a incidência dos prazos máximos extraídos da lei civil, a corrente majoritária acabou inclinando-se pela fixação de um prazo geral de cincos anos.[17] Dentre os argumentos levados em conta, foi decisivo o fato de que este é o prazo que regula a prescrição das dívidas passivas da União, dos Estados e dos Municípios, bem como todo e qualquer direito ou ação contra a Fazenda federal, estadual ou municipal. Por uma questão de isonomia, vinha-se entendendo que o prazo para a atuação do Poder Público deveria ser o mesmo.

Superada a imposição do prazo geral de cinco anos, o parágrafo 1° do artigo 1° da Lei 9.873, de 1999, estabelece uma regra de prescrição incidente no curso do processo administrativo. Trata-se da chamada prescrição intercorrente. Com efeito, diz a lei que incide a prescrição no procedimento administrativo paralisado por mais de três anos, pendente de julgamento ou despacho, cujos autos serão arquivados de ofício ou mediante requerimento da parte interessada, sem prejuízo da apuração da responsabilidade funcional decorrente da paralisação, se for o caso.

A prescrição intercorrente tem papel fundamental no curso do processo administrativo porque evita o estabelecimento de uma situação de imprescritibilidade por vias transversas. Não fosse tal regra, como a norma não estabelece um prazo para encerramento do processo administrativo, uma vez instaurado, este poderia permanecer tramitando por tempo indeterminado sem que a Administração precisasse promover qualquer diligência. Essa indeterminação conduziria, necessariamente, a uma situação de completa insegurança jurídica. Com a imposição do prazo trienal, tal fato não tem como ocorrer. Se por ventura a Administração quedar-se inerte por período superior a três anos, o processo será arquivado de ofício.

Oportuno deixar claro que o processo administrativo, por diversas circunstâncias, pode ter um prazo de duração longo e que supere os três anos. Há casos, por exemplo, que envolvem diligências complexas, que várias são as partes envolvidas ou que demandam medidas que não estão sob o controle da Administração. Naturalmente, em situações tais, mencionadas a título meramente ilustrativo, o processo pode demorar mais do que o usual. Não há que se falar, aqui, por óbvio, em prescrição intercorrente. Esta é medida que se aplica ao processo "paralisado" por mais de três anos.

---

[17] Acerca do assunto, e reforçando sua contrariedade à tese da imprescritibilidade dos direitos da Administração, eis o entendimento de Ruy Cirne Lima: "Em campo oposto, com razão entende Luiz Carpenter que o próprio CC, lei federal, regula diretamente a matéria. 'O CC – escreve Carpenter – nos arts. 177 e 178 teve o cuidado de não se referir a nenhuma ação comercial; mostrou, assim, que era estranho, ou alheio, às ações comerciais, cujo prazo de prescrição continuaria a ser regulado pelas leis comerciais. Com relação, porém, ao direito administrativo e ao direito processual, o CCB não guardou a mesma atitude, uma vez que estabeleceu prescrições especiais, ou mais curtas do que a ordinária que, de outra sorte, cairiam na esfera das leis administrativas e das leis processuais. Daí e do que diz o art. 179 do mesmo CCB, concluímos que a prescrição de trinta anos é, também, a prescrição vigente no direito administrativo e no direito processual do Brasil.' Hoje o prazo da prescrição ordinária é de vinte anos" (LIMA, Ruy Cirne, p. 99).

3. Prescrição da pretensão punitiva do Estado quando o fato também constituir crime

Dependendo do fato apurado pela Administração, este pode configurar, além de ilícito administrativo, ilícito penal. É o caso, por exemplo, de violação às normas cambiais, cuja repercussão pode implicar tanto sanção administrativa aplicada pelo Banco Central do Brasil, quanto sanção penal. O mesmo fato repercute em duas instâncias distintas e autônomas: a administrativa e a penal.

Com o objetivo de uniformizar a atuação dos agentes públicos, a Lei 9.873, de 1999, estabeleceu, no parágrafo 2º do seu artigo 1º, uma regra de unificação dos prazos prescricionais. Quando o fato objeto da ação punitiva da Administração também constituir crime, a prescrição será regida pelo prazo previsto na lei penal. A harmonização dos prazos tem em conta que a ilicitude dos fatos é a mesma. O que as diferencia é a intensidade da sanção. A contrariedade ao ordenamento jurídico é única e, portanto, uno deve ser o prazo para adoção das medidas de apuração e punição. Além de combater a impunidade, a ideia é dar maior efetividade à ação estatal.

O dispositivo, apesar da louvável intenção do legislador, traz ao menos dois problemas para a Administração. O primeiro é o fato de que o titular da ação penal não é a Administração, cabendo ao Ministério Público aferir se existe, ou não, crime na hipótese. O outro problema é que a prescrição em matéria penal considera tanto a *pena em abstrato* quanto a *pena em concreto*. Diz-se pena em abstrato porque ela é calculada antes do trânsito em julgado da sentença proferida pelo Juízo Criminal e pena em concreto por que sua incidência deve considerar a decisão já proferida, sendo apurada após o trânsito em julgado da sentença final condenatória. Como se pode observar, são hipóteses que fogem completamente ao controle da Administração.

Na primeira situação, o juízo de valor feito pela Administração é precário. A Administração avalia tão somente indícios de um pretenso e potencial ilícito penal. Entendendo que há indícios de crime, comunica à autoridade ministerial competente para que esta avalie a adequação dos fatos ao tipo penal e tome as providências que julgar pertinentes. É ao Ministério Público que é outorgada a competência para concluir se o fato descrito pela Administração configura crime ou não.[18]

Nada obstante, é na segunda hipótese que recaem os maiores problemas. Como a apuração dos fatos pela Administração ocorre normalmente antes de instaurado o processo penal, esta pauta sua conduta a partir da prescrição em abstrato, a qual é regida pelo artigo 109 do Código Penal.[19] A Administração considera,

---

[18] Diz o art. 129, I, da CF: "Art. 129. São funções institucionais do Ministério Público: I – promover, privativamente, a ação penal pública, na forma da lei.".

[19] "Art. 109. A prescrição, antes de transitar em julgado a sentença final, salvo o disposto no § 1º do art. 110 deste Código, regula-se pelo máximo da pena privativa de liberdade cominada ao crime, verificando-se: I – em

então, o máximo da pena prevista para o crime. Todavia, sobrevindo a sentença e o seu trânsito em julgado, a prescrição penal passa a ser regida de acordo com a pena fixada pelo Juízo criminal. A prescrição em concreto é regulada pelo artigo 110 do mesmo diploma legal.[20]

Pois o problema reside exatamente no fato de que a Administração pode ser surpreendida por um prazo prescricional distinto daquele utilizado como base para sua atuação. O principal impasse que se apresenta em tais hipóteses é que a Administração, ao aplicar o contido no parágrafo 2º do artigo 1º da Lei 9.873, de 1999, não tem qualquer conhecimento prévio acerca dos rumos da ação penal. Próprio do nosso sistema jurídico, que preserva a independência das instâncias, administrativa e penal, a Administração não tem nenhuma possibilidade de ingerência no processo penal. Nesse sentido, como as instâncias são independentes e como a Administração não tem como interferir no processo penal, lógico seria, então, que os efeitos do processo penal também não interferissem no processo administrativo.

A independência de instâncias é matéria amplamente reconhecida em nosso ordenamento jurídico e tem como regra a não comunicação das esferas penal e administrativa. As únicas hipóteses de interferência admitidas são o reconhecimento pelo Juízo penal da inocorrência do fato ou da negativa de autoria. Vale dizer que mesmo a absolvição do réu não é garantia de arquivamento do processo administrativo. Casos há, por exemplo, em que a absolvição se dá por ausência de provas. Nestas situações, considerando as peculiaridades do convencimento do Juízo criminal, nada impede que a Administração forme convencimento distinto. O mesmo ocorre, também, quando se opera a absolvição pela não caracterização do ilícito como crime. O fato não estar adequadamente enquadrado no tipo penal não descaracteriza, necessariamente, o ilícito administrativo. Tais exemplos apenas atestam o que a doutrina e a jurisprudência firmaram como entendimento. Somente por exceção há comunicação de instâncias. A jurisprudência sedimentada no Supremo Tribunal Federal é no sentido da independência de responsabilidades administrativa e penal. A exceção corre por conta de situação concreta em que, no campo penal, hajam ficado patenteadas a inexistências da materialidade ou a negativa de autoria. Nesse sentido, vejam-se os seguintes precedentes do Supremo Tribunal Federal:

> MANDADO DE SEGURANÇA – PROVA. O mandado de segurança não viabiliza dilação probatória, razão pela qual os fatos devem ser demonstrados, a priori, pelo Impetrante. RESPONSABILIDADES

---

vinte anos, se o máximo da pena é superior a doze; II – em dezesseis anos, se o máximo da pena é superior a oito anos e não excede a doze; III – em doze anos, se o máximo da pena é superior a quatro anos e não excede a oito; IV – em oito anos, se o máximo da pena é superior a dois anos e não excede a quatro; V – em quatro anos, se o máximo da pena é igual a um ano ou, sendo superior, não excede a dois;VI – em 3 (três) anos, se o máximo da pena é inferior a 1 (um) ano."

[20] "Art. 110. A prescrição depois de transitar em julgado a sentença condenatória regula-se pela pena aplicada e verifica-se nos prazos fixados no artigo anterior, os quais se aumentam de um terço, se o condenado é reincidente. § 1º A prescrição, depois da sentença condenatória com trânsito em julgado para a acusação ou depois de improvido seu recurso, regula-se pela pena aplicada, não podendo, em nenhuma hipótese, ter por termo inicial data anterior à da denúncia ou queixa."

ADMINISTRATIVA E PENAL – INDEPENDÊNCIA. A jurisprudência sedimentada do STF é no sentido da independência das responsabilidades administrativa e penal. A exceção corre à conta de situação concreta em que, no campo penal, hajam ficado patenteadas a inexistência da materialidade ou a negativa de autoria.[21]

RECURSO ORDINÁRIO EM *HABEAS CORPUS*. CONSTITUCIONAL. PENAL. 1. TRÂNSITO EM JULGADO DO ACÓRDÃO PROFERIDO NO JULGAMENTO DO RECURSO DE APELAÇÃO DA DEFESA. IMPETRAÇÃO DE *HABEAS CORPUS* NO STJ APÓS O TRANSCURSO DO PRAZO RECURSAL. IMPOSSIBILIDADE DE UTILIZAÇÃO DE *HABEAS CORPUS* COMO SUCEDÂNEO DE REVISÃO CRIMINAL. 2. INDEPENDÊNCIA RELATIVA DAS ESFERAS PENAL E ADMINISTRATIVA. 3. INEXISTÊNCIA DE AMEAÇA A DIREITO DE LOCOMOÇÃO. 1. Trânsito em julgado do acórdão objeto da impetração no STJ. Nos termos da jurisprudência deste Supremo Tribunal, o *habeas corpus* não pode ser utilizado como sucedâneo de revisão criminal. 2. É pacífica a jurisprudência deste Supremo Tribunal no sentido da independência relativa das esferas penal e administrativa, havendo repercussão apenas em se tratando de absolvição no juízo penal por inexistência do fato ou negativa de autoria. Precedentes. 3. Seja o ora Recorrente absolvido por insuficiência de provas ou por atipicidade da conduta, essas duas situações não repercutiriam na punição imposta na via administrativa. 4. Recorrente absolvido por insuficiência de provas. Pretensão de rever a punição imposta administrativamente. Inexistência de ameaça ao direito de locomoção. 5. Recurso ao qual se nega provimento.[22]

Ressalvadas as hipóteses de inexistência do fato e negativa de autoria, a incomunicabilidade das instâncias se impõe. Nessa linha, a fim de evitar a indevida interferência da instância penal na administrativa, o entendimento a incidir em casos dessa natureza deveria ser o de que a sentença penal não teria o condão repercutir na atuação administrativa. Ainda que se encontre precedente que abone a tese aqui aventada,[23] este não vem sendo o entendimento majoritário em nossos tribunais.[24]

A tese ora sustentada foi acolhida pelo Superior Tribunal de Justiça no seguinte julgado:

ADMINISTRATIVO. PENAL. PROMOTOR DE JUSTIÇA. AÇÃO PENAL JULGADA PERANTE O TRIBUNAL DE JUSTIÇA DE SÃO PAULO. AÇÃO CIVIL PÚBLICA PARA A PERDA DO CARGO. AUSÊNCIA DO RELATÓRIO. INOCORRÊNCIA. FALTA DO RELATÓRIO DA AÇÃO PENAL. ALEGAÇÃO PREJUDICADA. PRESCRIÇÃO DA PENA ADMINISTRATIVA. ART. 244, § ÚNICO, DA LEI COMPLEMENTAR Nº 75/93. PRAZO CONTADO DE ACORDO COM O PRAZO PRESCRICIONAL DO CRIME COMETIDO, PELA PENA EM ABSTRATO. PRESCRIÇÃO RETROATIVA DECLARADA NA AÇÃO PENAL. EFEITOS. ART. 38, § 1º, I, DA LEI 8.625/93. PRÁTICA DE CRIME. EXTINÇÃO DA PUNIBILIDADE. ART. 67, II, DO CPP. INDEPENDÊNCIA DAS INSTÂNCIAS CÍVEL E PENAL. EXTINÇÃO DA PUNIBILIDADE QUE NÃO IMPEDE O AJUIZAMENTO DE AÇÃO CÍVEL. EXEGESE DA NORMA QUE DISPÕE SOBRE A PUNIÇÃO DE PROMOTOR PÚBLICO. POSSIBILIDADE DE SE DETERMINAR A PERDA DO CARGO. (...). 3. Quando o promotor comete uma infração administrativa, a prescrição é aquela disciplinada em um dos incisos do art. 244 da Lei Complementar nº 75/93; já quando a infração cometida é prevista também na lei penal, o prazo prescricional é aquele referente ao crime praticado. 4. A disposição da lei de que a falta administrativa prescreverá no mesmo prazo da lei penal, leva a uma única interpretação possível, qual seja, a de que este prazo será o mesmo da pena

[21] STF, TP, MS 22476, Rel. Min. Marco Aurélio, j. 20/8/97, DJ 3/10/97.

[22] STF, 2ª T., RHC 116204, Relª. Minª. Cármen Lúcia, j. 16/4/13, DJe-081 divulgado em 30/4/13, publicado em 2/5/13.

[23] STJ, 6ª T., REsp 379.276/SP, Relª. Minª. Maria Thereza de Assis Moura, j. 14.12.06, DJ de 26.2.07.

[24] STJ, 1ª S., MS 17.534/DF, Rel. Min. Humberto Martins, j. 12.3.14, DJe de 20.3.14; STJ, 6ª T., RMS 13.395/RS, Rel. Min. Hamilton Carvalhido, j. 26.5.04, DJ de 2.8.04.

em abstrato, pois este, por definição originária, é o prazo próprio prescricional dos crimes em espécie. 5. Na espécie, foi o recorrente condenado (reconheceu-se a prática de um crime), porém em razão de uma causa de extinção da punibilidade, qual seja, a prescrição, retirou-se a possibilidade de o Estado punir o recorrente. 6. A condição disposta no art. 38, § 1º, I, da Lei 8.625/93, impõe que o recorrente haja praticado um crime e não que ele haja sido punido por este crime. Consequências diversas estas que, no presente caso, levam a compreender que o recorrente de fato praticou um crime e, portanto, nenhum óbice há que a demissão deste fosse levada a cabo. 7. Os Tribunais vêm reiteradamente afirmando que a decisão na esfera penal não vincula as esferas administrativa e cível, a menos que naquela instância tenha sido taxativamente declarado que o réu não foi o autor do crime ou que o fato não existiu. Ainda que assim não fosse, a norma do art. 67, II, do CPP deu uma interpretação mais restritiva ao dispor que a declaração de extinção da punibilidade não impede o ajuizamento da ação civil. 8. Ademais, que não teria sentido criar uma norma, no caso o art. 38, § 1º, I, da Lei 8.625/93 que, além de trazer uma restrição para a punição de um promotor, ainda alargaria tal restrição, dispondo que também quando fosse extinta a punibilidade o membro do Ministério Público não poderia perder seu cargo. O conteúdo da norma deve, antes de tudo, atender os interesses da coletividade. 9. Recurso especial improvido.[25]

A jurisprudência majoritária, entretanto, tem caminhado no sentido de que, nada obstante a independência das instâncias, uma vez transitado em julgado a sentença penal condenatória, é com base na pena fixada pelo Juízo que deverá ser calculada a prescrição. É o que vemos no julgado que segue:

CONSTITUCIONAL. ADMINISTRATIVO. SERVIDOR PÚBLICO: DEMISSÃO. ILÍCITO ADMINISTRATIVO E ILÍCITO PENAL. INSTÂNCIA ADMINISTRATIVA: AUTONOMIA. PRESCRIÇÃO: Lei 8.112/90, art. 142. I – Ilícito administrativo que constitui, também, ilícito penal: o ato de demissão, após procedimento administrativo regular, não depende da conclusão da ação penal instaurada contra o servidor por crime contra a administração pública, tendo em vista a autonomia das instâncias. II – Precedente do STF: MS 23.401-DF, Velloso, Plenário. III – Na hipótese de a infração disciplinar constituir também crime, os prazos de prescrição previstos na lei penal têm aplicação: Lei 8.112/90, art. 142, § 2º. Inocorrência de prescrição, no caso.

Sem destoar do entendimento do Supremo Tribunal Federal, o Superior Tribunal de Justiça assim vem decidindo:

ADMINISTRATIVO. PROCESSUAL CIVIL. SERVIDOR PÚBLICO FEDERAL. POLICIAL RODOVIÁRIO. PROCESSO DISCIPLINAR. DEMISSÃO. OPERAÇÃO POEIRA NO ASFALTO. CONDENAÇÃO CRIMINAL. PRESCRIÇÃO DA PRETENSÃO PUNITIVA. NÃO OCORRÊNCIA. (...). 1. Cuida-se de mandado de segurança impetrado por policial rodoviário federal contra ato de demissão aplicado com base nos arts. 116, incs. II e IX, 117, incs. I, IV e XI, e 132, incs. IV e XI, da Lei 8.112/90, após a tramitação de processo administrativo disciplinar, aberto após o recebimento de informações derivados de investigação nomeada como Operação Poeira no Asfalto; o impetrante alega diversas máculas de caráter formal e material, bem como se insurge em divergência ao mérito da deliberação administrativa. 2. O processo disciplinar foi instaurado por portaria datada de 2005, após o recebimento de informações relacionadas com denúncia criminal ofertada pelo MPF derivada de investigação conjunta com a PF. 3. Não prospera a alegação de que estaria prescrita a pretensão punitiva, uma vez que, ao longo da tramitação do feito administrativo, sobreveio condenação penal, com base nos arts. 288 e 317 do CP, em razão dos mesmos fatos apurados, a três anos e meio de detenção; em tais casos, a prescrição da pena administrativa é calculada com base no art. 110 do CP, por força do art. 142, § 2º, da Lei 8.112/90, sendo, em concreto, de oito anos. (...).[26]

RECURSO ORDINÁRIO EM MANDADO DE SEGURANÇA. PROCESSO DISCIPLINAR. ILÍCITO ADMINISTRATIVO E PENAL. PRESCRIÇÃO REGULADA PELA LEI PENAL. SENTENÇA PENAL

[25] STJ, 6ª T., REsp 379276/SP, Relª. Minª. Maria Thereza de Assis Moura, j. 14/12/06, DJ 26/2/07.

[26] STJ, 1ª S., MS 17534/DF, Rel. Min. Humberto Martins, j. 12/3/14, Dje 20/3/14.

CONDENATÓRIA. APLICAÇÃO DO PRAZO PRESCRICIONAL PELA PENA EM CONCRETO. 1. É firme o constructo doutrinário e jurisprudencial no sentido da autonomia e independência das esferas penal e administrativa, assim reconhecidas, contudo, não de forma absoluta, eis que sofrem restrições relativas à repercussão, na esfera administrativa, do reconhecimento, na esfera penal, da inexistência da materialidade do crime ou de que o funcionário não foi o seu autor e à prevalência do regime penal sobre o regime administrativo, em sede de prazo prescricional, de modo que, em caracterizando o mesmo fato, crime e ilícito administrativo, o prazo de extinção da punibilidade do delito se aplica à de falta funcional. 2. Ao se adotar na instância administrativa o modelo do prazo prescricional vigente na instância penal, deve-se aplicar os prazos prescricionais ao processo administrativo disciplinar nos mesmos moldes que aplicados no processo criminal, vale dizer, prescreve o poder disciplinar contra o servidor com base na pena cominada em abstrato, nos prazos do art. 109 do CP, enquanto não houver sentença penal condenatória com trânsito em julgado para acusação, e, após o referido trânsito ou improvimento do recurso da acusação, com base na pena aplicada em concreto (art. 110, § 1º, c/c o art. 109 do CP). 3. Recurso provido.[27]

Ainda que nem sempre seja assim,[28] na maioria dos casos o prazo prescricional será reduzido e, como tal, afetará o processo administrativo. Discordo de tal entendimento na medida em que a Administração, jungida que está ao princípio da legalidade, deve ater-se aos prazos previstos no artigo 109 do Código Penal, tendo por referência a pena abstrata máxima. Como bem se pode observar, o disposto no artigo 110 não traz propriamente um novo prazo prescricional, mas regras sobre circunstâncias que interferem em tais prazos. Conforme assinalado pela Ministra Maria Thereza de Assis Moura, no julgamento do Recurso Especial nº 379276/SP, "a disposição da lei de que a falta administrativa prescreverá no mesmo prazo da lei penal, leva a uma única interpretação possível, qual seja, a de que este prazo será o mesmo da pena em abstrato, pois este, por definição originária, é o prazo próprio prescricional dos crimes em espécie".

4. As hipóteses de interrupção e suspensão da prescrição da ação punitiva estatal

Conforme aponta Marcelo Roberto Ribeiro, o prazo prescricional, desde que começa a fluir e até o seu exaurimento, fica sujeito a "dois acidentes de percurso", quais sejam, as causas interruptivas e as causas suspensivas. "Diferem-se elas, porquanto as primeiras provocarão, sempre, o zeramento do prazo, o que não

[27] STJ, 6ª T., RMS 13395/RS, Rel. Min. Hamilton Carvalhido, j. 26/5/04, DJ 2/8/04.

[28] A Lei 8.112, de 1990, dispõe de norma semelhante aplicável ao processo administrativo disciplinar. Nesse sentido, vale reproduzir a observação de Fábio Dutra Lucarelli: "Em sendo a conduta tipificada criminalmente como delito, os prazos prescricionais que serão aplicáveis à infração administrativa são aqueles previstos no CP brasileiro, especialmente nos arts. 109 e 110 daquele diploma, conforme já tenha sido julgada a ação penal ou não. Embora se imagine, regra geral, que tal aplicação dos prazos prescricionais do CP sirva para aumentar o lapso da prescrição, diminuindo a impunidade, existem situações em que, ao contrário, os prazos penais se mostram significativamente favoráveis ao servidor, sendo de se ressaltar que, ante os expressos termos da lei, é aplicada a prescrição prevista na penal tanto quando for mais favorável como quando for mais prejudicial ao servidor" (LUCARELLI, Fábio Dutra, 2006, p. 202-3). Exemplo de redução do prazo é encontrado em RIGOLIN, Ivan Barbosa, 2012, p. 345.

haverá nas últimas."[29] As causas suspensivas somente paralisam o transcurso do prazo, sem que se acarrete a renovação de sua contagem.[30]

A Lei 9.873, de 1999, estabelece em seu artigo 2º, os marcos interruptivos da prescrição. A prescrição da ação punitiva interrompe-se: (a) pela notificação ou citação do indiciado ou acusado, inclusive por edital; (b) por qualquer ato inequívoco, que importe apuração do fato; (c) pela decisão condenatória recorrível; e (d) por qualquer ato inequívoco que importe em manifestação expressa de tentativa de solução conciliatória no âmbito interno da Administração Pública Federal.

A suspensão da prescrição é regulada pelo artigo 3º da lei em análise e resume-se, atualmente, aos compromissos de cessação ou de desempenho previstos nos artigos 53 e 58 da Lei 8.884, de 11 de junho de 1994.

Ainda que brevemente, oportuno dedicar algumas palavras às hipóteses de interrupção e suspensão da prescrição da ação punitiva da Administração Pública Federal.

4.1. NOTIFICAÇÃO OU CITAÇÃO DO INDICIADO OU ACUSADO

O inciso I do artigo 2º estabelece como causa interruptiva da prescrição a notificação ou citação do indiciado ou acusado, inclusive por edital. Neste caso, estamos diante de atos processuais que têm por objetivo comunicar a prática de determinado ato processual ao interessado ou, mesmo, cientificá-lo da instauração do processo administrativo.[31]

Tais atos são de extrema importância, pois estão diretamente ligados aos princípios do contraditório e da ampla defesa. A regular comunicação do interessado é elemento fundamental para o adequado curso do processo. É a partir da regular comunicação que a parte indiciada ou acusada poderá apresentar suas razões, acompanhar os eventuais atos e diligências processuais, arrolar e contraditar testemunhas, enfim, exercer de forma ampla o seu direito de defesa.

O artigo 26 da Lei 9.784, de 29 de janeiro de 1999, conhecida como Lei do Processo Administrativo Federal, estabelece que o órgão competente perante o qual tramita o processo administrativo determinará a intimação do interessado para ciência de decisão ou a efetivação de diligências. O mesmo dispositivo, em seu parágrafo 1º, determina quais são os requisitos para uma válida intimação. Com efeito, a intimação deverá conter: (a) a identificação do intimado e o nome do órgão ou entidade administrativa; (b) a finalidade da intimação; (c) a data, a hora e o local em que deve comparecer; (d) se o intimado deve comparecer pessoalmente ou fazer-se representar; (e) a informação da continuidade do processo independentemente do seu comparecimento; e (f) a indicação dos fatos e fundamentos legais pertinentes.

---

[29] RIBEIRO, Marcelo Roberto, 2007, p. 76.

[30] FAYET JÚNIOR, Ney; BRACK, Karina, 2007, p. 20.

[31] CARVALHO FILHO, José dos Santos, 2009, p. 172-3.

O prazo geral para a intimação é de três dias úteis. Para sua validade a intimação deverá observar a antecedência mínima de três dias úteis quanto à data de comparecimento a ato processual que exija a presença do administrado.

Tendo em vista que a Lei 9.784, de 1999, é norma geral aplicável ao processo administrativo federal, encontramos nos parágrafos 3º e 4º do artigo 26 as diferentes modalidades de intimação. Diz a lei que a intimação pode ser efetuada por ciência no processo, por via postal com aviso de recebimento, por telegrama ou por outro meio que assegure a certeza da ciência do interessado. No caso de interessados indeterminados, desconhecidos ou com domicílio indefinido, a intimação deve ser efetuada por meio de publicação oficial. Sem destoar do contido na norma geral, a Lei 9.873, de 1999, destaca e reforça que mesmo a comunicação veiculada por edital tem o poder de interromper a prescrição.

4.2. ATO INEQUÍVOCO QUE IMPORTE APURAÇÃO DO FATO

A lei estabelece como marco interruptivo da prescrição os atos praticados pela Administração que importem em apuração do fato em apreciação no processo. Tal medida implica garantia tanto da Administração quanto do administrado.

Do lado da Administração importa em assegurar ao ente público o poder-dever de apurar com a devida cautela os fatos investigados. Enquanto a Administração está adotando medidas efetivas para a formação de seu convencimento acerca do ocorrido, não há falar-se em fluência da prescrição. Não é demais referir, o processo administrativo conta com a particularidade de que a Administração é ao mesmo tempo parte e juiz. Agindo de modo impessoal, a Administração deve buscar o que se convencionou chamar de "verdade material". Esta, explica Hely Lopes Meirelles, "autoriza a Administração a valer-se de qualquer prova lícita de que a autoridade processante ou julgadora tenha conhecimento, desde que a faça trasladar para o processo."[32] Ou, como leciona Celso Antônio Bandeira de Mello, a Administração, em vez de ficar restrita ao que as partes demonstrem no procedimento, "deve buscar aquilo que é realmente a verdade, com prescindência do que os interessados hajam alegado e provado".[33] Para tanto, a Administração deve ter tranquilidade e tempo para lançar mão dos mecanismos necessários para atingir tal fim. Celeridade não é sinônimo de pressa. A eficiência não é alcançada, necessariamente, com a medida mais rápida. Não raro, o tempo é aliado da verdade.

De parte do administrado a garantia se apresenta com a expressão "ato inequívoco". Com tal menção a lei deixa claro que não é qualquer providência ou movimentação processual que vai ser suficiente para interromper a prescrição.

---

[32] MEIRELLES, Hely Lopes, 2002, p. 656.

[33] MELLO, Celso Antônio Bandeira de, p. 472.

"Ato inequívoco" é aquele que se dirige, efetivamente, à apuração de fato relevante para o deslinde do processo. O mero encaminhamento do processo para um determinado setor, por exemplo, não é *ato inequívoco* de apuração e, portanto, não interrompe o fluxo prescricional.

Em direta correlação com a prescrição intercorrente, prevista no parágrafo 1° do artigo 1° da lei, tal dispositivo reconhece o direito de a Administração usar dos recursos necessários para a apuração do fato e, ao mesmo tempo, impede que se crie uma eventual situação de imprescritibilidade com a mera instauração do processo administrativo. Se qualquer movimentação processual fosse suficiente para interromper a prescrição, um simples arquivamento e seu posterior desarquivamento redundariam em causas de interrupção gerando no administrado uma insegurança permanente, fruto de um processo passível de prolongamento indefinido.

4.3. DECISÃO CONDENATÓRIA RECORRÍVEL

Por decisão condenatória recorrível tem-se aquela que não possui caráter definitivo e que, portanto, é passível de ser revista pela instância superior. Interessante referir que a Lei 9.784, de 1999, impôs à Administração o dever de decidir. Diz o artigo 48 que a Administração tem o dever de explicitamente emitir decisão nos processos administrativos, bem como, sobre solicitações ou reclamações, em matéria de sua competência. No intuito de combater a inércia e o silêncio prejudiciais ao interesse do administrado, a lei estabeleceu um prazo para que o órgão ou agente competente decida: concluída a instrução de processo administrativo, a Administração tem o prazo de até trinta dias para decidir, salvo prorrogação por igual período expressamente motivada (artigo 49).

Ainda de acordo com a citada Lei do Processo Administrativo Federal, ficou estabelecido um número limitado de instâncias para tramitação do processo administrativo. De acordo com José dos Santos Carvalho Filho, instâncias "são graus hierárquicos de decisão de condutas administrativas, através das quais os processos tramitam quando ocorre a interposição de recursos".[34] Com o intuito de evitar uma tramitação processual por tempo e por graus indefinidos, a lei estabeleceu que, salvo disposição legal específica em contrário, o recurso tramitará por no máximo três instâncias administrativas (artigo 57).

4.4. ATO INEQUÍVOCO QUE IMPORTE EM MANIFESTAÇÃO EXPRESSA DE TENTATIVA DE CONCILIAÇÃO ADMINISTRATIVA

Como elemento de eficiência administrativa, a Lei 9.873, de 1999, estabelece como hipótese interruptiva da prescrição os atos inequívocos que importem em

[34] CARVALHO FILHO, José dos Santos, 2014, p. 318.

manifestação expressa de tentativa de conciliação administrativa. A disposição é louvável e atende ao princípio da eficiência. Ao afastar ou diminuir a litigiosidade do processo ganham todos, Administração e administrados. Em sendo possível a conciliação, esta é medida que se impõe.

Muito se discutiu no passado acerca da possibilidade de o Poder Público conciliar. A tese vigente por bastante tempo foi de que a conciliação seria contrária ao princípio da indisponibilidade do interesse público. Tal debate está ultrapassado. A relação entre Administração e administrado não deve mais ser encarada como uma relação polarizada, em que as partes travam uma luta em que um é "vencedor" e o outro "perdedor". O interesse a ser perseguido é o "interesse público". Nesse sentido, ao menos em regra, sempre que possível, a conciliação é o caminho preferível.

Assim como o tratamento dado aos atos direcionados à apuração dos fatos, aqui também o legislador exige que os atos relacionados à conciliação sejam *inequívocos*. Não se consideram meras conjecturas acerca da possibilidade ou não de acordo. O que a norma exige é que a medidas sejam *inequívocas* e as manifestações *expressas*. Devem constar do processo as tentativas conciliatórias e somente em tais hipóteses é que se poderá cogitar da interrupção da prescrição.

4.5. COMPROMISSOS DE CESSAÇÃO OU DE DESEMPENHO PREVISTOS NOS ARTIGOS 53 E 58 DA LEI 8.884, DE 1994

A Lei 8.884, de 11 de junho de 1994, transformou o Conselho Administrativo de Defesa Econômica (CADE) em autarquia e dispôs sobre a prevenção e a repressão às infrações contra a ordem econômica.

Em seu artigo 53, a lei estabelecia a possibilidade de, em qualquer fase do processo administrativo, celebração, pelo CADE ou pela Secretaria de Direito Econômico do Ministério da Justiça (SDE) *ad referendum* do CADE, de compromisso de cessação de prática sob investigação, que não importaria confissão quanto à matéria de fato, nem reconhecimento de ilicitude da conduta analisada. Já artigo 58 dispunha que o Plenário do CADE definiria compromissos de desempenho para os interessados que submetam atos que pudessem limitar ou prejudicar a livre concorrência.

Ocorre, entretanto, que tais artigos foram revogados pela Lei 12.529, de 30 de novembro de 2011. Essa lei estruturou o Sistema Brasileiro de Defesa da Concorrência. O compromisso de cessação de prática sob investigação está hoje previsto no art. 85 da nova lei. Nesse sentido, não é demais referir, o parágrafo 9º do citado dispositivo estabelece que o processo administrativo ficará suspenso enquanto estiver sendo cumprido o compromisso e será arquivado ao término do prazo fixado, se atendidas as condições estabelecidas no termo.

5. Conclusão

Tecidas essas breves considerações, sem a pretensão de firmar posicionamentos absolutos, espero estar contribuindo para o debate sobre assunto tão importante para a relação entre Administração e administrados. Como bem disse Gustavo Marinho de Carvalho, o princípio da segurança jurídica, do qual se extrai o instituto jurídico da prescrição, é criação formidável do intelecto humano, cujo objetivo foi majorar a estabilidade e a previsibilidade das relações entre particulares e o Estado, por meio de um quadro normativo prévio e estável.[35]

Em uma era de incertezas, em que o acaso governa grande parte das ações humanas, o mínimo que se espera do Direito é a oferta de alguma estabilidade, um porto seguro em meio a mares revoltos.

Certo de que o tema não se esgota com as ponderações aqui tecidas, tenho consciência de que o presente estudo é apenas um recorte, dentre tantos possíveis, acerca da prescrição da pretensão punitiva da Administração Pública brasileira. Nesse sentido, se este artigo servir para aguçar a curiosidade dos leitores sobre a matéria e, assim, fomentar novas pesquisas e novos debates, cumpriu a sua missão.

Referências bibliográficas

ÁVILA, Humberto. *Teoria da segurança jurídica.* 3. ed. São Paulo: Malheiros, 2014.

BARROSO, Luís Roberto. A prescrição administrativa no direito brasileiro antes e depois da Lei 9.873/99. *Revista Diálogo Jurídico*, Salvador, CAJ – Centro de Atualização Jurídica, v. 1, nº 4, 2001. Disponível em <http://www.direitopublico.com.br>. Acesso em 15 de agosto de 2018.

CARVALHO, Gustavo Marinho de. A prescritibilidade da pretensão ressarcitória do Estado: uma leitura do art. 37, § 5º, da Constituição Federal. In: VALIM, Rafael. OLIVEIRA, José Roberto Pimenta. POZZO, Augusto Neves Dal (Coords). *Tratado sobre o princípio da segurança jurídica no direito administrativo.* Belo Horizonte: Fórum, 2013.

CARVALHO FILHO, José dos Santos. *Manual de direito administrativo.* 27. ed. São Paulo: Atlas, 2014.

——. *Processo administrativo federal*: comentários à Lei 9.784 de 29/1/1999. 4. ed. Rio de Janeiro: Lumen Juris, 2009.

CURVELO, Alexandre Schubert. O paradoxo da regra da prescrição no direito administrativo: a questão da imprescritibilidade da ação de ressarcimento por dano ao erário. In: FAYET JÚNIOR. Ney (Coord.). *Prescrição penal*: temas atuais e controvertidos: doutrina e jurisprudência. Vol. 2. Porto Alegre: Livraria do Advogado, 2007.

DI PIETRO, Maria Sylvia Zanella. *Direito administrativo.* 28. ed. São Paulo: Atlas, 2015.

FAIAS, Carlos Augusto dos. Prescrição no direito administrativo. *Revista de Informação Legislativa*, Brasília a. 32, nº 128, out/dez, 1995.

FAYET JÚNIOR, Ney. BRACK, Karina. Da interrupção do curso da prescrição penal. In: FAYET JÚNIOR. Ney (Coord.). *Prescrição penal*: temas atuais e controvertidos: doutrina e jurisprudência. Vol. 2. Porto Alegre: Livraria do Advogado, 2007.

FREITAS, Juarez. O controle dos atos administrativos e os princípios fundamentais. 4. ed. São Paulo: Malheiros, 2009.

LIMA, Ruy Cirne. *Princípios de direito administrativo.* 6. ed. São Paulo: Revista dos Tribunais, 1987.

LUCARELLI, Fábio Dutra. In: ROCHA, Daniel Machado (Coord.). *Comentários à Lei do Regime Jurídico Único dos Servidores Públicos Civis da União*: Lei 8.112, de 11 de dezembro de 1990. Porto Alegre: Livraria do Advogado, 2006.

MEIRELLES, Hely Lopes. *Direito administrativo brasileiro.* 27. ed. São Paulo: Malheiros, 2002.

MELLO, Celso Antônio Bandeira de. *Curso de direito administrativo.* 27. ed. São Paulo: Malheiros, 2010.

35 CARVALHO, Gustavo Marinho de, 2013, p. 772.

NOHARA, Irene Patrícia. *Direito administrativo.* 2. ed. São Paulo: Atlas, 2012.

OSÓRIO, Fábio Medina. *Direito administrativo sancionador.* 4. ed. São Paulo: Revista dos Tribunais, 2011.

RIBEIRO, Marcelo Roberto. Revisitando alguns temas da prescrição. In: FAYET JÚNIOR. Ney (Coord.). *Prescrição penal*: temas atuais e controvertidos: Doutrina e jurisprudência. Vol. 2. Porto Alegre: Livraria do Advogado, 2007.

RIGOLIN, Ivan Barbosa. *Comentários ao Regime Único dos Servidores Públicos Civis.* 7. ed. São Paulo: Saraiva, 2012.

SILVA, Almiro do Couto e. Conceitos fundamentais do direito no Estado constitucional. São Paulo: Malheiros, 2015.

——. Princípios da legalidade da Administração Pública e da Segurança Jurídica no Estado de Direito Contemporâneo. *Revista de Direito Público.* São Paulo, v. 84, 1987.

TAVARES, André Ramos. *Curso de direito constitucional.* 16. ed. São Paulo: Saraiva Educação, 2018.

TESSLER, Marga Barth. O exercício do poder de polícia e o prazo prescritivo para a aplicação da sanção administrativa depois da Lei 9.873/99. *Revista de Doutrina da 4ª Região*, Porto Alegre, nº 1, out. 2008, Disponível em: <http://www.revistadoutrina.trf4.jus.br/artigos/edicao002/marga_tessler.htm>. Acesso em 16 de agosto de 2018.

TORRRES, Heleno Taveira. *Direito constitucional tributário e segurança jurídica.* 2. ed. São Paulo: Revista dos Tribunais, 2012.

VALIM, Rafael. OLIVEIRA, José Roberto Pimenta. POZZO, Augusto Neves Dal (Coords). *Tratado sobre o princípio da segurança jurídica no direito administrativo.* Belo Horizonte: Fórum, 2013.

VERÇOSA, Haroldo Malheiros Duclerc. A prescrição administrativa no âmbito do Banco Central do Brasil. *Revista de Direito Mercantil*, São Paulo, nº 111, Revista dos Tribunais, 1998.

Tema V

Notas sobre o tempo, a prescrição e o Direito Civil

Plínio Melgaré

"O tempo é um rato roedor das coisas, que as diminui ou altera no sentido de lhes dar outro aspecto."

Machado de Assis

1. Introdução

A prescrição é fato jurídico – precisamente, ato-fato – que faz cessar o efeito dos direitos que resultam de atos praticados. Independentemente de qualquer vício, invalidade ou defeito inerente ao ato, a sua ocorrência afeta a produção das consequências do ato jurídico praticado. Por algo, como salienta Cabral de Moncada, *simplíssimo*: *o decurso dum certo lapso de tempo.*[1]

A prescrição, instituto cuja nomenclatura e sentido repousam suas raízes no direito romano, a *longi temporis praescriptio*[2] funda-se no reconhecimento dos efeitos do tempo sobre os direitos e objetiva tutelar os interesses do devedor. Não por acaso, o Código Civil de Portugal a disciplina especificamente no capítulo relativo ao tempo e à sua repercussão sobre as relações jurídicas (artigos 296º a 327º do Código Civil português).

Nesse pequeno artigo, a partir de dispositivos do Código Civil brasileiro, propõe-se a análise crítico-reflexiva acerca dos aspectos conceituais do instituto da prescrição, bem assim de seus fundamentos e consequências.

2. A prescrição e o Código Civil brasileiro

A partir do artigo 189 do Código Civil brasileiro, o legislador assim positivou a prescrição: violado o direito, nasce para o titular a pretensão, a qual se extingue, pela prescrição, nos prazos a que aludem os artigos 205 e 206.

Da leitura do dispositivo legal, infere-se que a prescrição extingue a pretensão. E, como bem o faz Pontes de Miranda, "exercer pretensão é exigir a pres-

---

[1] MONCADA, Cabral de, 1995, p. 729.

[2] Nesse sentido, ver KASER, Max, 2011, p. 59

tação; propor a 'ação' é pedir a tutela do Estado, deduzindo-se o que se pede".[3] Dos conceitos, razão suficiente para não se confundir exigir e acionar. Sem embargo, prescrição é uma exceção, "é a exceção, que alguém tem, contra o que não exerceu, durante certo tempo, que alguma regra jurídica fixa, a sua pretensão ou ação".[4]

O legislador de 2002 adotou, na definição da prescrição, o critério apontado pela clássica doutrina de Agnelo Amorim Filho.[5] Nesse sentido, relaciona-se a prescrição aos direitos subjetivos a uma prestação. Isto é, conforme lição de Chiovenda e utilizada por Agnelo Amorim Filho, "aquêles direitos que têm por finalidade um bem da vida a conseguir-se mediante uma prestação, positiva ou negativa, de outrem, isto é, do sujeito passivo".[6]

Em tais direitos, dois sujeitos sobressaem:

1. O sujeito passivo, obrigado ao cumprimento de uma obrigação, de uma prestação, que tanto pode ser positiva, de dar ou fazer, quanto negativa (de não fazer). A primeira relacionada aos direitos de crédito, a segunda presente no direito de propriedade, por exemplo.
2. O sujeito ativo, titular do direito, que, para realizar seu interesse, espera um comportamento devido pelo sujeito passivo, qual seja, o cumprimento da obrigação devida.

Ora bem, o que vincula esses sujeitos a partir da relação jurídica constituída é a obrigação devida pelo sujeito passivo em benefício do sujeito ativo. Se essa obrigação não é cumprida, violado está o direito do sujeito ativo. E a violação desse direito faz surgir o que se denomina *pretensão*, que vem a ser *a possibilidade de exigir em juízo uma obrigação devida.*

Sucede que a legislação estabelece prazos para que a pretensão seja exercida.[7] Caso haja a inércia do titular da pretensão durante o prazo legal estabelecido, sobrevém o fenômeno da *prescrição* que, nos termos do artigo 189 do Código Civil brasileiro, fulmina a pretensão. Assim, a inação do titular da pretensão, considerando os prazos dogmaticamente estabelecidos, faz nascer a prescrição, cuja consequência legal é extinguir a possibilidade de se exigir judicialmente uma obrigação devida.

Por via de consequência, para manter viva a pretensão, o seu titular deve exercê-la dentro de um prazo legal – exceto se estiver diante de uma pretensão cujo exercício não estiver temporalmente fixado nas normas do direito positivo. Sem embargo, o não exercício da pretensão no prazo legal gera, por força da prescrição, a sua extinção. Como mais adiante se observará, a ocorrência da prescrição não afeta a obrigação existente, apenas opera uma conversão: uma obrigação que tinha força jurídica deixa de ter. A prescrição não atinge o direito, que permanece íntegro e hígido, apesar da extinção da pretensão.

---

[3] PONTES DE MIRANDA, Francisco Cavalcanti, 1970, p. 94.

[4] PONTES DE MIRANDA, Francisco Cavalcanti, p. 100.

[5] AMORIM FILHO, Agnelo, 1997, p. 725-50.

[6] AMORIM FILHO, Agnelo, p. 727.

[7] No CC brasileiro, os prazos prescricionais estão previstos nos arts. 205 e 206.

A despeito de o dispositivo legal acima aludido referir que a prescrição fulmina a pretensão, o que se tem com a prescrição, que "em si-mesma, é apenas o suporte fático de ato-fato jurídico, de que resulta o direito de exceção",[8] é o seguinte: a apresentação da exceção de prescrição constitui o efeito de mascarar, encobrir, a pretensão. O exercício do direito de opor a exceção de prescrição é que produz o efeito que obscurece a eficácia da pretensão. Ademais, a decisão judicial que reconhece a prescrição é de natureza declaratória: declara a existência da exceção, bem como o próprio exercício da mesma, cuja consequência, reitera-se, é encobrir o efeito de uma pretensão existente.

O suporte fático cuja materialização importará na ocorrência da prescrição forma-se pelos seguintes elementos:

1. A possibilidade da pretensão – e não necessariamente a existência efetiva da pretensão, haja vista que aquele apontado como devedor mesmo não o sendo pode invocar em seu favor a prescrição.

2. A prescritibilidade da pretensão, ou seja, que aquela pretensão se submete ao instituto da prescrição. Observa-se que a prescrição pressupõe a existência de uma pretensão: se não existe esta, tampouco existirá aquela. A relação entre pretensão e prescrição é relevantíssima, pois o nascer da pretensão marca o início da prescrição.

3. O tempo, ou melhor, o transcurso, sem interrupção, do tempo constitutivo do prazo prescricional legalmente estabelecido. Observe-se: em relação às regras que disciplinam a prescrição, quanto à definição dos prazos, não são admitidas analogias ou interpretações extensivas. Ao contrário, devem ser interpretadas restritivamente.

4. A inércia, o não exercício do titular da pretensão no tempo fixado em lei. A pretensão prescreverá pela inação de seu titular durante o prazo estabelecido pelo direito positivo. Tal circunstância é objetiva: a prescrição opera alheia a qualquer consideração sobre a causa que leva o titular da pretensão à perda do prazo. O máximo que pode beneficiá-lo é a ocorrência de alguma situação que interrompa ou suspenda o prazo.

A partir da ocorrência dos fatores acima descritos, nasce a exceção de prescrição, cuja alegação não implica conhecer ou desconhecer a obrigação. Conforme leciona Chiovenda,[9] sobre a exceção, é possível estabelecer três sentidos concêntricos que paulatinamente, restringem-se:

1. Amplamente, vem a ser qualquer meio utilizado pelo réu para justificar sua oposição à demanda.

2. Aproximando-se mais do centro, exceção pode ser compreendida como as defesas de mérito cuja função seria retirar os efeitos jurídicos que o fato constitutivo do direito alegado pelo autor produziriam.

3. Por fim, restringindo os sentidos, alcança-se o núcleo conceitual da exceção: a contraposição do réu de elementos que conferem o poder de anular ou tornar ineficaz a pretensão do autor.

Ora bem, nesse último sentido encontra-se a prescrição: como uma exceção substancial. Nessa perspectiva, seria como que um "contra-direito" endereçado contra a eficácia da pretensão do autor que, acolhido, frustra a produção de seus efeitos. No caso da prescrição, uma exceção permanente.

Ao atacar os efeitos da pretensão, a exceção de prescrição não atinge o direito, que restará existente. Assim, se justifica a regra que impede ao devedor ver-se

---

[8] PONTES DE MIRANDA, Francisco Cavalcanti, p. 253 e segs.

[9] CHIOVENDA, Giuseppe, 1965, p. 334 e segs.

restituído dos valores pagos se já transcorrido o prazo prescricional. Admitir o contrário implicaria dar margem ao enriquecimento sem causa.

Sem embargo, ao subtrair os efeitos da pretensão, a prescrição converte uma obrigação civil em uma obrigação natural, cujo cumprimento não é judicialmente exigível – embora se compagine com um dever de justiça. Por essa razão, o pagamento de uma dívida em que se operou a prescrição não corresponde a uma doação, mas, sim, ao pagamento de um valor devido – ainda que desprovido de juridicidade.

3. O fundamento da prescrição e o seu reconhecimento de ofício pelo juiz

Em sua redação original, o Código Civil de 2002, seguindo a tradição do direito brasileiro, estabelecera, no artigo 194, que a prescrição poderia ser alegada pela parte a quem a mesma aproveita. E não cabia ao magistrado reconhecê-la sem a respectiva alegação da parte. Isto é, ao juiz não era dado conhecer a prescrição sem ser provocado. Todavia, por uma alteração legislativa no campo processual (Lei nº 11.280/2006), revogou-se o referido artigo 194. E, desde então, o juiz deve reconhecer de ofício a prescrição.[10]

Por essa alteração, acaso, ter-se-ia dogmaticamente reconhecido que a prescrição é matéria de ordem pública? Nada obstante entendimentos contrários,[11] entende-se que não. Ora bem, à legislação não se deve reconhecer o poder de alterar a realidade, a natureza das coisas. Assim, se Nelson Rosenvald, ao comentar a atuação de ofício do magistrado no reconhecimento da prescrição, afirmou que "a prescrição sempre foi uma norma jurídica de direito privado que consultava ao interesse disponível das partes",[12] pode-se dizer que ela ainda segue como norma de direito privado – apesar da intervenção do legislador. Prescrição é matéria de interesse privado,[13] inclusive, permite-se sua renúncia, após consumada – não se o permite antes por razões de ordem de política legislativa.

Em contrapartida, decerto sustentando o predomínio do interesse público da prescrição, surge o seguinte argumento: o Código Civil brasileiro, em seu artigo 192, veda que as partes alterem os prazos prescricionais – assim como veda a renúncia antes de consumada a prescrição. Ora bem, o fato de o Código Civil

---

[10] O direito brasileiro jamais permitira o reconhecimento de ofício da prescrição. Em Portugal, o CC expressamente prevê que "O tribunal não pode suprir, de ofício, a prescrição; esta necessita, para ser eficaz, de ser invocada, judicial ou extrajudicialmente, por aquele a quem aproveita, pelo seu representante ou, tratando-se de incapaz, pelo Ministério Público.".

[11] Nesse sentido, entre outros, GOMES, Orlando, 2010, p. 384.

[12] Ainda, observa Rosenvald: "A partir do momento em que o legislador tenciona reformar a prescrição em matéria de ordem pública, impedindo a faculdade de renúncia do devedor, assumindo a forma arbitrária de transformar o círculo em quadrado ou o preto no branco" (ROSENVALD, Nelson, 2018).

[13] Nesse sentido, ver ABALADEJO GARCIA, Manuel, 1970, p. 673.

não permitir a alteração dos prazos prescricionais não é suficiente para torná-la de natureza cogente e vinculada maiormente a interesses públicos. Essa vedação vincula-se mais a questões de ordem sociocultural (como ocorre, por exemplo, em Portugal). Com essa vedação, o que está em causa é:[14]

1. Impedir que o credor abdique da sua condição de credor – o que ocorreria, por exemplo, quando por ato de disposição fosse facilitada a ocorrência da prescrição com a diminuição dos prazos prescricionais; ou
2. Impedir que o devedor se perpetue nessa condição – o que ocorreria, por exemplo, se fosse convencionada a dilatação dos prazos prescricionais, dificultando a ocorrência da prescrição.

Como pano de fundo, tem-se, com essas intervenções nos domínios da prescrição e da autonomia privada, a ideia de estabelecer uma proteção ao devedor, considerando que ocupa uma posição mais frágil diante do credor.

Antes de qualquer norma derivada da natureza da prescrição, o que está presente é uma opção legislativa de limitar a autonomia dos sujeitos privados. Tanto é que outras legislações civis, *v.g.* a alemã e a francesa, reconhecem a autonomia das partes no que diz respeito à possibilidade de alterar prazos prescricionais.[15] O próprio Código Civil brasileiro de 1916 não vedava expressamente a alteração dos prazos prescricionais.

O que aqui se advoga é reconhecer que a prescrição objetiva, em seu aspecto nuclear, proteger o interesse do devedor. Como bem destaca Menezes Cordeiro, a prescrição tem por escopo, em relação ao devedor, "relevá-lo de prova".[16] A prescrição pretende efetivar a tutela do devedor diante da fragilidade que o acometeria caso ficasse submetido ao arbítrio do credor que, a qualquer tempo, poderia cobrar-lhe uma prestação que em um tempo foi devida. Em outros termos, o devedor jamais ficaria seguro de ter deixado de ser devedor; mesmo tendo quitado a dívida, com a inexorável passagem do tempo, o devedor encontraria dificuldades em fazer prova da obrigação cumprida. Inclusive, uma relação fatídica para os seus interesses estabelecer-se-ia: quanto maior o transcurso do tempo, maior a sua dificuldade probatória. Nessa linha, conforme Pontes de Miranda, ainda que sirva à segurança jurídica, "o fundamento da prescrição é proteger o que não é devedor e pode não ter mais prova da inexistência da dívida; e não proteger o que era devedor e confiou na inexistência da dívida, tal como juridicamente ela aparecia (...)".[17] E aqui surge, não como fundamento, mas como circunstância de ordem prática, uma regra de experiência: a baixa probabilidade da permanência de direitos que não foram invocados ao longo do tempo.[18]

Ainda ancorado nas lições de Menezes Cordeiro, a compreensão segundo a qual a prescrição afivela-se, em seu aspecto essencial, na tutela dos interesses do

---

[14] Conforme se depreende da lição de: MENEZES CORDEIRO, António Manuel da Rocha e, 2005, p. 162 e segs.

[15] Sobre o tema, ver: ZIMMERMANN, Reinhard, 2008.

[16] MENEZES CORDEIRO, António Manuel da Rocha e, 2005, p. 160.

[17] PONTES DE MIRANDA, Francisco Cavalcanti, p. 100.

[18] Nesse sentido, ver: PONTES DE MIRANDA, Francisco Cavalcanti, p. 100 e segs.

devedor encontra respaldo no horizonte histórico do instituto, quer seja pela obra de Teodósio II, quer seja por sua aproximação histórica com a usucapião.[19]

Karl Larenz afirma que o sentido e a finalidade da prescrição não deixa de ser problemático: "habitualmente se diz que a prescrição deve proteger os particulares diante de demandas baseadas em situações acontecidas com muita anterioridade, às quais já não podem os particulares esclarecer devido a perda dos meios probatórios". Nada obstante, reconhece Larenz: "Também se alude ao interesse público onde os tribunais se exonerem de processos que versem sobre fatos cujo esclarecimento é difícil ou impossível, devendo o resultado desses processos depender, em maior ou menor medida, de incidências casuais". Por fim, conclui: "Em todo o caso cabe afirmar que a instituição da prescrição, se bem pode conduzir em alguns casos a resultados injustos, é indispensável, pois em outro caso seriam inevitáveis graves inconvenientes".[20]

Decerto que posicionar a prescrição na latitude dos interesses privados não implica desconhecer que a mesma cumpre com uma finalidade de promoção da paz social e da segurança jurídica. Contudo, qual disposição jurídico-normativa, em última sede, não resulta em atender a um interesse público? Tanto mais não seja, o interesse de fazer justiça – que sempre será público e não privado. Como leciona Menezes Cordeiro, "tudo o que o direito predisponha é-o no interesse público".[21]

O problema em definir se a prescrição repousa em um interesse privado ou público reside na própria dificuldade de pretender aprioristicamente separar os interesses tutelados pela normatividade jurídica em dois polos rigorosamente separados – como se o direito fosse separado em dois hemisférios. Ora, há tempo se sabe que os interesses e valores albergados pela normatividade jurídica se complementam, inter-relacionam-se. Acaso essa não seria a situação da prescrição? Ao proteger o interesse privado do devedor, cumpre uma função pública: a de promover a estabilidade das relações.

Pelo visto e ponderado, o fato de o juiz reconhecê-la de ofício apenas caracteriza mais um ato – (in)devido? – de intervenção do Estado-juiz sobre os domínios dos interesses e da autonomia privados. Nesse campo, há de se destacar o previsto no artigo 10 do atual Código de Processo Civil:[22] afinal, ainda que o juiz se pronuncie de ofício sobre a ocorrência da prescrição, deverá oportunizar a manifestação da parte. Como bem assinala Scarpinella Bueno,[23] "uma coisa é o magistrado conhecer de ofício de alguma matéria; outra, bem diferente, é decidir

[19] MENEZES CORDEIRO, António Manuel da Rocha e, 2005, p. 161.

[20] LARENZ, Karl, 1978, p. 328 e segs. (O texto aqui citado foi livremente traduzido pelo autor do artigo.)

[21] MENEZES CORDEIRO, António Manuel da Rocha e, 2005, p. 161.

[22] Art. 10: O juiz não pode decidir, em grau algum de jurisdição, com base em fundamento a respeito do qual não se tenha dado às partes oportunidade de se manifestar, ainda que se trate de matéria sobre a qual deva decidir de ofício.

[23] SCARPINELLA BUENO, Cassio, 2016, p. 389.

sem levar em consideração o que as partes, estimuladas para tanto, têm a dizer sobre a questão, inclusive sobre a base fática sobre a qual a decisão recairá. É supor o exemplo de o autor, intimado para se manifestar sobre eventual prescrição de direito, comprovar que recebeu do réu carta em que reconhecera o débito e, com a iniciativa, sustentar a interrupção do prazo prescricional (...)". Por fim, ainda que a matéria seja de reconhecimento alheio a qualquer provocação da parte, não há de se exigir que o juiz saiba e conheça sobre todos os aspectos fáticos do que "ocorreu ou deixou de ocorrer com relação àquele específico ponto", como bem registra Scarpinella Bueno.[24]

Nos termos do magistério de Domingues de Andrade, *grosso modo*, justifica-se a prescrição pelos seguintes argumentos:[25]

1. Estabilidade das relações: exige-se reconhecer que situações fáticas, forjadas pelo tempo e que por ele se prolongam, geram expectativas. Tais expectativas, que influenciam o planejamento de vida das pessoas, devem ser mantidas. Não manter tais expectativas configura-se como antijurídico.

2. Proteção dos obrigados, em especial dos devedores: a realidade impõe reconhecer a dificuldade probatória a que estaria exposto o devedor na hipótese de o credor vir a cobrar – o que inclusive já poderia ter recebido – dívida contraída há um tempo considerável. O devedor pode tê-la quitado, não ter exigido o recibo – ou tê-lo extraviado. Como observa Menezes Cordeiro, ninguém vai "conservar recibos, quitações ou outros comprovativos anos e anos a fio".[26]

3. Estímulo pedagógico: aqui está em causa um incentivo para que o titular de um direito não negligencie o exercício de seu direito, a menos que queira dele renunciar.

Rigorosamente, considera-se que o instituto da prescrição não está vinculado a exigências máximas de justiça material. Em contrapartida, justifica-se, sobretudo, por exigências de conveniência e, ao fim e ao cabo, postulada para afirmar uma estabilidade nas relações jurídico-sociais, convalidando situações fáticas. Como assevera Domingues de Andrade, "(...) o instituto da prescrição não é justo, mas coonesta-se com razões de conveniência ou oportunidade. No entanto, mesmo as considerações de justiça não são estranhas ao instituto da prescrição".[27] Aqui, decerto, estaria em causa a relação que há entre justiça e estabilidade das relações. De fato, contribui decisivamente para a estabilidade das relações, conferindo marco temporal definitivo à eficácia das pretensões, sem destruir os direitos: tão somente ensombrece os efeitos da pretensão.[28] Em outras palavras, atrofia os efeitos da pretensão.

Um outro fundamento que pode ser referido é aquele que compreende a prescrição como uma sanção à inércia do titular da pretensão.[29] O silêncio do titular da pretensão, que não a exerce dentro dos prazos legais estabelecidos, seria

---

[24] SCARPINELLA BUENO, Cassio, p. 389.

[25] DOMINGUES DE ANDRADE, Manuel: 1992, p. 446.

[26] MENEZES CORDEIRO, António Manuel da Rocha e, 2015, p. 196-7.

[27] MENEZES CORDEIRO, António Manuel da Rocha e, 2015, p. 196-7.

[28] Pontes, inclusive, assevera: "Quando se diz que *prescreveu o direito* emprega-se elipse reprovável, porque em verdade se quis dizer que 'o direito teve prescrita a pretensão (ou a ação), que dele se irradiava' (...)". Nesse sentido, ver: PONTES DE MIRANDA, Francisco Cavalcanti, p. 100 e segs.

[29] A ideia acima referida encontra sua origem nas Ordenações Manuelinas.

sancionado com a perda de sua eficácia. A reforçar tal argumento, encontra-se que quando o titular da pretensão é diligente, os prazos prescricionais são interrompidos.[30] Todavia, tal compreensão não deve ser considerada como adequada: afinal, se a pretensão é a *possibilidade* de exigir uma obrigação devida, não há de se pensar em sancionar, punir o titular da pretensão que não a exerceu. Se é uma faculdade, uma possibilidade que a ordem jurídica concede a um sujeito, carece de sentido que o seu não uso justifique qualquer sanção.

4. Considerações finais

Neste pequeno artigo, conclui-se e se propõe que:

1. O fenômeno da prescrição reflete um dos principais aspectos do influxo do tempo sobre o direito.

2. Independentemente da disposição legal que determina que a prescrição fulmina a pretensão presente nos direitos subjetivos a uma prestação, entende-se que, verdadeiramente, a prescrição encobre os efeitos da pretensão.

3. O fundamento da prescrição radica, sobretudo, em interesses privados: proteger o devedor que adimpliu com sua obrigação e, em razão da passagem do tempo, encontraria dificuldade de comprovar sua atuação.

4. A possibilidade de decretação de ofício da prescrição, bem como as demais intervenções tendentes à limitação da atuação das partes na sua renúncia ou na alteração dos prazos prescricionais, decorrem, antes de qualquer outra razão substancial, de opção legislativa que confere ao Estado o poder de interferir na autonomia privada.

Bibliografia

ABALADEJO GARCIA, Manuel. *Derecho civil*, v. I. Barcelona: Bosch, 1970.

AMORIM FILHO, Agnelo. Critério científico para distinguir prescrição e decadência e para identificar as ações imprescritíveis. Revista dos Tribunais. vol. 744/1997, p. 725 – 750. Out. / 1997.

CABRAL DE MONCADA, Luís. *Lições de direito civil.* 4ª ed. Coimbra: Almedina, 1995.

CHIOVENDA, Giuseppe. *Instituições de direito processual civil.* v. I. trad. J. Guimarães Menegale. São Paulo: Saraiva, 1965.

DOMINGUES DE ANDRADE, Manuel. *Teoria geral da relação jurídica.* V. II. Coimbra: 1992.

GOMES, Orlando. *Introdução ao direito civil.* Coord. Edvaldo Brito, 20ª ed. Rio de Janeiro : Forense, 2010.

KASER, Max. *Direito privado romano.* 2ª ed. trad. Samuel Rodrigues e Ferdinand Hämmerle. Lisboa: Fundação Calouste Gulbenkian, 2011.

LARENZ, Karl. *Derecho civil – parte general.* Trad. Miguel Izquierdo y Macías-Picavea. Madrid: Editorial Revista de derecho privado, 1978.

MENEZES CORDEIRO, António Manuel da Rocha e. *Tratado de direito civil português.* Vol. I. T. IV. Coimbra: Almedina, 2005.

——. *Tratado de direito civil português*, V, 2ª edição revista e actualizada. Almedina: Coimbra, 2015.

[30] Nesse sentido, ver, entre outros: SCHREIBER, Anderson, 2018, p. 287.

PONTES DE MIRANDA, Francisco Cavalcanti. *Tratado de direito privado.* 3ª ed. Reimpressão. Rio de Janeiro: Borsoi, 1970.

ROSENVALD, Nelson. *Uma prescrição no CPC/15, disponível em*: https://www.nelsonrosenvald.info/single-post/2016/04/07/A-Prescri%C3%A7%C3%A3o-no-CPC15. Acesso em 24/09/2018.

SCARPINELLA BUENO, Cassio. *Manual de direito processual civil.* 2ª ed. Volume único. São Paulo: Saraiva, 2016.

SCHREIBER, Anderson *Manual de direito civil contemporâneo.* Saraiva: São Paulo, 2018.

ZIMMERMANN, Reinhard. *El nuevo derecho alemán de obligaciones*: un análisis desde la história y el derecho comparado. trad. Esther Arroyo i Amayuelas. Barcelona: Bosch, 2008.

Tema VI

Das implicações da decisão da Corte Interamericana de Direitos Humanos (no Caso Herzog) às hipóteses de prescrição de crimes (contra a humanidade) no ordenamento jurídico brasileiro

Ney Fayet Júnior

Andressa de Bittencourt Siqueira

1. Introdução

O presente artigo visa a debater alguns dos mais significantes aspectos da imprescritibilidade no direito penal brasileiro, tendo como *fil conducteur* o caso Herzog, recentemente julgado pela Corte Interamericana de Direitos Humanos. Para tanto, é realizada a análise da evolução do conceito de prescrição no direito internacional penal, com o propósito de delinear conclusões preliminares sobre a imprescritibilidade de determinados crimes internacionais, a saber, os crimes contra a humanidade, e, em particular, identificar a situação do direito brasileiro e os ajustes requeridos em virtude da mais nova decisão da Corte.

A mais disso, em parte subsequente do artigo, um exame dos fundamentos do instituto e de sua inserção no ordenamento constitucional é realizado, com especial atenção à possibilidade de previsão infraconstitucional sobre a matéria e o devido tratamento dos efeitos retroativos que possam acompanhar tais previsões.

Numerosos trabalhos dogmáticos têm sido, ao longo da história, dedicados ao estudo da imprescritibilidade delitiva, notadamente no que diz respeito à sua aplicação aos crimes de guerra, genocídio e contra a humanidade. Com isso, o debate acerca do instituto da imprescritibilidade penal tem em linha de consideração que, mais e mais, se tem advogado, tanto no âmbito interno como em diversas instâncias internacionais, o aumento do catálogo de tipos de injusto para os quais não haja a possibilidade de prescrição. Procura-se abordar essa atual e premente questão pela ótica dos crimes contra a humanidade, analisando, em um primeiro momento, além da sua evolução no panorama internacional, a possibilidade da inserção da imprescribilidade de tais crimes no ordenamento constitucional brasileiro.[1] A mais disso, existem ainda outros tópicos que trazem incertezas na

[1] Especificamente sobre o tema da imprescritibilidade, pode ser consultado o artigo de: FAYET JÚNIOR, Ney; FERREIRA, Martha da Costa, 2011, p. 47-90.

compreensão e no entendimento desse tema, sobre os quais igualmente devemos nos debruçar, tais como: a possibilidade de previsão infraconstitucional de regras sobre imprescritibilidade e a questão da retroatividade das leis que consideraram imprescritíveis determinados crimes. Após a análise da imprescritibilidade no direito brasileiro, são apreciadas as implicações no âmbito da prescrição dos crimes contra a humanidade na ordem jurídica brasileira, em decorrência do julgamento da Corte no caso Herzog, bem como tecidas algumas considerações sobre tais efeitos.

2. Breve histórico do caso Herzog

No dia 22 de abril de 2016, a Comissão Interamericana submeteu à Corte Interamericana de Direito Humanos o caso Herzog e outros *vs.* Brasil, sob os fundamentos de indícios de "responsabilidade internacional do Estado pela situação de impunidade em que se encontram a detenção arbitrária, a tortura e a morte do jornalista Vladimir Herzog, ocorridas em 25 de outubro de 1975, durante a ditadura militar".[2] A sentença, a seu turno, data de 15 de março de 2018, na qual é afirmada a responsabilidade internacional do Estado brasileiro no caso *sub judice*.

Explana-se, *en passant*, que, entre as questões preliminares apreciadas, se destaca a fixação da competência da Corte a partir de 10 de dezembro de 1998 – em que houve o reconhecimento, pelo Brasil, da competência contenciosa da Corte Interamericana de Direitos Humanos –, não causando embaraços à apreciação do mérito da questão, uma vez que "tanto a Comissão como os representantes afirmaram não pretender que se declare a responsabilidade internacional do Estado por fatos anteriores" a tal marco temporal.[3] Nessa mesma linha, afirma a Corte a sua competência para "interpretar e aplicar"[4] a Convenção Interamericana para Prevenir e Punir a Tortura (também aqui denominada de Convenção contra a Tortura), entre outras exceções de aspecto puramente procedimental, que não implicam reflexos prescricionais do caso e, logo, não serão aprofundadas.

Neste ponto, é importante observar que o caso Herzog está situado no amplo contexto histórico da ditadura militar brasileira, que teve seu início no golpe militar de 1964, o qual causou uma ruptura no cenário político brasileira.[5] Caracterizada pela edição dos Atos Institucionais, a ditadura militar perdurou até o ano de 1985, caracterizando um período não somente de supressão de direitos, como também de perseguições, torturas e assassinatos contra aqueles que divergiam do regime então implementado. Neste cenário ditatorial, em que se quebraram todos os parâmetros de um Estado Democrático, diante da incomensurável utilização de meios violentos e antidemocráticos para impor determinada postura a contragosto

---

[2] OEA, CIDH, Caso Herzog e outros *vs*. Brasil. Sentença de 15.3.18, para. 1, p. 1.

[3] OEA. CIDH. Caso Herzog e outros *vs*. Brasil. Sentença de 15.3.18, para. 28, p. 9.

[4] OEA. CIDH. Caso Herzog e outros *vs*. Brasil. Sentença de 15.3.18, para. 38, p. 10.

[5] CNV, 2014, p. 95.

do povo,[6] cabe aclarar a Operação Radar, a qual caracterizou-se pelo fim precípuo de perseguir e eliminar integrantes do Partido Comunista Brasileiro (PCB), com o apoio dos Departamentos de Operações de Informação e os Centros de Operações de Defesa Interna (DOI-CODIs).[7] Frente ao panorama exposto, são estimados que seiscentos e setenta e nove membros do PCB foram detidos pela Operação Radar, dentre os quais encontra-se o jornalista Vladimir Herzog.[8]

Nas dependências do DOI-CODI do II Exército, Herzog foi torturado repetidas vezes[9] e, então, assassinado por seu algoz, Pedro Antônio Mira Grancieri, conhecido como "Capitão Ramiro", sob o comando do então Tenente-Coronel Audir Santos Maciel, que comandava o DOI/CODI do II Exército, na capital paulista, no momento dos fatos.[10] A fim de que se ocultassem tais fatos, forjou-se a morte de Herzog para que esta se assemelhasse a um suicídio por enforcamento, a partir do uso do "cinto do uniforme da prisão" e da suspensão parcial do corpo da vítima. A versão arquitetada pelos militares – segundo a qual Herzog havia dado cabo de sua própria vida – prontamente foi contestada, não apenas pelo laudo cadavérico, mas também pela imagem veiculada do corpo da vítima suspenso de forma parcial, com o auxílio de um cinto, que, aliás, vale dizer, não compunha o uniforme dos presos.

Apesar de um inquérito (IPM n. 1173-75) ter sido aberto no final de outubro de 1975 para apurar o caso, este foi conduzido sob coação e ameaças por parte dos militares àqueles que prestaram depoimento, desembocando no fechamento do procedimento em dezembro do mesmo ano, com a conclusão de que Herzog cometera suicídio.[11] Outra movimentação interna realizada diz respeito com a Ação Declaratória n. 136-76, proposta em 1976, mas apenas transitada em julgado em maio de 1994,[12] em que foi reconhecida a obrigação do Estado de indenizar a família de Herzog, sem estabelecimento do *quantum* indenizatório, que, por sua vez, só se concretizou em 1997, a partir do reconhecimento, pela Comissão Especial de Mortos e Desaparecidos Políticos, de que Herzog fora assassinado sob tortura quando sob custódia do Exército brasileiro durante a ditadura militar.[13] Um pouco antes, em 1992, também se tentou iniciar a persecução penal de Pedro Antônio Mira Grancieri e de Audir Santos Maciel, mediante a abertura de um inquérito policial (IP 487/92); entretanto, tal inquérito foi arquivado em função do disposto pela lei de anistia (Lei 6.683/79), em decisão confirmada pelo Superior Tribunal

---

[6] BASTOS, Lúcia Elena Arantes Ferreira, 2008, p. 598.

[7] CNV, 2014, p. 158.

[8] OEA. CIDH. Caso Herzog e outros vs. Brasil. Sentença de 15.3.18, para. 112, p. 25.

[9] CNV, 2014, p. 1795-9. Também, OEA. CIDH. Caso Herzog e outros vs. Brasil. Sentença de 15.3.18, para. 122, p. 26.

[10] CNV, 2014, p. 474.

[11] OEA. CIDH. Relatório n. 71/15, 2015, p. 22-3. Decisão confirmada no processo 2008.61.81.013434-2, julgado pela Justiça Militar de São Paulo, datada de 12 de fevereiro de 1976.

[12] TRF3, ED 2008.61.81.013434-2, j. 18.5.94.

[13] OEA, CIDH, Relatório n. 71/15, p. 31.

de Justiça.[14] Em outro momento, a lei de anistia também obstaculizou a ação penal proposta em desfavor de Mira Grancieri e Santos Maciel,[15] fazendo com que os seus autos também fossem arquivados.[16]

Ressaltam-se os esforços da Comissão Nacional da Verdade (instituída, no Brasil, pela Lei 12.528/11) quando recomendou à Vara de Registros Públicos competente a alteração, no atestado de óbito, para que constasse a *causa mortis* como "decorrente de lesões e maus-tratos sofridos em dependência do II Exército-SP (DOI-CODI)",[17] além de confirmar a incontestável tortura e morte de Vladimir Herzog por agentes do exército brasileiro, "restando desconstruída a versão de suicídio divulgada à época dos fatos".[18] Ainda, a Comissão Nacional da Verdade, em seu último e terceiro relatório, recomendou "a continuidade das investigações sobre as circunstâncias do caso para a identificação e responsabilização dos demais agentes envolvidos",[19] dado não ter sido apurada a morte em um processo criminal específico.

Frente ao cenário de impunidade, os familiares da vítima ingressaram no sistema judicial interamericano, de modo a ver apreciado, pela Corte Interamericana de Direitos Humanos, a desídia do Estado em julgar a tortura e o assassinato perpetrados contra Vladimir Herzog. A Corte, na sentença, entre outras questões (as quais não tocam, diretamente, à questão prescricional), determinou a responsabilidade do Estado brasileiro em julgar os crimes cometidos contra Vladimir Herzog, os quais caracterizam crimes contra a humanidade, revestidos, de modo especial, pelo manto da imprescritibilidade.

3. Das noções fundamentais acerca da (im)prescritibilidade dos crimes contra a humanidade

O instituto da prescrição penal se traduz na extinção da pena (a ser ou já aplicada) pelo transcurso do tempo. Cuida-se, pois, de uma autolimitação do *jus puniendi* estatal, levada a efeito por inúmeras razões de ordem político-criminal, sendo a mais significativa a perda de interesse em se punir determinada conduta delituosa. (José Luis Guzmán Dalbora afirmar haver três pilares essenciais sobre os quais o instituto da prescrição se assentaria: "falta de identidad personal del reo producida por el paso de los años, los padecimientos sufridos por él a lo largo de

---

[14] STJ, RESP 33.782-7/SP, 5ª T., rel. Min. José Dantas, j. 18.8.93.

[15] "Ressalto, (...), que, tanto o homicídio, como o genocídio, ou mesmo a tortura (que, [...], não poderia ensejar incriminação, uma vez que a lei que a definiu como delito é posterior a 1975), não são infrações imprescritíveis diante da Constituição e demais normas do ordenamento em vigor". Decisão do Juízo federal da 1ª Vara Federal de São Paulo em primeiro grau – no processo 0013434-40.2008.4.03.6181, proferida, em janeiro de 2009, para o arquivamento dos autos.

[16] OEA, CIDH, Relatório n. 71/15, 2015. p. 33.

[17] CNV, 2014, p. 474.

[18] CNV, 2014a, p. 1799.

[19] CNV, 2014a, p. 1799.

aquellos en que evadió a la justicia, o la enmienda que revelaría el hecho de no haber delinquido durante tanto tiempo".)[20] A despeito disso, vários ordenamentos jurídicos declaram imprescritíveis certos ilícitos penais, consagrando a regra segundo a qual, apesar do transcurso do tempo, determinados crimes mantêm sempre (e atual) a necessidade punitiva.

O instituto da imprescritibilidade penal, *grosso modo*, vincula-se à condição de viabilidade punitiva permanente e, em face disso, à perpétua perseguição do delinquente, impedindo que o fato criminoso seja riscado da memória social.

No curso do desenvolvimento histórico dos sistemas punitivos, as regras de imprescritibilidade, geralmente, encontram-se associadas aos crimes de maior gravidade, que causavam maior alarde social, ou seja, maior incômodo e perturbação aos membros da coletividade. Sendo assim, determinados delitos, por questionar as bases mais essenciais de determinados modelos da sociedade, exigiriam um tempo maior de superação, o que fundamentaria a perseguibilidade e o castigo aos responsáveis enquanto estiverem vivos, além de todos os limites temporais. É esse o principal embasamento que a doutrina costuma dar à imprescritibilidade, uma vez que, de modo amplo, está associada a crimes como o de genocídio, de lesa humanidade e de guerra.[21] Nas palavras de Antoni Gili Pascual, a imprescritibilidade "(...) encuentra su adecuada explicación (...) en el principio de necesidad de pena. Dada la gravedad de determinadas conductas, la intolerabilidad social no experimenta esa aminoración producto del paso del tiempo y su comisión no se beneficia, (...), de ese proceso social de superación, tratándose de hechos que no pierden su relevancia en la configuración de la vida social del presente y respecto de los cuales, por tanto, debe seguir estimándose necesaria y justificada la pena".[22]

Pode-se dizer que a imprescritibilidade está fundamentada, em larga medida, nas teorias penais absolutas, considerando a pena como um fim em si mesma, vale indicar: a retribuição ao mal causado. Dessa forma, para a corrente favorável à imprescritibilidade, o instituto da prescrição penal afronta a regra de que "a todo delito corresponde uma pena", sendo, portanto, [a prescrição] "antijurídica e refutada sob todas suas formas".[23]

Grande parte da doutrina mais atualizada em direito penal não encontra legitimidade nos fundamentos da imprescritibilidade. Essa é a posição, por exemplo, de Jorge de Figueiredo Dias, ao afirmar que a imprescritibilidade só estaria embasada nas "(ilegítimas) necessidades 'absolutas' de punição", ou seja, nos sentimentos de "vingança e retribuição".[24] Os crimes de considerado grau de reprovação e repugnância (como, por exemplo, aqueles cometidos pela Inquisição e

---

[20] GUZMÁN DALBORA, José Luis, 2005, p. 73.

[21] Com mais detalhes, TRIPPO, Mara Regina, 2004, p. 57-8.

[22] GILI PASCUAL, Antoni, 2001, p. 78.

[23] TRIPPO, Mara Regina, p. 59.

[24] DIAS, Jorge de Figueiredo, 1993, p. 704.

pelo nazifascismo) tendem a permanecer apenas na memória histórica,[25] que, segundo o autor, seria incapaz de fundamentar o caráter preventivo da punição. Assim, com a passagem do tempo, a pena acabaria tornando-se desnecessária.[26]-[27]

Vale ressaltar que, como regra fundamental, o sistema brasileiro adota a prescritibilidade dos delitos (ainda que havidos como hediondos);[28] entretanto, excepcionalmente, poderá haver delitos que não se sujeitam ao regime traçado no Código Penal. Com efeito, a Constituição brasileira de 1988, em seu artigo 5°, estatuiu duas hipóteses de imprescritibilidade: os crimes de racismo (inciso XLII), definidos na Lei 7.716, de 5 de janeiro de 1989, com as alterações da Lei 9.459, de 15 de maio de 1997; e o crime de ação de grupos armados, civis ou militares, contra a ordem constitucional e o Estado Democrático (inciso XLIV). (Os crimes de tortura, tráfico ilícito de entorpecentes e drogas afins, terrorismo e outros hediondos, por sua vez, são considerados como inafiançáveis e insuscetíveis de graça ou anistia, em obediência ao inciso XLIII do artigo 5º da Constituição).

A repercussão da imprescritibilidade não se restringe apenas a ordens jurídicas internas, admitido que o tema enseja amplos debates e pesquisas no campo

---

[25] DIAS, Jorge de Figueiredo, p. 704. No mesmo sentido: MACHADO, Fábio Guedes de Paula, 2000, p. 163.

[26] MACHADO, Fábio Guedes de Paula, p. 190.

[27] "Ya se sabe, entre los poderes del hombre no parece haber lugar para eternidades. La imprescriptibilidad, dado el carácter todavía finito de la existencia humana, supone, culturalmente, una pretensión de llevar el poder penal del Estado hasta la eternidad, algo incompatible, por definición, con la idea del Estado constitucional de derecho que se basa en la ya mentada condición mortal de la especie humana, condición que es el límite de todas sus aspiraciones, lo cual incluye a las aspiraciones del artificio inventado para representar su organización social y asegurar el mejor desarrollo de todos sus miembros. Una pretensión de justicia a ultranza y más allá de los tiempos, es contraria a la naturaleza política de la persona. La idea de perdón y compasión, aun para con el peor de los seres humanos, es un sentimiento respetable de nuestra especie. Cada uno sabrá si es la venganza o la compasión el sentimiento más adecuado a nuestra condición de humanos, pero para el Estado constitucional de derecho, la cuestión es más sencilla: sin límites temporales para la persecución y castigo de los crímenes el Estado de derecho se deprecia tanto a sí mismo, en la idea de que es un Estado limitado, que directamente desaparece. La imprescriptibilidad, que contradice todo humanismo, es la contraparadoja del Estado constitucional de derecho. Es el caso en cual este artificio vuelve a ser omnipotente y levanta una de las barreras que él mismo había creado como límite infranqueable de sus poderes" (PASTOR, Daniel R., 2004, p. 118-9).

[28] No plano da legislação estrangeira, a exceção mais eloquente se refere ao crime de genocídio, especialmente porque a disposição sobre a imprescritibilidade foi adotada pelo CP alemão "antes del transcurso del plazo de prescripción previsto en dicha época para los delitos nacionalsocialistas" (MAURACH, Reinhart; GÖSSEL, Karl Heinz; ZIPF, Heinz, 1995, p. 971). Como descreve Heleno Cláudio Fragoso (1973, p. 34), "a prescrição do crime de genocídio suscitou, em data recente, largo debate, com a integração em várias legislações do prazo prescricional para os crimes praticados pelos nazistas durante a Segunda Guerra Mundial. Alguns países introduziram em suas leis penais dispositivos declarando a imprescritibilidade do genocídio". Têm-no por imprescritível as legislações espanhola (CP de 1995, art. 131: "Los delitos de lesa humanidad y de genocidio y los delitos contra las personas y bienes protegidos en caso de conflicto armado, no prescribirán en ningún caso") e francesa (CP, art. 213-5): "L'action publique relative aux crimes prévus par le présent sous-titre, ainsi que les peines prononcées, sont imprescriptibles"). Também na Alemanha, como indicado, existem preceitos especiais para alguns grupos de delitos, aos quais se exclui a prescrição: genocídio e assassinato (JESCHECK, Hans-Heinrich; WEIGEND, Thomas, 2002, p. 984). Na Itália, como indicam Giovanni Fiandaca e Enzo Musco (2007, p. 780-1), "per alcuni reati è in ogni stabilita *l'imprescrittibilità*: sono quelli per i quali è prevista la pena (di morte e) dell'ergastolo, e ciò in considerazione della loro gravità, del fatto che più a lungo durano nel ricordo degli uomini e quindi non attenuano l'interesse statale alla loro repressione". Na contramão dos países europeus citados, Portugal não prevê a imprescritibilidade de crime algum, independentemente de sua natureza ou gravidade, segundo Jorge de Figueiredo Dias (p. 703).

internacional. A relação entre o decurso de prazo e o exercício do *jus puniendi* estatal apresenta particular relevância na perspectiva do direito internacional, haja vista a alentada evolução de seu ramo penal após a Segunda Guerra Mundial e a existência de convênios internacionais específicos destinados a estabelecer a imprescritibilidade de alguns crimes internacionais.

Em particular, a recente trajetória evolutiva do direito internacional penal – desde a criação dos tribunais militares internacionais de Nuremberg e Tóquio até a instituição do Tribunal Penal Internacional (TPI) – vem demonstrando uma singular preocupação da comunidade internacional em perseguir e punir crimes que afrontam valores fundamentais de sua *ordre public*.

Comprovada pelas experiências dos tribunais internacionais *ad hoc* para a antiga Iugoslávia e para Ruanda e, ainda, por vivências mistas como as de Serra Leoa, Camboja e Líbano, a internacionalização crescente da experiência jurisdicional penal reclama um estudo focalizado do instituto da prescrição dos crimes internacionais, ponto de quebra na compatibilização entre alguns ordenamentos internos e a ordem jurídica internacional vigente.

In summa, cumpre abordar a temática da imprescribilidade no tocante aos crimes contra a humanidade, porquanto compreender melhor a categoria desses delitos permite que seja mais bem entendida a (isto é, as razões de fundo) da imprescritibilidade nessa seara.

3.1. DOS CRIMES CONTRA A HUMANIDADE

> "Il est de l'essence du droit international d'être, en fait, um droit coutumier."
>
> *Henri Donnedieu de Vabres*

Crimes internacionais são violações (de normas) internacionais que engendram responsabilidade penal individual, em contraste com a responsabilidade que o Estado, como sujeito de direito internacional, possa vir a assumir pela ação desses indivíduos na condição de seus agentes ou órgãos.[29] O elenco de tipos penais que configuram crimes internacionais não é assunto pacífico. Indiscutivelmente, os crimes de guerra, os crimes contra a humanidade e o genocídio compõem o núcleo duro dessa classificação. Porém, ao seu lado, emergem questões importantes e controvertidas como as relativas ao *status* do crime de agressão, ao renascimento da pirataria e à inclusão ou não da tortura e do terrorismo no contexto dos *delicta juris gentium*.

Para Antonio Cassese, crimes internacionais seriam necessariamente violações a regras de direito consuetudinário (ou de regras de tratados em que o costume tenha sido codificado, expresso, ou para cuja formação o tratado haja contribuí-

---

[29] CASSESE, Antonio, p. 23.

do)[30] que têm por finalidade a proteção de valores considerados importantes por toda a comunidade internacional, vinculando todo Estado e indivíduo. O conteúdo axiológico, *pur et simple*, está na raiz da norma proibitiva, o qual fornece a propulsão necessária para que o costume tenha plena vigência e eficácia. Nestes termos, "o texto internacional, que vem apenas reconhecer a proibição moral e sua aplicação a atos cometidos antes de sua elaboração, não constitui, então, em nenhuma hipótese, uma distorção do principio da legalidade".[31] Haveria, portanto, um interesse universal na repressão desses crimes; e, atuando o perpetrador na condição de agente (*de jure* ou *de facto*) de um Estado, este estaria impedido de reclamar imunidades de jurisdição (cível ou criminal) perante o Estado estrangeiro.[32]

Historicamente, a denominação de crimes contra a humanidade aparece no início do século XVI, em um contexto em que a Inglaterra e as demais potências mundiais debatiam o fim do tráfico transatlântico de escravos africanos.[33] Ainda uma vez a expressão (crimes contra a humanidade) foi utilizada, em 28 de maio de 1915, em uma declaração emitida conjuntamente por Turquia, Inglaterra, França e Rússia, para designar as atrocidades cometidas contra os armênios pelo então Império Otomano, no episódio conhecido como Genocídio Armênio.[34] Seguindo a referida linha, foi definido, no Estatuto (ou Carta) de Nuremberg (resultante do Acordo de Londres de 1945), o qual instituiu os julgamentos de Nuremberg,[35] em seu artigo 6º, o elenco dos crimes contra a humanidade, em cujo texto consta: "el asesinato, la exterminación, esclavización, deportación y otros actos inhumanos cometidos contra población civil antes de la guerra o durante la misma; la persecución por motivos políticos, raciales o religiosos en ejecución de aquellos crímenes que sean competencia del Tribunal o en relación con los mismos, constituyan o no una vulneración de la legislación interna de país donde se perpetraron".[36] Logicamente, a Carta de Nuremberg destaca-se dos documentos anteriores, uma vez que, em realidade, consiste no primeiro documento a usar a expressão (crimes contra a humanidade) para estabelecer uma categoria de crimes específicos.[37] De outro lado, conceitualmente, a noção de "humanidade" trava um debate sobre o

---

[30] Motivo pelo qual exclui, expressamente, os crimes de narcotráfico internacional, tráfico internacional de armas, contrabando de material nuclear e lavagem de dinheiro – "for one thing, this broad range of crimes is only provided for in international treaties or resolutions of international organizations, not in customary law. For another, normally it is private individuals or criminal organizations which perpetrate these offences; States fight against them, often by joint official action. In other words, as a rule these offences are committed against States. Usually they do not involve States as such or, if they involve State agents, these agents typically act for private gain, perpetrating what national legislation normally regards as ordinary crimes" (CASSESE, Antonio, p. 24-5).

[31] JUROVICS, Yann, 2006, p. 188-9.

[32] CASSESE, Antonio, p. 23-4.

[33] COMPARATO, Fábio Konder, p. 03.

[34] JALLOH, Charles Chernor, 2013, p. 384. No mesmo sentido, COMPARATO, Fábio Konder, p. 03; e BUSSY, Florent, 2013, p. 135.

[35] AGBOR, Avitus A., 2013, p. 88.

[36] ETMI de Nuremberg, 1945, p. 3.

[37] NTOUBANDI, Faustin Z., 2011, p. 47.

seu exato significado. (O termo é referido às palavras de origem francesa (*humainité*)[38] e alemã (*Menschlichkeit*), sendo também relacionada à palavra *Ubuntu*, nas línguas *bantu* do grupo *ngúni*, faladas na África subsaariana.) Em poucas palavras, haveria dois sentidos: (i.) o primeiro implica considerar que crimes contra a humanidade afetam a espécie humana (*humankind*) como um todo, sem limitação de barreiras nacionais;[39] e (ii.) o segundo avalia que tal categoria de crimes afeta a natureza humana (*humanness*), isto é, acometa a espécie humana em um sentido espiritual.[40] Traduz-se, a partir disso, que a noção de "inumanidade" não está associada ao modo pelo qual determinado crime é cometido, "since all acts of crime are inhumane in nature, the inhumanity of an act of crime against humanity would be measured with reference to the degree of outrage or indignation associated with its commission, rather than with reference to existing legal standards".[41] Assim, os crimes contra a humanidade são crimes contra a essência humana (*hominity*),[42] não se limitando a fronteiras nacionais.[43] Nas palavras de Fabio Konder Comparato, são "ato[s] delituoso[s] em que à vítima é negada a condição de ser humano. Nesse sentido, com efeito, indiretamente ofendida pelo crime é toda a humanidade".[44] Cabe afirmar que "os crimes contra a humanidade são, portanto, crimes internacionais, [que] não dizem respeito apenas aos interesses internos da sociedade política na qual ocorreram. Mesmo que o Estado não possua leis hábeis à apuração das responsabilidades de quem cometeu este tipo de delito, tal não o exime de sua responsabilidade internacional".[45]

Nesse ponto, é importante observar, de modo amplo, os elementos que compõem essa categoria de crimes. Cumpre ressaltar, antes de tudo, que o olhar lançado aos elementos configuradores precisa considerar a gama de documentos internacionais que tratam da matéria (os quais, vale dizer, não são uníssonos) a fim de que seja possível a compressão dos efetivos requisitos, cristalizados pelo costume internacional, que devem ser preenchidos para um crime contra a humanidade ser assim considerado.

A primeira característica, e talvez a mais importante, é a que os crimes contra a humanidade necessitam acontecer em meio a um ataque generalizado ou sistemático contra a população civil. A generalização do ataque foi definida pelo Tribunal Penal Internacional para Ruanda como "massivo, frequente, em ação de larga escala, conduzido coletivamente com considerável gravidade e direcionado contra uma multiplicidade de vítimas", enquanto que a sistematicidade foi

---

[38] Para Florent Bussy (p. 142), "l'humanité que vise le crime et que protege le droit, c'est donc la commune appartenance à l'humanité de tous les hommes et de tous les groupes humains".

[39] LUBAN, David, 2004, p. 86-7, 90.

[40] NTOUBANDI, Faustin Z., p. 42.

[41] NTOUBANDI, Faustin Z., p. 53.

[42] JANKÉLÉVITCH, Vladimir, 1996, p. 555.

[43] BERNAL-BERMÚDEZ, Laura, 2014, p. 23.

[44] COMPARATO, Fábio Konder, p. 04.

[45] SILVA FILHO, José Carlos Moreira da, 2012, p. 165.

definida como característica de um ataque "meticulosamente organizado e seguindo um padrão contínuo embasando-se em uma política comum, fomentada tanto por recursos públicos, como por recursos privados",[46] isto é, o ataque é perpetrado "mediante um plano ou política preconcebido".[47] Logo, exige-se um plano ou política determinada ou, em larga escala, contra múltiplas vítimas.[48] Não é necessária a ocorrência de uma multiplicidade de crimes para que um crime contra a humanidade se perfectibilize, desde que esse crime – posto que único – esteja associado a um contexto de ataque generalizado ou sistemático contra a população civil, isto é, a pluralidade de vítimas não é um elemento configurador.[49] Para Norman Geras, de modo exemplificativo, o que importa é a escala do ataque, porquanto "unless it can be linked to the context of such an attack, an isolated or smallscale atrocity, a violation of someone's rights, however otherwise shocking it may be, will not count as a crime against humanity".[50] Vale frisar que o ataque não é necessário que seja perquirido com sistematicidade e generalidade, cumulativamente, bastando apenas uma dessas características para que tal requisito seja preenchido.[51]

A segunda característica consiste na necessidade de existir um específico *mens rea*, qual seja: o agente, perpetrador do crime contra a humanidade, ter conhecimento do ataque generalizado ou sistemático. A especificação se dá no momento em que o agente tem conhecimento do ataque e que seu ato faz parte de tal quadro.[52] Vale ressaltar que esse requisito elementar dos crimes contra a humanidade foi inserido pelo Estatuto de Roma, que instituiu o Tribunal Penal Internacional (artigo 7º).[53]

Em que pese à necessidade de haver guerra tenha sido objeto de inserção pela Carta de Nuremberg, essa característica não compõe os crimes contra humanidade,[54] tendo em vista que não foi repetido por nenhum outro documento que tratou dos crimes contra a humanidade, como são exemplos a Lei n. 10 do Conselho de Controle Aliado e as Cartas que instituíram os Tribunais *ad hoc* para

[46] TPIR, caso ICTR-96-4-T, CJ, j. 2.9.98, para. 579, p. 235. No mesmo sentido AGBOR, Avitus A., p. 107-8.

[47] TPIR, caso ICTR-9S-l-T, CJ, j. 21.5.99, para. 123, p. 51; nessa mesma linha segue BUSSY, Florent, p. 137.

[48] JALLOH, Charles Chernor, p. 427.

[49] TPII, caso Vukovar Hospital. Caso n. IT-95-13-R 6, j. 3.4.96. AGBOR, Avitus A., p. 109. Por exemplo, the "British courts did not find the mass element essential to the definition, with respect to either the number of acts or the number of victims" (NTOUBANDI, Faustin Z., p. 56-7). Ver, também, TPII, caso Dusko Tadic. Caso IT-94-1-T, j. 7.5.97.

[50] GERAS, Norman, 2011, p. 92.

[51] TPII, caso n. ICTR-96-3-T, j. 6.12.99, para. 33, p. 68. A mesma questão foi abordada nos seguintes julgamentos: caso *Musema*, de 27.1.00; caso *Bagilishema*, de 7.6.01; caso *Ntakirutimana and Ntakirutimana*, de 21.2.03; caso *Semanza*, 15.5.03; e, também, caso *Niyitegeka*, de 16.5.03.

[52] NTOUBANDI, Faustin Z., p. 68.

[53] (...) "to have the necessary *mens rea*, an accused must know of the existence of this general context of attack, and must be aware that his individual criminal conduct fits within that context" (AGBOR, Avitus A., p. 102).

[54] LUBAN, David, p. 93-4.

Ruanda e para a antiga Iugoslávia. Desse modo, é amplamente aceito que crimes contra a humanidade possam acontecer em situações de paz,[55] como foi o caso do Apartheid, ocorrido na África do Sul, entre os anos 1948 e 1994. A cristalização de tal entendimento deu-se em 1968 por intermédio da edição da Convenção sobre a Imprescritibilidade dos Crimes de Guerra e dos Crimes Contra a Humanidade, a qual estabeleceu uma linha divisória entre as hipóteses delitivas. Da mesma maneira, outro então requisito que foi apreciado como compondo os crimes contra a humanidade foi o de motivo discriminatório – racial, étnico, religioso, político, ou em função da nacionalidade –, o qual, por sua vez, não foi inserido no Estatuto de Roma, nem pelas Cartas que instituíram os Tribunais *ad hoc* para a antiga Iugoslávia, tendo apenas sido citado pela Carta que instituiu o Tribunal *ad hoc* para Ruanda.[56]-[57] Sem embargo, quando se configura o requisito de motivo discriminatório, estar-se-á frente ao crime de genocídio,[58] o qual já constituiu parte dos crimes contra a humanidade, ainda que hoje seja visto como uma categoria autônoma de crime internacional, com uma especialidade no *mens rea*,[59] vale indicar, a de visar a extinguir determinado grupo de pessoas.[60] Em função disso, frisa-se que os crimes contra a humanidade, de modo geral, são perpetrados contra "any civilian population", de modo que não há distinção de qualquer natureza, seja por qualquer fundamento.[61] Sob outro prisma, a gravidade da conduta não se constitui como elementar dos crimes contra humanidade. Nesse sentido já se pronunciou a Comissão de Direito Internacional da Assembleia Geral das Nações Unidas, ao afirmar que "extreme seriousness is too subjective a criterion and leaves room for considerable uncertainty".[62]

---

[55] SADAT, Leila Nadya, 2017, p. 204. NTOUBANDI, Faustin Z., p. 64.

[56] AGBOR, Avitus A., p. 102. NTOUBANDI, Faustin Z., 58. David Luban (p. 109-10), de modo sintético, aglutina cinco características comuns aos crimes contra a humanidade: "(1) Crimes against humanity are inflicted on victims based on their group membership rather than their individual characteristics; (2) Crimes against humanity are crimes committed against fellow nationals as well as foreigners; (3) Crimes against humanity are international crimes, and their criminality overrides state sovereignty; (4) Crimes against humanity are committed by politically organized groups acting under color of policy; (5) Crimes against humanity include only the most severe and abominable acts of violence and persecution".

[57] *A contrario sensu*, Lary May (2000, p. 125-7) afirma que o motivo discriminatório deveria ser considerado como elementar dos crimes contra a humanidade, pois o mero conhecimento de um ataque amplo (ou sistemático) não é suficiente, ensejando que qualquer pessoa que saiba de tal ataque tenha uma mente já culpada, de modo que resta necessário, de acordo com o autor, que haja um elemento discriminatório na conduta a fim de diferenciar esses crimes dos demais. No entanto, esse *train of thought* resta equivocado na medida em que pressupõe, erroneamente, que todo crime cometido estará conectado, obrigatoriamente, em razão da mera consciência do agente, ao ataque sistemático ou generalizado; quando, na verdade, a consciência é não apenas quanto à *existência* do ataque, mas da *relação* do crime perpetrado com o ataque. Sob perspectiva diversa, Florent Bussy (p. 138) delimita que "cette discrimination reléve de la politique d'un État et correspond donc nécessairement à une planification systématique".

[58] HEMPTINNE, Jérôme de, 1998, p. 766-70.

[59] NTOUBANDI, Faustin Z., p. 71.

[60] LUBAN, David, p. 97-8

[61] AGBOR, Avitus A., p. 112.

[62] ONU, CDI, 47ª Sessão, 13º RE para o Rascunho de Convenção sobre Crimes contra a Humanidade, por Doudou Thiam. Documento UN Doc A/CN. 4/466, p. 4.

Cumpre ressaltar, nessa mesma linha, que o elenco dos crimes contra a humanidade não é uníssono em todos os documentos internacionais. A relação desses crimes variou historicamente de acordo com a *praxis* internacional, isto é, por meio da percepção da ocorrência de novas hipóteses delitivas, as quais, a seu turno, justificaram a implementação de tribunais *ad hoc*.[63] O Tribunal de Nuremberg, através de seu Estatuto, bem como o Estatuto que estabeleceu o Tribunal de Tóquio, elencou, como crimes lesa-humanidade, o homicídio intencional, o extermínio, a escravidão, a deportação, a persecução e outros atos inumanos. Por sua vez, tanto o Estatuto que instituiu o Tribunal para Ruanda, como aquele que estabeleceu o Tribunal para a antiga Iugoslávia, estabeleceu como crimes contra a humanidade, além dos previstos nos Estatutos de Nuremberg e de Tóquio, a prisão (*encarcelamiento*), o estupro (*violación*) e a tortura. O Tribunal Penal Internacional, no Estatuto de Roma, por sob tudo isso, acresentou, além dos esboçados, os seguintes crimes lesa-humanidade: "forcible transfer of population, other severe deprivation of physical liberty, sexual slavery, enforced prostitution, forced pregnancy, enforced sterilisation, sexual violence, enforced disappearance of persons and apartheid".[64]

Postas as coisas deste modo, é imperioso constatar que, pelo menos, dois crimes contra a humanidade mencionados foram cometidos contra Vladimir Herzog, quais sejam: o de tortura e o de homicídio. Especificamente no que tange à tortura, cuida-se de "systematic infliction of physical torment on detained helpless individuals by state officials for police purposes: that is, for confession, information, or intimidation",[65] a qual foi amplamente utilizada contra opositores aos regimes ditatoriais impostos ao longo do século XX na América Latina, notadamente no Brasil, no Chile e na Argentina.[66] A caracterização de tais atos, cometidos ao longo da ditadura militar no Brasil, como crimes contra a humanidade, é verificada a partir do momento em que não só havia uma perseguição generalizada e sistemática, com o apoio dos DOI-CODIs, contra opositores políticos, como também, de uma perspectiva específica, por meio da Operação Radar, comandada pelo exército brasileiro à época com a finalidade de capturar e matar os membros do Partido Comunista Brasileiro.[67] Vale evidenciar, nesse ritmo, a proibição da tortura, tanto pelo Pacto de San José da Costa Rica de 1969, por intermédio do artigo 5(2), como pela Declaração Universal dos Direitos Humanos de 1948, em face do artigo V.[68-69]

Tal abordagem importa na medida em que os crimes contra a humanidade são reconhecidos como parte do *jus cogens*. As normas que compõem o

---

[63] NTOUBANDI, Faustin Z., p. 74.

[64] ICC, RSICC, 1998.

[65] REJALI, Darius, 2011, p. 26.

[66] DANNER, Mark, 2011, p. 54.

[67] OEA, CIDH, caso Herzog e outros *vs*. Brasil. Sentença de 15.3.18, para. 241, p. 60. No mesmo sentido, POSSAS, Mariana Thorstensen, 2016, p. 106.

[68] ONU, DUDH, 1948.

[69] WEICHERT, Marlon Alberto, 2008, p. 181.

jus cogens são reconhecidas como peremptórias e inderrogáveis,[70] de modo que se mostra impossível de haver flexibilização, modificação ou impedimentos na sua aplicação, isto é, da norma de *jus cogens* não cabem exceções.[71]

O *jus cogens* ainda é muito debatido doutrinariamente,[72] sob tanto a perspectiva de sua existência,[73] como de sua necessidade,[74] ainda que haja a sua paulatina aplicação já por tribunais internacionais, e, até mesmo, juízes de tribunais nacionais, além de ampla aceitação por especialistas em direito internacional.[75] O debate acerca da questão emergiu a partir do disposto no artigo 53 da Convenção de Viena sobre o Direito dos Tratados, a qual impõe aos seus Estados Partes a proibição de editar tratados que violem normas imperativas de direito internacional geral (*jus cogens*), de tal forma que qualquer norma que contrarie *jus cogens*, mesmo que este seja superveniente, é considerada nula e extinta, conforme artigo 64 da mesma Convenção.

Em limitada síntese, cabe dizer, conforme a Comissão de Direito Internacional da Assembleia Geral das Nações Unidas, que os seguintes elementos caracterizam uma norma de caráter *jus cogens*: "first, a norm of *jus cogens* is one from which no derogation is permitted; second, it is a norm of general international law; third, a norm of *jus cogens* is one that is accepted and recognized by the international community of states as a whole, from which no derogation is permitted; fourth, peremptory norms are universally applicable; fifth, they are superior to other norms of international law and, finally, *jus cogens* norms serve to protect fundamental values of the international community".[76] De qualquer sorte, percebe-se que as normas imperativas e inderrogáveis de direito internacional se caracterizam por meio da política estatal, seja ela por ações ou por omissões.[77]

Em função de o *jus cogens* implicar uma ruptura – ou, pelo menos, uma considerável colisão – com a soberania nacional,[78] alguns autores, arrancando de

---

[70] BASSIOUNI, Mahmoud Cherif, 2010, p. 67. Também: CRIDDLE, Evan J.; FOX-DECENT, Evan, 2009, p. 868; e GERAS, Norman, p. 95-6.

[71] REINO UNIDO. Cámara de los Lores: La Reina *vs.* Bartle y el Comisionado de Policía de Londres y otros. *Ex Parte* Pinochet. O caso Pinochet, inclusive, abriu espaço para o reconhecimento de uma jurisdição universal nos casos de graves violações de direitos humanos. "Gracias a las acciones judiciales llevadas a cabo en España, Garzón ha contribuido a reforzar la legislación internacional en la materia. Así, el caso Pinochet representa el punto de partida de la difusión del principio de competencia universal, principio según el cual cada Estado puede llevar ante la justicia a los autores de ciertos crímenes particularmente graves y de interés internacional (tortura, genocidio, crímenes contra la humanidad y crímenes de guerra, principalmente), sin importar el lugar en el que fue cometido el crimen y sin considerar la nacionalidad ni de los autores ni de las víctimas" (BABY, Sophie, 2011, p. 06).

[72] CRIDDLE, Evan J.; FOX-DECENT, Evan, p. 339.

[73] STRONG, S. I., 2018, p. 390.

[74] KLEINLEIN, Thomas, 2017, p. 313.

[75] CRIDDLE, Evan J.; FOX-DECENT, Evan, p. 339.

[76] ONU, ILC, First Report on *jus cogens* by Dire Tladi, Special Rapporteur, UN Doc. A/CN.4.693, 8 March 2016. §§ 61-63.

[77] BASSIOUNI, Mahmoud Cherif, p. 69.

[78] BERNAL-BERMÚDEZ, Laura, 2014, p. 27.

uma perspectiva positivista,[79] apontam que tal conjunto se trata puramente de normas morais,[80] aplicadas erroneamente contra os Estados, os quais, a seu turno, não consentiram com a submissão a tais normas.[81] Especula a corrente minoritária internacional, de outra perspectiva, que o *jus cogens* possui eficácia apenas nos momentos de conflitos na edição de normas (*conflict of laws provision*).[82] No entanto, da leitura que se faz dos dispositivo da Convenção de Viena, percebe-se que as maiores e mais graves violações de direitos humanos ocorrem independentemente de edições de tratados,[83] sejam bilaterais ou multilaterais, de modo que as normas imperativas de direito internacional não emanam sua eficácia tão somente nos momentos de elaboração de tratados internacionais, mas, na verdade, em momento anterior a estes. Aproxima, por força disso, o proposto por Evan J. Criddle e Evan Fox-Decent, uma vez que, segundo eles, as normas peremptórias estão relacionadas não com a anuência estatal em cumprir determinada norma, mas com a relação de confiança que emerge entre um Estado e seu povo,[84] de tal forma que o segundo não pode ser usurpado pelo primeiro em razão da inexistência de mecanismos protetivos internos.

Por conta disso, as normas imperativas de direito internacional importam em obrigações de caráter *erga omnes*, quer para indivíduos, quer para Estados nacionais.[85] Em verdade, *jus cogens* diferencia-se das obrigações *erga omnes*, na medida em que o primeiro está relacionado a determinado *status* legal atingido pelos crimes contra a humanidade, ao passo que as segundas estão interligadas às "legal implications arising out of a certain crime's characterization as *jus cogens*".[86] Logo, a proibição dos crimes lesa-humanidade reveste-se tanto como *erga omnes obligatio* quanto como *jus cogens.* Nas palavras de Georges Abi-Saab, "obligations *erga omnes* constitute the widest circle, spanning well beyond those obligations imposed by norms protecting the fundamental interests of the international community. Obviously, this category calls for an adjusted treatment, but not necessarily that dictated by the hierarchy of norms. Obligations deriving from *jus cogens* norms are necessarily *erga omnes*, but the reverse is not true".[87]

Para que uma norma seja erigida ao *status* de *jus cogens*, deve haver o seu reconhecimento como tal pela comunidade internacional por intermédio da cris-

---

[79] LINDERFALK, Ulf, 2008, p. 871.

[80] SHANY, Yuval, 2007, p. 843. CRIDDLE, Evan J.; FOX-DECENT, Evan, p. 338.

[81] CRIDDLE, Evan J.; FOX-DECENT, Evan, p. 335.

[82] STRONG, S. I., p. 392.

[83] WET, Erika de, 2004, p. 99.

[84] CRIDDLE, Evan J.; FOX-DECENT, Evan, p. 347.

[85] GERAS, Norman, p. 95-6. A CIJ no caso Barcelona Traction (Bélgica vs. Espanha), 5.2.70, nos §§ 33 e 34, reconhece a existência de obrigações *erga omnes* para com indivíduos e demais Estados nacionais: "Such obligations derive, for example, in contemporary international law, from the outlawing of acts of aggression, and of genocide, as also from the principles and rules concerning the basic rights of the human person, including protection from slavery and racial discrimination".

[86] BASSIOUNI, Mahmoud Cherif, p. 64.

[87] ABI-SAAB, Georges, 1999, p. 339-51.

talização do direito costumeiro, o qual está embasado na dinâmica jurídica dos sistemas de *common law*, em que o princípio da legalidade, vale ressaltar, se apresenta diversamente quando comparado ao sistemas de *civil law*.[88] O principal motivo pelo qual o direito costumeiro não se confunde integralmente[89] com uma norma imperativa de direito internacional consiste na impossibilidade de existir flexibilização, ou até derrogação, de uma norma costumeira, enquanto que isso se mostra inviável ao se tratar de *jus cogens*. Assim considerando, cabe afirmar que toda norma de *jus cogens* deva ser reconhecida, de modo especial, pelo direito internacional como costumeira, ao passo que nem toda norma costumeira integrará o corpo das normas imperativas de direito internacional.

O direito costumeiro, admitido que se constitui em fonte dinâmica do direito,[90] para ser verificado, necessita preencher, essencialmente, dois requisitos: (i.) o objetivo, isto é, haver a generalidade prática da conduta; e (ii.) o subjetivo (também chamado de psicológico),[91] que implica considerar a prática como parte de uma obrigação legal, denominado de *opinio juris sive necessitatis*.[92] Dito de outro modo, o artigo 38 do Estatuto da Corte Internacional de Justiça define o costume como "prova de uma prática geral aceita como sendo de direito"; e essa prova se faz, por conseguinte, a partir da conjugação de dois elementos – o objetivo e o subjetivo. Por um lado, está a conduta (ou a prática) generalizada entre os sujeitos de direito internacional (*diuturnitas*),[93] a qual não possui o requisito de

[88] JUROVICS, Yann, p. 196. Continua o autor (p. 198), evidenciando que "o princípio da legalidade repousa, sobretudo, na ideia de um direito escrito e dificilmente corresponde a um direito costumeiro, como o direito internacional, que não foi verdadeiramente codificado. Para um direito nesses moldes, o termo *lege* na máxima *nullum crimen sine lege* adquire o significado de lei no sentido amplo, norma ou *law*, e não uma lei escrita no sentido do direito civilista. Regras não escritas podem, então, ser invocadas a título da repressão, sem atribuir a esta última um caráter retroativo".

[89] BASSIOUNI, Mahmoud Cherif, p. 68. No mesmo sentido, "o costume internacional (*consetudo est servanda*) é a soma da reiterada prática de atos de cunho internacional (*inveterata consuetudo*) com a convicção de necessidade cumprimento pelos atores internacionais (*opinio iuris sive necessitatis*); não se confunde, pois, com o *jus cogens* que, afinal, lhe é superior" (MEYER, Emilio Peluso N., 2013, p. 185).

[90] SHAW, Malcolm N., 2003, p. 69.

[91] Valério Mazzuoli (2012, p. 263-4) propõe, para a classificação dos elementos caracterizadores do costume, os seguintes elementos: (*i.*) material ou objetivo; e (*ii.*) psicológico ou subjetivo.

[92] BASSIOUNI, Mahmoud Cherif, p. 73. NTOUBANDI, Faustin Z., p. 132. A CIJ, no caso da Plataforma Continental do Mar do Norte (RFA *vs.* Dinamarca/ RFA *vs.* Países Baixos), no julgamento de 20.2.69 (para. 77, p. 44), reconheceu a necessidade do elemento subjetivo (*opinio juris sive necessitatis*), na medida em que pontuou a insuficiência do elemento objetivo, a fim de que se perfectibilize o costume internacional.

[93] Não é necessário que a referida prática seja universal; porém, ela deve apresentar uniformidade substancial e generalidade. Segundo Valério Mazzuoli (2007, p. 90), os "precedentes" que, multiplicados, justificam o costume "devem demonstrar não a existência de uma prática passageira ou fugaz, mas uma prática reiterada (constante e uniforme) desses mesmos atos. (...), para uma regra ser considerada norma de Direito Internacional, deve ser ela *geralmente aceita*, tácita ou expressamente, pelos Estados ou organizações internacionais (sendo certo que estas últimas, ao contrário do que se pensava há algumas décadas atrás, também participam do processo de formação do costume). Essa *repetição* de atos estatais ou organizacionais dá origem a um *hábito* por parte de seus atores, que não necessita ser obrigatoriamente imemorial e tampouco comissivo, podendo perfeitamente constituir-se em uma abstenção ou num não-fazer perante determinado quadro de fato. Não se exige, ademais, uma repetição de atos obrigatoriamente *idênticos*, devendo apenas estarem relacionados a uma mesma matéria ou a uma mesma questão de fato".

ser uniformemente universal, mas deverá ser minimamente reiterada.[94] De outro, a convicção de que essa conduta (ou essa prática) reflete uma verdadeira obrigação legal ou, ainda, atende às exigências sociais, econômicas ou políticas (*opinio juris sive necessitatis*), não respondendo unicamente a uma tradição, moralidade ou mera cortesia.[95]

3.2. DA IMPRESCRITIBILIDADE (DOS CRIMES COMETIDOS CONTRA VLADIMIR HERZOG) NO DIREITO INTERNACIONAL PENAL

Ainda que o estabelecimento dos julgamentos de Nuremberg tenham "marked the official birth of the concept of crimes against humanity, inaugurating its effective, its practical, emergence into the world of law and the world of the law",[96] as cartas dos tribunais militares internacionais para Alemanha (Tribunal de Nuremberg) e para o Extremo Oriente (Tribunal de Tóquio) foram omissas sobre o tema da imprescritibilidade dos crimes internacionais sob sua jurisdição, situação nada surpreendente se considerarmos a aplicação imediata e pontual a que se destinavam.

A regra geral dos instrumentos internacionais silentes sobre o tema imperou nas primeiras duas décadas do pós-guerra. Sua notável exceção foi a Lei n. 10 do Conselho de Controle Aliado, de 20 de dezembro de 1945, cujo conteúdo determinava, expressamente, que os acusados de (i.) crimes de guerra, (ii.) crimes contra a paz, (iii.) crimes contra a humanidade e (iv.) participação em grupos ou organizações declarados criminosos pelo Tribunal de Nuremberg não teriam direito aos benefícios de qualquer estatuto prescricional, com relação ao período entre 30 de janeiro de 1933 e 1º de julho de 1945.[97] O objetivo da Lei n. 10 era garantir aos Aliados, em suas respectivas zonas de ocupação no território alemão, o exercício do *jus puniendi* sobre criminosos nazistas não processados previamente pelo Tribunal de Nuremberg. Nesse contexto, inclinamo-nos à leitura do artigo 2º, parágrafo 5°, da

---

[94] NTOUBANDI, Faustin Z., p. 134-7.

[95] BROWNLIE, Ian, 2008, p. 8. Até porque "a maioria das constituições democráticas dá efeito imediato ou indireto ao direito internacional dos direitos humanos e reconhece e protege uma série de direitos humanos globalmente reconhecidos, tanto de natureza política como não-política. Terceiro, a maioria dos estados democráticos são parte de convenções de direitos humanos globais ou regionais, o que promove vigorosamente a democracia tanto como uma norma de reconhecimento interestatal como quanto um sistema ideal de administração doméstica. Nesses casos, normas globais de direitos humanos impactam de maneira pervasiva em atos de legislação nacional" (THORNHILL, Chris, 2018, p. 23).

[96] GERAS, Norman, p. 03.

[97] "Countrol Council Law n. 10. Article II. [...] 5. In any trial or prosecution for a crime herein referred to, the accused shall not be entitled to the benefits of any statute of limitation in respect to the period from 30 January 1933 to 1 July 1945, nor shall any immunity, pardon or amnesty granted under the Nazi regime be admitted as a bar to trial or punishment" (Disponível em: "The Avalon Project").

referida Lei, como uma medida de exceção que suspende o benefício prescricional, e não uma declaração geral e definitiva de imprescritibilidade.[98]

Todavia, remetendo novamente à tendência geral, importantes instrumentos adotados pela comunidade internacional, nos anos seguintes, omitiram o tema do vínculo entre a prescrição e os crimes internacionais, entre os quais podem ser indicados: (i.) a confirmação dos princípios de direito internacional reconhecidos pelo estatuto do Tribunal de Nuremberg pela Assembleia Geral das Nações Unidas (Res. 95 de 1946); (ii.) a Convenção para a Prevenção e a Punição do Crime de Genocídio (Res. 260 de 1948);[99] e (iii.) as quatro Convenções de Genebra sobre o Direito Aplicável aos Conflitos Armados de 1949, pilares do direito internacional humanitário.[100]

Não obstante tenham alguns poucos Estados adotado soluções individuais,[101] no impacto do pós-guerra, para estabelecer a imprescritibilidade de crimes específicos,[102] o debate, no plano internacional, só cobraria força a partir da segunda metade da década de 1960, período em que se aproximava, em muitos ordenamen-

---

98 Nesse sentido, Ruth A. Kok (2007, p. 89) entende que a disposição da Lei n. 10 do CCA não constitui efetiva declaração de imprescritibilidade, mas, sim, mera suspensão da prescrição, vez que os procedimentos com base da Lei n. 10 terminaram em 1953, tendo como sequência o processamento nas cortes alemãs de acordo com a lei doméstica.

99 A Convenção foi aprovada na 3ª Sessão da AG/ONU por votação unânime de seus, então, 56 membros. Hoje, conta com 147 Estados Partes, dos quais 43 são também signatários. Se observarmos o anteprojeto elaborado pelos juristas Henri Donnedieu de Vabres, Raphael Lemkin e Vespasien Pella, nele não se encontra referência sobre a questão prescricional; porém, há de se notar uma franca preocupação em não interferir em demasia nas legislações penais internas, como demonstra o comentário sobre a proposta do art. 6º, relacionada com obrigação dos Estados de garantir efetiva punição para os crimes de genocídio em seu Direito interno: "It did not seem advisable to establish in the Convention the punishments to be applied to various acts of genocide, because penal systems vary and because it is preferable to leave some freedom of action to States, whenever this does not present any real disadvantages. It should be enough to say that the penalties should be sufficiently rigorous to make punishment effective" (ONU, doc. E/447.) Posteriormente, nos debates do Comitê para a questão do genocídio (formado pelos seguintes países: Estados Unidos, União Soviética, Líbano, China, França, Polônia e Venezuela), o mesmo art. 6º do anteprojeto suscitou problemas quanto à obrigatoriedade de alterações das leis penais domésticas (ver ONU, doc. E/794). Entendemos, assim, difícil precisar se a questão da prescrição foi omitida no anteprojeto original propositalmente ou não. Fato é que sua inclusão poderia suscitar dificuldades reais na aprovação da Convenção desejada por consenso.

100 No ano de 1949, firmaram as Convenções de Genebra 54 Estados, entre eles o Brasil. Atualmente, são 195 Estados Partes comprovando a relevância indiscutível desses instrumentos para o direito internacional humanitário.

101 Ilustrativamente, no direito francês, em 1964, caracterizaram-se os crimes contra a humanidade como imprescritíveis.

102 Já em 1946 a Dinamarca estabeleceu a imprescritibilidade dos crimes de traição e crimes contra a independência e segurança do Estado, enquanto a China nacionalista adotou a imprescritibilidade dos crimes de guerra (KOK, Ruth A., p. 36). Em Israel, a Lei 5.710/50, conhecida como "Nazi and Nazi-Colaborators (Punishment) Law" (disponível no sítio eletrônico do MRE israelense), dispunha a inaplicabilidade da prescrição para os delitos mais graves (art. 12) e desautorizava também o princípio da *res judicata*, uma vez que um indivíduo poderia ser julgado, em Israel, mesmo que já tivesse sido julgado no estrangeiro, por tribunal nacional ou internacional, pela mesma ofensa (art. 9º). Sobre o tema, Hannah Arendt (1999, p. 267-8), relatando o julgamento de Adolf Eichmann, em Jerusalém, observa que os três últimos itens de sua acusação se referiam à pertinência a três das organizações reputadas criminosas pelo Tribunal de Nuremberg (a *SS*, o Serviço de Segurança ou *SD* e a Polícia Secreta de Estado ou *Gestapo*) a despeito de que "sua filiação a elas antes de maio de 1940"; portanto, se enquadrasse "nas normas de prescrição (vinte anos) para crimes menores da Lei de 1950".

tos, o termo médio de 20 anos para viabilizar o processamento das atrocidades cometidas durante o regime nacional-socialista alemão.

Segundo Ana Flavia Velloso,[103] diante de tal premência, organizaram-se inúmeras conferências para debater a questão, entre elas o Colóquio Internacional de Varsóvia, de 1964, que resultou em uma resolução firmada por juristas de todo o continente europeu a favor da imprescritibilidade dos crimes nazistas. O debate prosseguiria no interior dos ordenamentos nacionais, levando a processos de revisão da legislação para os quais se mostraram mais proclives os Estados do leste europeu.[104]

Os debates finalmente carrearam à iniciativa das Nações Unidas de elaborar um convênio internacional sobre a matéria. Assim, em 1968, pela Resolução de n. 2391 da Assembleia Geral, aprovou-se a Convenção sobre a Imprescritibilidade dos Crimes de Guerra e dos Crimes Contra a Humanidade.[105] A retroatividade penal – estabelecida pelo artigo 1º da Convenção[106] – é provavelmente um dos fatores que contribuíram para a baixa adesão dos Estados Democráticos de Direito.[107] Nesse rumo, as esferas de influência da Guerra Fria aparecem sublinhadas se observarmos que, entre os primeiros países a ratificar a Convenção, estão Bielorrússia, Bulgária, Cuba, Hungria, Polônia, Romênia, Ucrânia e a própria URSS, hoje Federação Russa. Por outro lado, as grandes potências europeias, Estados Unidos, Canadá, Japão, e mesmo o Brasil, nunca aderiram ao referido tratado.[108]

Seis anos depois, o Conselho Europeu decidiu elaborar um instrumento próprio sobre a matéria, surgindo, assim, a Convenção Europeia sobre a Imprescritibilidade dos Crimes Contra a Humanidade e dos Crimes de Guerra de 1974.[109] Desta vez, o tema da retroatividade foi tratado de maneira distinta. O artigo 2º da Convenção previa sua aplicação apenas aos crimes cometidos após sua entrada em vigência para o respectivo Estado ou, ainda, nas hipóteses de crimes cometidos anteriormente, caso o prazo prescricional original não houvesse

---

[103] VELLOSO, Ana Flavia, 2009, p. 3-4.

[104] Ana Flavia Velloso (p. 4) menciona, em ordem cronológica entre 1964 e 1965, a superveniência de soluções provisórias para evitar o decurso da prescrição relativa aos crimes da Segunda Guerra Mundial nos territórios da República Democrática Alemã, Tchecoslováquia, Hungria, Bélgica, França, Áustria e, finalmente, da República Federal da Alemanha.

[105] Convention on the Non-Applicability of Statutory Limitations to War Crimes and Crimes against Humanity (1968).

[106] "Art. 1º. São imprescritíveis, independentemente da data em que tenham sido cometidos, os seguintes crimes: (1) os crimes de guerra (...); (2) os crimes contra a humanidade, sejam cometidos em tempo de guerra ou em tempo de paz (...)." Para Micaela Frulli (2004, p. 302), "a Convenção não introduz novos crimes, ela se limita a constatar a sua gravidade e, portanto, a visar sua imprescritibilidade. A questão de saber se as regras sobre a prescrição são regras de fundo ou regras processuais não tem uma resposta unívoca. O estatuto do TPI estabelece o princípio da imprescritibilidade entre os princípios gerais do direito penal".

[107] No mesmo sentido, GERAS, Norman, p. 23.

[108] Sobre o problema da retroatividade penal, opuseram reservas específicas México e Peru em suas ratificações à Convenção, respectivamente em 2002 e 2003.

[109] European Convention on the Non-Applicability of Statutory Limitations to Crimes Against Humanity and War Crimes.

transcorrido integralmente à data da entrada em vigor.[110] Ainda assim, não houve entusiasmo entre os Estados pertencentes ao Conselho Europeu, contando a Convenção tão somente com as ratificações, na década de 1980, dos Países Baixos e, mais recentemente, já nos anos 2000, da Bélgica, da Bósnia-Herzegovina, da Romênia e da Ucrânia.

De particular importância para os países da América Latina, vale observar, brevemente, a abordagem do tema da prescrição quanto aos crimes de desaparições forçadas nos respectivos instrumentos internacionais dirigidos ao tema. Em seu preâmbulo, a Convenção Interamericana sobre os desaparecimentos forçados de 1994 qualifica como crime de lesa-humanidade a prática sistemática do desaparecimento; entretanto, o artigo 7º dispõe: "A ação penal decorrente do desaparecimento forçado de pessoas e a pena que for imposta judicialmente ao responsável por ela não estarão sujeitas à prescrição. No entanto, quando existir uma norma de caráter fundamental que impeça a aplicação do estipulado no parágrafo anterior, o prazo da prescrição deverá ser igual ao do delito mais grave na legislação interna do respectivo Estado Parte".[111]

Logo, pode-se sublinhar que a Convenção Interamericana sobre o Desaparecimento Forçado de Pessoas, de 1994, se lança sobre a matéria prescricional de forma flexível, uma vez que se condiciona a imprescritibilidade a disposições de normas (internas) de caráter fundamental. Trata-se, claramente, de uma solução de consenso visando ao maior número de adesões entre os países da Organização dos Estados Americanos, evitando a imposição da solução de imprescritibilidade aos países que a tenham, por alguma maneira, obstruída em seu ordenamento jurídico.[112]

Em 2006, foi aprovada, por meio da Resolução 177 do 61º período de sessões da Assembleia Geral das Nações Unidas, a Convenção Internacional para a Proteção de Todas as Pessoas contra o Desaparecimento Forçado,[113] que entrou

---

[110] Article 2. / 1. The present Convention applies to offences committed after its entry into force in respect of the Contracting State concerned; 2. It applies also to offences committed before such entry into force in those cases where the statutory limitation period had not expired at that time.

[111] O Brasil é signatário dessa Convenção desde junho de 1994 – ratificando-a em 3.2.14 e internalizando-a em 11.5.16 (Decreto 8.766/16). Vale lembrar que a Convenção Internacional para a Proteção de Todas as Pessoas Contra o Desaparecimento Forçado, assinada em Paris, em 6.2.07, editada no âmbito do Sistema ONU, foi ratificada em 29.11.10 e internalizada, pelo Brasil, em 11.5.16 (Decreto 8.767).

[112] De outra banda, no mesmo ano, o Relatório da Comissão de Direito Internacional (CDI) à Assembleia Geral das Nações Unidas, tratando do anteprojeto de código sobre Crimes contra a Paz e Segurança da Humanidade (parte dos esforços que levaria ao Estatuto de Roma), expunha as discordâncias existentes entre seus especialistas a respeito da matéria (Report of the International Law Commission on the work of its forty-sixth session [2 May-22 July 1994], §§ 147-53, p. 80-1). Também o relator especial, Doudou Thiam, em seu 12º relatório, indicava que os comentários recebidos dos governos demonstrariam que a regra da imprescritibilidade não seria universalmente aceita pelos Estados, pelo que recomendava a retirada do art. 7º do texto do anteprojeto, o qual determinava que "No statutory limitation shall apply to crimes against the peace and security of mankind". Ver: Report of the International Law Commission on the work of its forty-sixth session (2 May-22 July 1994), §147.

[113] International Convention for the Protection of All Persons from Enforced Disappearance (ONU, doc. A/61/488).

em vigor no dia 23 de dezembro de 2010.[114] A mencionada Convenção conta com a ratificação do Brasil, que, desse modo, faz coro ao compromisso já assumido pela Argentina, pelo Chile e pelo Uruguai, além de ter sido internalizada pelo Estado brasileiro por meio do Decreto n. 8.767, em maio de 2016.

Revela notar que, inserida em uma matriz jurídica romano-germânica, a doutrina brasileira tende a perceber o instituto da prescrição como elemento estrutural e, portanto, indissociável da edificação da teoria penal.[115] Todavia, na tradição da *common law*, as questões referentes à extinção da punibilidade em virtude do transcurso do tempo são bastante mais flexíveis, e a existência de *statutes of limitation*, como são conhecidas as disposições sobre a prescrição, é a exceção, não a regra.[116] Se existe, portanto, uma relativa uniformidade quanto ao princípio da prescrição no direito continental, essa se torna falta na tradição anglo-saxã[117] que compreende 62 Estados.[118] Em contrapartida, no caso dos países onde se dá a aplicação da lei islâmica, a *Xariá* (شريعة), seja de forma exclusiva ou complementar, as variações relacionam-se com as interpretações dos *ulemás* (sábios religiosos); porém, no geral, também não opera a prescrição sobre as ofensas consideradas particularmente graves.[119]

---

[114] A entrada em vigor da Convenção, conforme seu art. 39, dar-se-á no 30° dia após o depósito do 20° instrumento de ratificação. O Iraque depositou sua ratificação em 23.11.10, tornando-se, assim, o 20° Estado-Parte da Convenção, seguido, imediatamente, pelo Brasil, em 29.11.10.

[115] Sobre fundamentos da prescrição, na visão dos autores brasileiros, ver MACHADO, Fábio, p. 100-2.

[116] Nas palavras de Ruth A. Kok (p. 23): "In common law systems, the rule applies that crimes are not subject to statutory limitations, unless particular statutory provisions explicitly indicate so. In common law systems, different traditions with regard to statutes of limitation exist. Pursuant to the rule *nullum tempus occurrit regi,* criminal offences do not prescribe, with the exception of a few ones. (...). However, considering the fact that none of the States belonging to a common law tradition have addressed the question of the (non-)applicability of statutory limitations to international crimes in their legislation implementing the 1998 ICC Statute, it is clear that in these law systems, international crimes are excluded from statutory limitations".

[117] Nesse ponto, cabe ressalva sobre a complexa heterogeneidade do sistema penal norte-americano. Em razão das prerrogativas estaduais de um sistema federativo bastante rígido, nos Estados Unidos não há regra uniforme; entretanto, em geral, aplica-se a prescrição para as ofensas consideradas de menor gravidade. Nesses termos, o *US Model Penal Code* (espécie de modelo facultativo para uniformização da legislação, elaborado pelo *American Law Institute*) sugere aos Estados da Federação a utilização de *statutes of limitations* – que variam de seis meses a seis anos a contar do cometimento do delito, com exceção para os casos envolvendo assassínio (*murder*) e crimes capitais (KOK, Ruth A., p. 26). Já o CF norte-americano, em seu título 18, parte II, capítulo 213, dispõe sobre as limitações prescricionais dos delitos federais, no caso, escapando à prescrição ofensas tidas como particularmente graves, como, por exemplo, aquelas puníveis com a pena de morte (*capital offenses*), os atos de terrorismo internacional que resultem em, ou criem risco previsível de, morte ou sérios danos físicos a outrem ("resulted in, or created a forseeable [sic] risk of, death or serious bodily injury to another person") e a abdução, sequestro ou abuso sexual de menores (ver: http://www.law.cornell.edu/uscode/).

[118] África do Sul, Antígua e Barbuda, Austrália, Bahamas, Bangladesh, Barbados, Belize, Butão, Botsuana, Brunei Darussalam, Canadá, Chipre, Dominica, Estados Unidos da América, Fiji, Gâmbia, Gana, Granada, Guiana, Ilhas Marshall, Ilhas Salomão, Índia, Irlanda, Jamaica, Quênia, Kiribati, Kuwait, Lesoto, Libéria, Malauí, Malásia, Maldivas, Mianmar, Micronésia, Namíbia, Nauru, Nepal, Nova Zelândia, Nigéria, Omã, Palau, Paquistão, Papua-Nova Guiné, Reino Unido, Samoa, Santa Lúcia, São Cristóvão e Nevis, São Vicente e Granadinas, Seicheles, Serra Leoa, Singapura, Sri Lanka (Ceilão), Suazilândia, Sudão, Tanzânia, Tonga, Trinidad e Tobago, Tuvalu, Uganda, Vanuatu, Zâmbia e Zimbábue. (KOK, Ruth A., p. 22).

[119] Ruth A. Kok (p. 26-7) elenca como países onde a Xariá é vigente: (i.) de forma exclusiva: Arábia Saudita; e (ii.) em complementaridade com a lei pública codificada: Irã, Líbia Nigéria (região norte), Paquistão, Sudão e Iêmen. Para detalhes sobre a estrutura da Xariá e seu contexto histórico: HOURANI, Albert, 1994, p. 81-5 e 170-81.

Sobre nossa temática, a Convenção Internacional para a Proteção de Todas as Pessoas contra o Desaparecimento Forçado deixa a cargo dos Estados Partes a definição sobre a aplicação ou não de estatutos prescricionais para o crime de desaparecimento forçado no âmbito doméstico. O artigo 8° apenas demanda que, se aplicados prazos prescricionais, estes devem observar períodos longos e proporcionais à gravidade da ofensa, bem como seu termo inicial deve dar-se no momento em que cessa o desaparecimento, considerando a natureza permanente do crime.[120] Por outro lado, o artigo 5° da Convenção consigna a prática generalizada e sistemática da desaparição forçada como crime contra a humanidade, o que poderia implicar a imprescritibilidade dos crimes nesta última hipótese.

Retomando a questão da imprescritibilidade dos crimes internacionais em geral, após a década de 1990, a matéria ganhou tratamento nas experiências recentes dos tribunais internacionais *ad hoc* e tribunais mistos. Exemplificativamente, a câmara de julgamento do Tribunal para a antiga Iugoslávia (ICTY), no caso *Anton Furundžija* (10/12/1998), ao tratar da tortura na condição de crime internacional, afirmou: "156. Furthermore, at the individual level, that is, that of criminal liability, it would seem that one of the consequences of the *jus cogens* character bestowed by the international community upon the prohibition of torture is that every State is entitled to investigate, prosecute and punish or extradite individuals accused of torture, who are present in a territory under its jurisdiction.(...) This legal basis for States' universal jurisdiction over torture bears out and strengthens the legal foundation for such jurisdiction found by other courts in the inherently universal character of the crime. It has been held that international crimes being universally condemned wherever they occur, every State has the right to prosecute and punish the authors of such crimes. (...) 157. It would seem that other consequences include the fact that torture may not be covered by a statute of limitations, and must not be excluded from extradition under any political offence exemption".[121]

Também, nesse sentido, a Carta de 2000, estabelecendo a formulação mista das Câmaras Extraordinárias nas Cortes do Camboja para julgamento dos crimes do *Khmer Rouge*, estabeleceu, em seus artigos 4° e 5°, a não oponibilidade de estatutos prescricionais para o crime de genocídio e crimes contra a humanidade, enquanto o artigo 3° estendeu por mais 20 anos o prazo prescricional disposto no Código Penal de 1956 para homicídio, tortura e persecução religiosa.[122] Por fim,

[120] "Article 5. The widespread or systematic practice of enforced disappearance constitutes a crime against humanity as defined in applicable international law and shall attract the consequences provided for under such applicable international law. / Article 8. Without prejudice to article 5, / 1. A State Party which applies a statute of limitations in respect of enforced disappearance shall take the necessary measures to ensure that the term of limitation for criminal proceedings: (a) Is of long duration and is proportionate to the extreme seriousness of this offence; (b) Commences from the moment when the offence of enforced disappearance ceases, taking into account its continuous nature. / 2. Each State Party shall guarantee the right of victims of enforced disappearance to an effective remedy during the term of limitation.".

[121] TPII, caso n. IT-95-17/1-T, CJ, j. 18.12.98.

[122] CASSESE, Antonio, p. 317.

em 2002, com a entrada em vigor do Tribunal Penal Internacional, a matéria tem um novo giro. Cuida-se de um importante instrumento convencional, por meio do qual, até agora, ao menos, 123 Estados expressaram sua concordância com a imprescritibilidade de quatro categorias de crimes internacionais e suas respectivas tipificações.

Bem vistas as coisas, cabe afirmar – e foi nessa linha que a Corte Interamericana de Direitos Humanos seguiu – que se cristalizou, como parte do direito costumeiro, a consideração dos crimes de homicídio e tortura,[123] revestidos sob o manto dos crimes contra humanidade, como parte do *jus cogens*. Quando uma norma reconhece determinado crime como *jus cogens*, emerge a obrigação de haver a *persecutio criminis in judicio* e, a depender do caso, de extradição.[124] Especificamente no tocante à imprescritibilidade, a Corte considera "que a Convenção sobre Imprescritibilidade tem caráter declarativo, ou seja, acolhe um princípio de direito internacional vigente anteriormente à sua aprovação",[125] isto é, a Convenção de 1968 sobre a Imprescritibilidade dos Crimes de Guerra e dos Crimes contra a Humanidade apenas positivou, por meio de um tratado, uma norma de direito internacional que já pertencia ao *jus cogens*. Por esse modo, surge um dever costumeiro internacional em processar e julgar casos de crimes lesa-humanidade, independentemente de sua solidificação por meio de Tratados internacionais, porquanto a matéria já se encontraria sedimentada consuetudinariamente.

In summa, uma vez que a avaliação sobre a existência de uma norma consuetudinária referente à imprescritibilidade de crimes internacionais – consolidada (ou em estado nascente) – demandaria um exame exaustivo sobre as práticas da comunidade internacional (incluindo as legislações internas dos Estados) e as convicções que as mobilizam,[126] podem ser reunidos os seguintes instrumentos – *in numerus apertus* – que indicam a existência de sólida *opinio juris* no sentido

---

[123] STRONG, S. I., p. 406. Para Norman Geras (p. 95-6), figuram como crimes contra a humanidade: "genocide, slavery and the slave trade, murder, 'disappearance' of persons, torture or other cruel and inhumane treatment, prolonged arbitrary detention, involuntary human experimentation, extra-judicial execution, racial discrimination, denial of recognition as a human being and denial of freedom of thought, conscience and religion"; já para Cherif Bassiouni (p. 68), "aggression, genocide, crimes against humanity, war crimes, piracy, slavery and slave-related practices, and torture".

[124] BASSIOUNI, Mahmoud Cherif, p. 65.

[125] OEA, CIDH, caso Herzog e outros *vs*. Brasil. Sentença de 15.3.18, para. 214, p. 45.

[126] Sobre os elementos de prova do costume, Ian Brownlie (1997, p. 17) esclarece: "as fontes materiais do costume são muito numerosas. Contam-se entre elas a correspondência diplomática, as declarações de política externa, os comunicados de imprensa, os pareceres de consultores jurídicos oficiais, os manuais oficiais sobre questões jurídicas – *e.g.*, manuais de Direito Militar –, as decisões e práticas do Executivo, as ordens transmitidas às forças navais, etc., os comentários feitos pelos governos aos projetos da Comissão do Direito Internacional, a legislação nacional, as decisões judiciais internacionais e nacionais, os considerandos em tratados e outros instrumentos internacionais, um padrão de tratados com a mesma forma, a prática dos órgãos internacionais, e as resoluções da Assembleia Geral das Nações Unidas relativas a questões jurídicas. Obviamente, o valor destas fontes varia e depende muito das circunstâncias". Faustin Z. Ntoubandi (p. 138) elenca alguns exemplos de indicadores no tocante às graves violações de direitos humanos: "human rights instruments in the form of conventions, declarations and resolutions of the United Nations General Assembly may also provide evidence of an evolution of the *opinio iuris* among the United Nations Members States to investigate and punish human rights abuse".

de julgar as graves violações de direitos humanos perpetradas ao longo da ditadura militar ocorrida no Brasil, incluindo, por via própria de consequência, os crimes cometidos contra Vladimir Herzog: (*i*) Estatuto (ou Carta) do Tribunal de Nuremberg (1945); (*ii*) Lei n. 10 do Conselho de Controle Aliado (1945); (*iii*) Princípios de Direito Internacional reconhecidos nos julgamentos do Tribunal de Nuremberg;[127] (*iv*) Estatuto (ou Carta) do Tribunal Militar Internacional para o Extremo Oriente (1946); (*vi*) Anuário de 1954 da Comissão de Direito Internacional da Assembleia Geral das Nações Unidas;[128] (*vi*) Resolução 2.184 sobre a situação, em Portugal, sobre a questão dos territórios sob a administração portuguesa (21ª Sessão da Assembleia Geral da ONU, em 12 dezembro de 1966);[129] (*vii*) Resolução 2.202 sobre o Apartheid na África do Sul (21ª Sessão da Assembleia Geral da ONU, em 16 de dezembro de 1966);[130] (*viii*) a Resolução 2.338 (22ª Sessão da Assembleia Geral da ONU, em 18 de dezembro de 1967);[131] (*iv*) a Resolução 2.583 (24ª Sessão da Assembleia Geral da ONU, em 15 de dezembro de 1969);[132] (*x*) a Resolução 2.712 (25ª Sessão da Assembleia Geral da ONU, em 14 de dezembro de 1970);[133] bem como (xi) a Resolução 2.840 (26ª Sessão da Assembleia Geral da ONU, em 18 de dezembro de 1971);[134] todas sobre a punição de criminosos de guerra e daqueles que cometeram crimes contra a humanidade; (*xii*) Resolução 3.074 sobre os Princípios de Cooperação Internacional na Identificação, Prisão, Extradição e Punição de Pessoas Condenadas por Crimes de Guerra e Crimes contra a Humanidade (28ª Sessão da Assembleia Geral da ONU, em 3 de dezembro de 1973);[135] (*xiii*) Convenção das Nações Unidas sobre a Imprescritibilidade de Crimes de Guerra e de Crimes contra a Humanidade (1968)"; (*xiv*) Convenção Interamericana para Prevenir e Punir a Tortura (1985), além de outros instrumentos relevantes para a matéria, ainda que posteriores ao período ditatorial, como (*xiv*) o Estatuto do Tribunal *ad hoc* para a antiga Iugoslávia (1993); (*xv*) o Estatuto do Tribunal *ad hoc* para Ruanda (1994); (*xiv*) a condenação de Pinochet pela Câmara dos Lordes (1998); (*xvi*) além da formação do Tribunal Penal Internacional (2002).

---

[127] ONU, CDI, Princípios de direito internacional reconhecidos nos julgamentos do TN, 1950.

[128] ONU, *Yearbook of the ILC*, v. II, 1954, especialmente p. 112-22.

[129] ONU, 21ª Sessão da AG/ONU, resolução 2.184 sobre a questão dos territórios sob a administração portuguesa, de 12.12.66.

[130] ONU, 21ª Sessão da AG/ONU, resolução 2.202 sobre o *Apartheid* na África do Sul, de 16.12.66.

[131] ONU, 22ª Sessão da AG/ONU, resolução 2.338 sobre a punição de criminosos de guerra e daqueles que cometeram crimes contra a humanidade, de 18.12.67.

[132] ONU, 24ª Sessão da AG/ONU, resolução 2.583 sobre a punição de criminosos de guerra e daqueles que cometeram crimes contra a humanidade, de 15.12.69.

[133] ONU, 25ª Sessão da AG/ONU, resolução 2.712 sobre a punição de criminosos de guerra e daqueles que cometeram crimes contra a humanidade, de 14.12.70.

[134] ONU. 26ª Sessão da AG/ONU, resolução 2.840, sobre a punição de criminosos de guerra e daqueles que cometeram crimes contra a humanidade, de 18.12.71.

[135] ONU, 28ª Sessão da AG/ONU, resolução 3.074, sobre os Princípios de Cooperação Internacional na Identificação, Prisão, Extradição e Punição de Pessoas Condenadas por Crimes de Guerra e Crimes contra a Humanidade, de 3.12.73.

Em face do quadro traçado, percebe-se a formação da prática geral apta a formação de *jus cogens*, do qual, uma vez cristalizado, emerge a obrigação de processar e julgar os crimes contra a humanidade, de modo que o Estado não pode fazer uso de instrumentos jurídicos a fim de obstaculizar a persecução penal. Dessa forma, mostra-se imperioso o reconhecimento da imprescritibilidade dos crimes contra a humanidade, possibilitando ao Estado julgar, a qualquer tempo, tais atos perpetrados.[136-137] Por sob tudo isso, aproxima-se que, nesses casos, "a imprescritibilidade não é fundada no medo de recidiva *stricto sensu*, isto é, na repetição dos mesmos atos pelos mesmos criminosos, mas antes no receio de atos inspirados na mesma ideologia criminosa".[138] Nesse passo, percebe-se que os primeiros marcos para o surgimento de uma obrigação de julgar os crimes contra a humanidade se deram com o estabelecimento de tribunais *ad hoc*, cujo fortalecimento, ao longo dos anos, culminou com a criação do Tribunal Penal Internacional.[139]

Como se observa, existe uma acentuada tendência que se endereça, com mais e mais intensidade, ao reconhecimento da imprescritibilidade de determinados crimes internacionais; sem embargo, essa tendência não se mostra precisa quanto ao alcance da imprescritibilidade a todos os crimes internacionais. Com a participação de 123 Estados como partes no Estatuto de Roma que consentem em se obrigar, internacionalmente, por suas regras – entre as quais a da não aplicação de estatutos de prescrição para os crimes sob sua jurisdição –, pensa-se que seja possível identificar a progressiva intensificação de *opinio juris* em favor da imprescritibilidade dos crimes de genocídio, crimes contra a humanidade e crimes de guerra. (Deixa-se de lado o crime de agressão, uma vez que se encontra vazio de definição no próprio Estatuto.) Ainda que muitas legislações internas devam enfrentar processos de adaptação – o que não é simples! –, arrisca-se a dizer que, no plano internacional, a norma costumeira se encontra consolidada na extensão específica dessas três categorias de crimes internacionais (crimes de guerra, crimes contra a humanidade e genocídio), conforme bem afirma a Corte Interamericana de Direitos Humanos, ou, ao menos, em adiantada fase de consolidação.

No novo milênio, podemos observar uma intensificação no enfoque de sustentação da imprescritibilidade para crimes internacionais. Em julho de 1998, com a aprovação do Estatuto do Tribunal Penal Internacional, por 120 votos favoráveis na Conferência de Roma, vislumbra-se uma base profundamente sólida para a

---

136 José Luis Guzmán Dalbora (p. 77) adota posicionamento diverso ao afirmar que "no hay necesidad de la imprescriptibilidad, sino de hacer uso de instrumentos hermenéuticos tradicionales, aplicados a preceptos conocidos e inobjetables, para obtener el resultado que se busca. Que este derrotero ponga a buen recaudo los principios jurídicos, no nos atormente con una mala conciencia y enaltezca en dignidad y prestigio la administración de justicia, son motivos considerables para preferirlo".

137 Vale mencionar que, na Argentina, desde o caso *Arancibia Clavel*, os tribunais argentinos vêm, paulatinamente, reconhecendo a imprescritibilidade dos crimes de lesa-humanidade como sedimentada desde 1968, ano em que foi estabelecida a Convenção das Nações Unidas sobre a Imprescritibilidade de Crimes de Guerra e de Crimes contra a Humanidade (cf. SOMMER, Christian G., 2018, p. 293).

138 JUROVICS, Yann, p. 207.

139 NTOUBANDI, Faustin Z., p. 138.

matéria. A imprescritibilidade prevista para os crimes na jurisdição do Tribunal, em nosso entendimento, provoca uma modificação significativa no panorama. A seguir, em dezembro de 1998, viria a lume a sentença do Tribunal Penal Internacional para a antiga Iugoslávia, no caso *Anton Furundžija*, na qual o Tribunal reflete sobre a imprescritibilidade do crime de tortura. Nesse passo, Antonio Cassese chama atenção para a Carta do Camboja de 2000 – que estabeleceu as Câmaras Extraordinárias nas Cortes do Camboja para processamento dos crimes do *Khmer Rouge* –, na qual os artigos 4° e 5° dispõem sobre a imprescritibilidade do crime de genocídio e crimes contra a humanidade, bem como para a seção 17 da Regulação n. 2000/15 visando ao estabelecimento de painéis com jurisdição sobre sérias ofensas criminais, adotada pela Administração Transitória das Nações Unidas em Timor-Leste e que dispõe que o genocídio, os crimes de guerra, os crimes contra a humanidade e a tortura não deverão estar sujeitos a estatutos de prescrição.[140] Também, em 2001, a Corte Interamericana de Direitos Humanos, no caso de *Barrios Altos*,[141] envolvendo a revisão da lei de anistia peruana de 1995, pronunciou-se: "41. Esta Corte considera que son inadmisibles las disposiciones de amnistía, las disposiciones de prescripción y el establecimiento de excluyentes de responsabilidad que pretendan impedir la investigación y sanción de los responsables de las violaciones graves de los derechos humanos tales como la tortura, las ejecuciones sumarias, extralegales o arbitrarias y las desapariciones forzadas, todas ellas prohibidas por contravenir derechos inderogables reconocidos por el Derecho Internacional de los Derechos Humanos".

Dada esta situação, apesar de a heterogeneidade das diferentes matrizes jurídicas ser a realidade fundamental e, sobretudo, de o direito internacional reconhecer e acolher, entre as suas fontes formais, os (assim denominados) princípios

---

140 CASSESE, Antonio, p. 317-8.

141 O chamado caso de *Barrios Altos*, julgado em 14.5.01 pela CIDH, representa um divisor de águas no tema das leis de anistia no panorama latino-americano. Na noite de 3 de novembro de 1991, na cidade de Lima, no Peru, seis indivíduos encapuzados e fortemente armados invadiram uma residência na Rua *Jirón Huanta*, nº 840, vizinhança de *Barrios Altos*, obrigando seus ocupantes a deitarem-se no chão para, em seguida, realizar disparos indiscriminados durante aproximadamente dois minutos, matando quinze pessoas e ferindo gravemente outras quatro. Por meio de posteriores investigações judiciais e relatos jornalísticos, constatou-se que os seis executores eram membros do Exército peruano, integrantes do chamado "Grupo Colina", esquadrão da morte que levava a cabo um programa antissubversivo próprio, configurando o episódio de *Barrios Altos*, aparentemente, uma represália contra presumidos integrantes do Sendero Luminoso. As efetivas investigações sobre o caso só começaram em 1995, porém o procedimento judicial do 16º Juízo Penal de Lima foi bruscamente interrompido pela sanção do Congresso peruano à lei de anistia (Lei 26.479), que exonerava de responsabilidade militares, policiais e civis que houvessem cometido violações a direitos humanos ou participado nas mesmas, entre o período de 1980 e 1995. A referida lei foi aprovada no parlamento como apresentada e sem debates, e imediatamente foi sancionada pelo Presidente Alberto Fujimori. Em junho de 2000, o caso foi levado pela CIDH ao conhecimento da Corte, com os pedidos de: (i.) reabertura da investigação judicial sobre os fatos; (ii.) outorga de reparação integral por danos materiais e morais aos familiares das quinze vítimas fatais, assim como aos quatro sobreviventes; (iii.) derrogação ou a retirada dos efeitos da Lei 26.479 (lei de anistia) e da Lei 26.492 (que precisava a interpretação e os alcances da anistia); e (iv.) o pagamento de custas, gastos e honorários em que houvessem incorrido as vítimas e/ou seus familiares para litigar no caso, nos âmbitos interno e internacional. Após o processamento do caso, em sentença de 14.3.01, entre outras definições, a CI decidiu "declarar que as leis de anistia 26.479 e 26.492" eram "incompatíveis com a CADH" e que, em consequência, careceriam de efeitos jurídicos, declarando, ainda, o dever do Peru de reabrir as investigações do caso de *Barrios Altos* e sancionar os responsáveis.

gerais de direito[142] – que, além daqueles exclusivos da ordem internacional, compreende, também, princípios comuns aos ordenamentos internos[143] –, cumpriria ao tribunal internacional *à la longue* – e este reconhecimento se estabeleceria *un poco a la fuerza de las cosas* – escolher, corrigir e adaptar elementos das ordens jurídicas internas, implicando, assim, em uma nova norma de direito internacional, a qual seria, por óbvio, influenciada, histórica e logicamente, pelo direito interno.[144]

3.3. DA IMPRESCRITIBILIDADE NO DIREITO PENAL BRASILEIRO

3.3.1. Da evolução histórica

De um modo geral, poucas têm sido, no curso da história do direito continental, as categorias de crimes aos quais se obstaculiza a extinção punitiva por meio do instituto da prescrição. A imprescritibilidade só vigorava solitariamente na antiguidade,[145] uma vez que, desde os romanos, a prescrição já despontava como a regra, cujas exceções eram apenas os delitos de apostasia, parto suposto e parricídio.[146]

À época do Império Romano, não era admitida a prescrição executória[147] (prescrição da pena), modalidade que só veio a ser prevista em 1791 pelo Código francês, que fixava o prazo em 20 anos.[148] Na Itália dos séculos XVIII e XIX, a imprescritibilidade era a regra para os delitos capitais em determinadas codifi-

---

[142] Veja-se o autorizado rol do art. 38 do ECIJ: "Art. 38. 1) A Corte, cuja função é decidir de acordo com o direito internacional as controvérsias que lhe forem submetidas, aplicará: (a) as convenções internacionais, quer gerais, quer especiais, que estabeleçam regras expressamente reconhecidas pelos Estados litigantes; (b) o costume internacional, como prova de uma prática geral aceita como sendo o direito; (c) os princípios gerais de direito, reconhecidos pelas Nações civilizadas; e (d) sob ressalva das disposições do art. 59, as decisões judiciárias e a doutrina dos publicistas mais qualificados das diferentes Nações, como meio auxiliar para a determinação das regras de direito. 2) A presente disposição não prejudicará a faculdade da Corte de decidir uma questão *ex aequo et bono*, se as partes com isto concordarem" (no Brasil, promulgado pelo Decreto 19.841 de 1945).

[143] Conforme Ch. Rousseau (1966, p. 106), "bajo el nombre genérico de 'principios generales de derecho' se designan ciertos principios comunes a los sistemas jurídicos de los diferentes Estados civilizados que nos recuerdan el *jus gentium* de los Romanos". Ainda segundo Ch. Rousseau (p. 107), o conteúdo desses princípios gerais de "direito" sem epíteto justificaria o entendimento de que tanto o direito internacional como o direito interno estariam englobados pela definição, compreendendo princípios extraídos do direito interno a partir de regras de direito material ou processual "cuyo carácter de necesidad lógica pareció justificar su transposición al Derecho Internacional", como princípios especificamente aplicáveis às relações interestatais, não se confundindo com o costume ou os tratados. (Sobre as controvérsias na definição do conteúdo dos "princípios gerais de direito" ver: DIHN, Nguyen Quoc; DAILLIER, Patrick; PELLET, Alain, 1999, p. 315-21.)

[144] Cf. BROWNLIE, Ian, 1997, p. 28.

[145] TRIPPO, Mara Regina, p. 34.

[146] ANDRADE, Christiano José de, 1979, p. 43.

[147] LOZANO JÚNIOR, José Júlio, 2002, p. 36, e MANZINI, Vincenzo, 1950, p. 139. Conforme Mara Regina Trippo (p. 34), a maioria dos juristas adota a posição de que os romanos não admitiam a prescrição após a condenação.

[148] MANZINI, Vincenzo, p. 144.

cações, como nas leis napolitanas de 1808. De acordo com essas leis, também eram imprescritíveis os delitos quando o réu estava em rebeldia ou caso houvesse fugido.[149] Na legislação brasileira, o Código Criminal de 1830 estabelecia, expressamente, a não prescrição das penas (artigo 65).[150] Conforme Mara Regina Trippo, tal regra mostrava-se atrasada com relação às demais disposições de seu tempo sobre a prescrição, como o Código de Instrução Criminal francês de 1808 e o Código da antiga metrópole portuguesa de 1852, que previam a prescrição da pena; este, inclusive, admitindo-a em todos os delitos.[151]

A Lei 261, de 3 de dezembro de 1841, estabelecia a imprescritibilidade da ação nos crimes inafiançáveis, em que o réu estava ausente ou em lugar não sabido, ou ainda fora do Império (artigo 33, parte final).[152] Por sua vez, o Código de 1890, não criou nenhuma hipótese de crime imprescritível.[153]

No início do século XX, com a Consolidação das Leis Penais (Decreto 22.213/32) a previsão de imprescritibilidade retorna, abrangendo os crimes políticos e de moeda falsa, desde que o réu estivesse domiciliado ou homiziado em país estrangeiro (parágrafos 5° e 8° do artigo 85). O Código Penal de 1940 previa a imprescritibilidade da execução das penas acessórias (artigo 118, parágrafo único). Em sequência, a reforma da Parte Geral do Código Penal (Lei 7.209/84) reconheceu a prescritibilidade de todas as penas; e, além disso, suprimiu as penas acessórias, medida que acabou eliminando a imprescritibilidade, trazendo de volta o sistema de 1890.[154]

Derradeiramente, com a promulgação da Constituição Federal de 1988, houve a introdução das duas atuais hipóteses de imprescritibilidade.

3.3.2. Das hipóteses de imprescritibilidade constitucionais e infraconstitucionais

O artigo 5º, incisos XLII e XLIV, da Constituição Federal, prevê, como vimos, as duas espécies de crimes imprescritíveis no direito penal brasileiro: a prática de racismo e a ação de grupos armados, civis ou militares, contra a ordem constitucional e o Estado democrático.

Diante disso, o problema recai basicamente sobre a definição típica desses crimes, e, a partir daí, em um segundo momento, analisaremos a discussão doutrinária e jurisprudencial sobre a legitimidade da norma infraconstitucional para a imposição de regras de imprescritibilidade – tema ainda tormentoso em âmbito nacional. Objetivamos saber se, além dos crimes previstos na Constituição Fede-

---

[149] MANZINI, Vincenzo, p. 143.

[150] "Art. 65. As penas impostas aos réos não prescreverão em tempo algum" (grafia original).

[151] TRIPPO, Mara Regina, p. 38.

[152] JAWSNICKER, Francisco Afonso, 2008, p. 73.

[153] PORTO, Antônio Rodrigues, 1998, p. 26.

[154] LOZANO JÚNIOR, José Júlio, p. 38-9.

ral, demais casos de não prescrição poderiam ser criados pela legislação ordinária.[155]

A fim de bem pontuar o problema, deve-se, em um primeiro momento, buscar uma definição clássica de "raça",[156] tão somente como norte interpretativo em relação à definição legal. Segundo Michel Leiris, a noção de raça "funda-se na ideia de caracteres físicos transmissíveis que permitem distribuir a espécie *Homo sapiens* em vários grupos que equivalem ao que em botânica se chama 'variedade'".[157] E é a partir desse contraste que se origina o que se denomina de "racismo":

---

[155] Necessário se faz dizer que a imprescritibilidade se aplica a todas as espécies da prescrição penal, seja da pretensão punitiva, seja da executória: STJ, *HC* 15155/RS, 5ª T., rel. Min. Gilson Dipp, j. 18.12.01.

[156] Moderna e inquestionavelmente, esse conceito – de cientificidade duvidosa; aliás, superado – implica maior relevância histórica e cultural do que qualquer interesse científico propriamente reconhecido. "If biologically distinct human races do exist, it seems odd that there is so little agreement on what they are. Indeed, the persistence of the idea of biologically distinct human races owes more to popular culture and pseudoscience than to science, and the idea's pedigree is not scientific, but historical and political. It emerged originally in the extended encounter between European and non-European peoples that began in the late 15th and early 16th centuries. Discovering human beings in Asia, Africa, and the Americas who looked – and often acted – very different from themselves, Europeans drew upon the Spanish concept of 'purity of blood,' which sanctioned discrimination against converted Jews and concluded that often, superficial differences surely indicated more fundamental differences as well (Fredrickson 2002). This conclusion, which asserted their own inherent superiority, helped them justify their efforts to colonize, enslave, and sometimes exterminate many of the people they encountered. Europeans came to believe that races are, in fact, distinct and identifiable human (and some of them, in extreme version, nonhuman) groups; that there are systematic, inherited, biological differences among races; and that the non-White races are innately inferior to Whites – that is, to Europeans (see also Jordan 1968). (...) "The Social Construction of Race" (...). "We can define a race, then, as a human group defined by itself or others as distinct by virtue of perceived common physical characteristics that are held to be inherent. A race is a group of human beings socially defined on the basis of physical characteristics. Determining which characteristics constitute the race – the selection of markers and therefore the construction of the racial category itself – is a choice human beings make, and it is the reason some social scientists put 'race' in quotes. Neither the categories themselves nor the markers we choose are predetermined by biological factors. These process of selection and construction are seldom the work of a moment. Racial categories are historical products and are often contested. In one famous case from the early 1980s, a Louisiana woman went to court to dispute the state's conclusion that she was Black, claiming a White racial identity. The state's argument was that her ancestry was at least 1/32nd 'Negro', which according to state law meant she was Black (Dominguez 1986). The law had roots in the long history of Black-White relations in Louisiana and in the American South more generally, in slavery and its legacy, and in the enduring White effort to maintain the supposed 'purity' of their race. It was a legal manifestation of what is known as *hypodescent,* or the 'one-drop' rule which in the United States holds that any degree of African ancestry at all is sufficient to classify a person as Black (see Davis 1991). This rule has a history. People have fought over it, and as the Louisiana case shows, it has been tested in the courts. It has been reserved largely for Blacks. Americans do not generally consider a person who is 1/32 Japanese or Dutch to be Japanese or Dutch, but 'one-drop' of Black blood has long been considered sufficient for racial categorization" (CORNELL, Stephen; HARTMANN, Douglas, 2007, p. 22-5).

[157] Michel Leiris (1970, p. 197). Interessante citar, ainda, a definição – que se poderia dizer ortodoxa – de Juan Comas (1970, p. 11), para quem: "Facilmente podemos observar que os homens não são semelhantes na aparência; há variações nas características físicas externas transmitidas, total ou parcialmente, de pai para filho. E são os grupos relativamente homogêneos, quanto a este aspecto, que constituem o que genericamente chamamos de 'raças'". Segundo Celso Lafer (2005, p. 55-6), a divisão dos seres humanos em raças se originou no sistema estabelecido pelo cientista sueco Lineu, no século XVIII, de classificação de animais e plantas (Lineu dividiu a espécie humana em seis raças, "de acordo com um critério preponderantemente geográfico: europeia, ameríndia, asiática, africana, selvagem e monstruosa (esta constituída por indivíduos com malformações físicas)". A tentativa de fazer uma divisão de raças, no entanto, pode esbarrar em uma grande variedade de critérios, o que tornaria impreciso o conceito. Na opinião de Mara Regina Trippo (p. 71), tal diferenciação é uma "criação social, sem científica comprovação". Para a autora, a miscigenação ocorrida em todos os grupos humanos, em "tempos remotos ou próximos", também afasta a ideia de que possa existir uma raça pura. Ainda, Celso Lafer

quando determinado grupo justifica sua superioridade presumida a partir de "pretensas virtudes" e "qualidades inatas" relacionadas à sua raça.[158]

A Constituição Federal estabeleceu que todas as práticas decorrentes dessa "discriminação que importa a ideia de domínio de uma raça sobre a outra", no conceito de José Afonso da Silva,[159] são crimes que não prescreverão a qualquer tempo. Coube, entretanto, ao legislador penal (Lei 7.716/89) definir os tipos criminais que caracterizariam "a prática de racismo", tendo por base um campo vasto, geral e indeterminado, deixado, propositalmente, pela Constituição Federal.[160-161]

A lei infraconstitucional trouxe, no entanto, regras de punição aos "crimes resultantes de discriminação ou preconceito de raça, cor, etnia, religião ou procedência nacional" (artigo 1º). A ausência da palavra "racismo", na lei, exigiu da interpretação doutrinária e jurisprudencial a delimitação da previsão constitucional.[162] A partir disso, uma determinada corrente interpretativa propõe que todos os crimes resultantes de preconceito quanto à cor, religião (como, por exemplo, a propagação de doutrinas antissemitas), etnia e procedência nacional, e não apenas quanto à raça, também estariam sujeitos à imprescritibilidade.

Analisando a abertura de sentido da expressão "racismo", trazida pelo legislador constitucional, em conjunto com a finalidade do dispositivo ("garantir o direito de igualdade entre os grupos, para o mais amplo e digno exercício da cidadania, com a concretização dos direitos humanos e proteção das minorias"), Mara Regina Trippo entende que o significado da prática de racismo englobaria todo o "tratamento de inferiorização imposto às pessoas, disfarçado por falsas

---

(p. 58) aponta que "o avanço do conhecimento se incumbiu de mostrar que não há fundamento biológico em qualquer subdivisão racial da espécie humana e que os critérios das diferenças visíveis, a começar pela cor da pele, são apenas juízos de aparência. As diferenças genéticas individuais entre duas pessoas brancas são maiores que a diferença genética média entre brancos e negros, e não custa lembrar que a integridade genética da espécie humana, como unidade, é comprovada na reprodução entre pessoas de 'raças' diferentes, gerando descendentes normais e férteis". Para José Afonso da Silva (2005, p. 49), a palavra "raça" não é suficientemente clara, "porque, com a miscigenação, vai perdendo sentido. Convém, no entanto, verificar que sentido tem o termo 'raça' na Constituição, para que não se esvazie seu conteúdo condenatório sob o argumento de que não existe raça. A questão constitucional não está no perquirir se existe ou não 'raça', porque essa é uma indagação científica, que foge ao seu objeto. Ela parte da ideia de que há uma concepção social de 'raça', fundada em certas correntes antropológicas (Gobineau, por exemplo), que dá ao termo um sentido discriminatório sob o fundamento da existência de raças inferiores e raças superiores, de onde provém a ideologia do *racismo*, que indica teorias e comportamentos destinados a realizar e justificar a supremacia de uma raça".

[158] COMAS, Juan, p. 12. Nas palavras de Josiane Pilau Bornia (2007, p. 72), "o racismo é uma ideia que parte de um pressuposto irracional no qual determinado grupo humano inferioriza outro em função de diferenças físicas e biológicas".

[159] SILVA, José Afonso da, p. 139.

[160] TRIPPO, Mara Regina, p. 74. Conforme a autora (p. 78), "a Constituição não empregou as palavras *preconceito* e *raça*, nem mesmo vocábulo mais restrito, como *cor*. Ao acolher o termo *racismo*, amplo e flexível, a norma constitucional acentuou sua *textura aberta* e, propositadamente, deixou largo campo para atuação do legislador penal".

[161] Não se encaixa entre os crimes imprescritíveis a injúria agravada por elementos referentes à raça, cor, etnia, religião, origem ou à condição de pessoa idosa ou portadora de deficiência, prevista no art. 140, § 3º, do CP. Nesse sentido: TRIPPO, Mara Regina, p. 79, e ANDREUCCI, Ricardo Antonio, 2017, p. 137.

[162] TRIPPO, Mara Regina, p. 74-5.

teorias científicas". Dessa forma, para a autora, a imprescritibilidade do crime de "prática de racismo" comportaria, exatamente, os crimes resultantes de discriminação ou preconceito com base em todas as características previstas no artigo 1º da Lei 7.716/89.[163]

Sobre a questão, analisando a extensão da regra de imprescritibilidade aos preconceitos antissemitas, no emblemático "caso Ellwanger" (considerado o mais importante precedente sobre o tema), posicionou-se o Supremo Tribunal Federal: "Publicação de livros: Antissemitismo. Racismo. Crime imprescritível. Conceituação. Abrangência constitucional. Liberdade de expressão. Limites. Ordem denegada. 1. Escrever, editar, divulgar e comerciar livros 'fazendo apologia de ideias preconceituosas e discriminatórias' contra a comunidade judaica (Lei 7716/89, artigo 20, na redação dada pela Lei 8081/90) constitui crime de racismo sujeito às cláusulas de inafiançabilidade e imprescritibilidade (CF, art. 5º, XLII). [...]. (STF, *HC* 82424-2/RS, TP, rel. Min. Moreira Alves, j. 19.9.03)".[164]

Preocupa-nos o entendimento do Supremo Tribunal Federal e de parte da doutrina que advoga uma interpretação extensiva da regra prevista pela Constituição Federal. Ao contrário do argumento de que uma leitura do dispositivo – a partir do conceito de raça – acabaria por esvaziar seu conteúdo, acreditamos que é possível, sim, uma análise restritiva do texto, a fim de não se incorrer em perigosa interpretação analógica *in malam partem*, sem que a referida norma perca seu sentido.[165]

---

[163] TRIPPO, Mara Regina, p. 79. A seu turno, Christiano Jorge Santos (2010, p. 91) entende que a imprescritibilidade, aplicável apenas aos crimes de preconceito ou discriminação por raça ("crime de racismo"), poderia alcançar, também, os crimes de preconceito ou discriminação por cor ou etnia, mas não ao que se refere a grupo humano religioso ou nacional. Para o autor, "existem católicos, evangélicos, muçulmanos e umbandistas de todas as raças, como há judeus negros e brancos. Logo, não existe raça católica, como também não existe raça budista ou judia. Existem grupos unidos por conta da fé professada. Discriminar as pessoas por conta disso será crime da Lei 7.716/1989, mas não racismo. Assim, o delito praticado contra alguém em razão de sua religião ou procedência nacional não será imprescritível".

[164] Adotando a mesma ideia, Celso Lafer (p. 101-2), ao comentar o caso Ellwanger, critica a interpretação minimalista e restritiva ao crime de "prática de racismo": "O sequenciamento do genoma humano confirmou que só existe uma raça – a raça humana. Assim, é certo que os judeus não são uma raça, mas não são uma raça os brancos, os negros, os mulatos, os índios, os ciganos, os árabes, e quaisquer outros integrantes da espécie humana. Todos, no entanto, podem ser vítimas da prática do racismo. Por isso, discutir o crime da prática do racismo a partir do tema 'raça' é um equívoco. O crime da prática do racismo tem sua base e reside nas teorias e preconceitos que discriminam grupos ou pessoas a eles atribuindo características 'raciais'. Assim, qualificar o crime da prática do racismo a partir de 'raça' é esvaziar o conteúdo jurídico do preceito constitucional. Significa, no limite, aplicando-se o argumento *contrario sensu*, válido no campo penal, converter o crime da prática do racismo em crime impossível pela inexistência de objeto: as raças, até mesmo a 'raça negra' à qual se endereçaria especificamente o preceito constitucional (...)".

[165] Apesar de votar no sentido de incluir o antissemitismo como forma de racismo, vale mencionar a seguinte consideração do Min. Gilson Dipp, ao entender que não seria possível aplicar a analogia, no julgamento pelo STJ do "caso Ellwanger": "A legislação infraconstitucional não previu a imprescritibilidade como característica do tipo penal do art. 20 da Lei 7.716/89, sendo certo que não se admite a analogia para fins de se aumentar a incriminação penal, ou seja, aplicar-se a analogia visando a estender, a outras condutas, a imprescritibilidade prevista especificamente para a prática do racismo. Dessa forma, se poderia argumentar que apenas a discriminação e o preconceito fundados em motivos raciais se amoldariam à imprescritibilidade constitucional, e que tal imprescritibilidade não atingiria outras motivações (etnia, convicção religiosa, etc.). Entretanto, a presente hipótese trata, efetivamente, de crime de racismo, tornando-se impróprias maiores digressões a respeito das demais condutas

Existem diversos métodos interpretativos da norma constitucional, e em função disso, nas palavras de Gilmar Ferreira Mendes, Paulo Gustavo Gonet Branco e Inocêncio Mártires Coelho, "(...) o primeiro e grande problema com que se defrontam os intérpretes/aplicadores da Constituição parece residir, de um lado, e paradoxalmente, na riqueza desse repertório de possibilidades e, de outro, na inexistência de critérios que possam validar a escolha dos seus instrumentos de trabalho, nem resolver os eventuais conflitos entre tais instrumentos (...)".[166] Entretanto, posto que haja inúmeras possibilidades de interpretação, acreditamos que nenhuma delas pode contrariar os princípios. Nesse caso, o princípio que embasaria a impossibilidade de estender a imprescritibilidade aos crimes resultantes de preconceitos baseados em etnia, religião e procedência nacional é o da legalidade, mais especificamente em seu corolário da taxatividade, segundo o qual "a lei deve descrever com o máximo de precisão possível os tipos penais incriminadores".[167] Ao nosso ver, essa extensão ultrapassaria o "limite semântico do texto legal".[168] Embora a classificação do ser humano em "raças" represente uma incorreção do ponto de vista biológico, ela é amplamente utilizada como forma de diferenciação antropológica de certos grupos, com base em características físicas genotípicas,[169] motivo pelo qual a expressão constitucional "prática de racismo" se relaciona, naturalmente, com a palavra "raça" da Lei 7.716/89.

Cabe dizer que os crimes resultantes de preconceito ou discriminação quanto à cor, por ser característica física hereditária, poderiam ser entendidos como imprescritíveis, uma vez que essa característica se encaixa no conceito de raça (e assim não se ultrapassaria o limite semântico do texto legal). Já os termos "etnia", "religião" e "procedência nacional" se distanciam dos conceitos de raça e de cor,[170]

---

tipificadas no art. 20 da Lei 7.716/89 e se as mesmas seriam, ou não, imprescritíveis" (STJ, *HC* 15155/RS, 5ª T., rel. Min. Gilson Dipp, j. 18.12.01). Vale também citar o trecho do voto do Min. Marco Aurélio, no julgamento do mesmo caso, já no STF: "a interpretação do inciso XLII do art. 5º da Constituição deve ser a mais limitada possível, no sentido de que a imprescritibilidade só pode incidir no caso de prática de discriminação racista contra o negro, sob pena de se criar um tipo constitucional penal aberto imprescritível, algo, portanto, impensável em um sistema democrático de direito" (STF, *HC* 82424-2/RS, TP, rel. Min. Moreira Alves, j. 19.9.03).

[166] MENDES, Gilmar Ferreira; BRANCO, Paulo Gustavo Gonet; COELHO, Inocêncio Mártires, 2008, p. 97.

[167] QUEIROZ, Paulo, 2015, p. 77.

[168] ZAFFARONI, Eugenio Raúl; PIERANGELI, José Henrique, 2015, p. 164. Alertam esses autores (p. 164) que "o princípio do *in dubio pro reo* nos indica a atitude que necessariamente devemos adotar para entender uma expressão legal que tem sentido duplo ou múltiplo, mas pode ser descartado ante a contradição da lei assim entendida com o resto do sistema".

[169] Conforme Michel Leiris (p. 199), "aplicado a largos grupos de passado tumultuoso e distribuídos por extensas áreas, o termo 'raça' significa simplesmente que, para além das distinções nacionais ou tribais, pode-se definir conjuntos caracterizados por certas concentrações de caracteres físicos, conjuntos temporários, dado que precedem de massas necessariamente variáveis (justamente por seu movimento demográfico) e comprometidas num jogo histórico de contatos e de caldeamentos constantes".

[170] Na explicação de Ricardo Andreucci (p. 136): "*Etnia* significa coletividade de indivíduos que se diferencia por sua especificidade sociocultural, refletida principalmente na língua, religião e maneiras de agir. Há quem inclua fatores de natureza política no conceito de etnia (p. ex., índios, árabes, judeus, etc.). *Religião* é a crença ou culto praticados por um grupo social, ou ainda a manifestação de crença por meio de doutrinas e rituais próprios (p. ex., católica, protestante, espírita, muçulmana, islamita etc.). Procedência nacional significa o lugar de origem da pessoa, a nação da qual provém, o lugar de onde procede o indivíduo (p. ex., italiano, japonês, português,

e consequentemente do que se pode chamar de "racismo". Portanto, partindo-se da premissa de que os judeus, por exemplo, não formam um grupo racial, uma vez que não há entre estes uma distinção de caracteres físicos hereditários que possa distingui-los,[171] entende-se que a imprescritibilidade penal não poderia ser estendida aos crimes de discriminação com caráter antissemita; em sentido contrário, estar-se-ia transgredindo os limites impostos à interpretação da lei penal.

Diante disso, cremos que não se poderiam considerar imprescritíveis os delitos de discriminação ou preconceitos étnicos, religiosos, e os resultantes de procedência nacional; exceto aqueles relativos à raça e cor.[172]

Além do princípio da legalidade (em seu desdobramento específico – taxatividade),[173] a interpretação restritiva das regras de imprescritibilidade estaria em consonância com os mais atualizados postulados político-criminais garantistas que pregam a diminuição da intervenção penal.

No artigo 5º, inciso XLIV, da Constituição Federal, está prevista a imprescritibilidade para os crimes de "ação de grupos armados, civis ou militares, contra a ordem constitucional e o Estado Democrático". Mais uma vez deparamo-nos com uma norma cuja redação é bastante aberta, o que, embora seja característica inerente ao texto constitucional, deixa margem a diversas interpretações e inclusive a "incursões políticas".[174] Essa é a razão pela qual tal regra sofre importantes críticas por grande parte dos autores que escreveram sobre o assunto. Conforme Christiano Jorge Santos, "a ação de grupos armados pode ser entendida como 'Golpe de Estado' e não está claramente definida em nenhum tipo penal".[175] Não há, portanto, nenhuma lei infraconstitucional que regule os crimes previstos pelo

---

árabe, argentino etc.), incluindo, a nosso ver, a procedência interna do País (p. ex., nordestino, baiano, cearense, carioca, gaúcho, mineiro, paulista etc.)".

[171] Como afirma Juan Comas (p. 37), "o povo judeu é racialmente heterogêneo; suas constantes migrações e suas relações – voluntárias ou não – com as mais diversas nações e povos originaram um grau de mestiçagem que faz com que possamos encontrar *no chamado povo de Israel exemplos dos traços característicos de todos os povos*. (...). (...), os judeus em conjunto apresentam um grau tão grande de diferenciação morfológica entre si como o que podemos encontrar entre membros de duas ou mais raças diferentes".

[172] No mesmo sentido, contrário à referida analogia *in malam partem*, Josiane Pilau Bornia (p. 158-9). Adotando um posicionamento diverso, Fabiano Augusto Martins Silveira (2006, p. 98 e 101) entende que a imprescritibilidade pode ser admitida somente nos casos em que a discriminação relativa à procedência nacional ou à religião guarda relação com o preconceito de raça, cor ou etnia de forma inextrincável.

[173] Como anota Guillermo J. Yacobucci (2002, p. 275), "en el principio de legalidad, la ley debe desarrollar con exactitud y claridad los términos de la imputación. En este nivel se habla de una *lex stricta*, por cuanto desenvuelve de manera taxativa qué comportamiento prevé el legislador como extremo de imputación de una sanción y, respecto de esta última, su clara determinación".

[174] TRIPPO, Mara Regina, p. 85.

[175] SANTOS, Christiano Jorge, 2007, p. 215. No mesmo sentido, José Afonso da Silva (p. 141), diz que "(...) o crime previsto depende de lei, até porque esta precisa fixar também a sanção correspondente. O texto não está propriamente tipificando o crime (função da lei), mas declarando que ele será inafiançável e imprescritível. A função principal do texto está na vedação desses benefícios. Mas, (...), o contexto importa instituir um delito especial que não constava nem consta ainda da lei penal, e, assim, fundamenta sua definição legal com o núcleo típico já constante da norma constitucional: 'ação de grupos armados, civis ou militares, contra a ordem constitucional e o Estado Democrático'".

inciso XLIV do artigo 5º, mas o mesmo não se pode dizer do significativo número de Projetos que tramita nos órgãos legislativos.

Além da indefinição dos referidos crimes, há uma crítica à má localização da regra. Para Celso Ribeiro Bastos e Ives Gandra da Silva Martins, "não se consegue, por maior que seja o esforço feito, vislumbrar aqui uma proteção de direito individual. Trata-se de dispositivo que, às claras, pertine à seara da defesa do Estado".[176]

A Lei 7.170 de 1983 define os crimes contra a segurança nacional, mais precisamente, conforme o seu artigo 1º, aqueles "que lesam ou expõem a perigo de lesão: a integridade territorial e a soberania nacional; o regime representativo e democrático, a Federação e o Estado de Direito; a pessoa dos chefes dos Poderes da União". Pelos bens jurídicos que a lei visa a proteger, poder-se-ia imaginar que ela pretenderia apresentar-se como o complemento do texto constitucional citado. No entanto, analisando-se as tipificações trazidas por essa lei em conjunto com a impossibilidade de violação do princípio da taxatividade, não pode incorrer-se no erro de aplicar a imprescritibilidade aos crimes nela previstos, na medida em que, segundo Mara Regina Trippo, além de não ser feita menção à imprescritibilidade, "não há, também, um artigo que corresponda precisamente aos elementos inseridos na Constituição: os artigos 16 e 24 (...) remetem à organização de grupamento armado, mas não aludem à ação (limitam-se à ideia de associação); os artigos 17 e 18 embutem a noção de ação, mas não referem a grupamento".[177]

Nesse quadro, necessária se faz a edição de lei infraconstitucional que regule a matéria; do contrário, o artigo 5º, inciso XLIV, permanecerá inteiramente inócuo.[178]

Um dos motivos de debate – dentro do tema da imprescritibilidade penal – é a possibilidade de a legislação infraconstitucional estabelecer crimes imprescritíveis (ou regras de imprescritibilidade). Parte da doutrina acredita que isso seja matéria exclusiva de índole constitucional: "A imprescritibilidade constitui exceção à regra de que se deve evitar o prolongamento demasiado da situação jurídica que possibilita a punição do réu. Tal exceção fundamenta-se em opção política que reconhece especial gravidade aos fatos não atingidos pela prescrição, sendo que as hipóteses excepcionais somente podem ser identificadas por opção político-constitucional. Isso significa que o legislador infraconstitucional não pode estabelecer outras hipóteses de imprescritibilidade".[179] No entanto, não são raros

---

[176] BASTOS, Celso Ribeiro; MARTINS, Ives Gandra da Silva, 2004, p. 249.

[177] TRIPPO, Mara Regina, p. 85.

[178] Conforme Celso Ribeiro Bastos e Ives Gandra da Silva Martins (p. 250), a "legislação ordinária haverá de adaptar-se ao novo comando constitucional, alargando a figura da autoria, que hoje se vê restrita àqueles que fazem parte de grupos ilegais. O Texto Constitucional não cuida da legalidade ou não dos grupos armados; incluídos estão, portanto, os grupos civis e militares. Seus dois requisitos básicos são: o serem armados e o atentarem contra a ordem constitucional e o Estado Democrático".

[179] GALVÃO, Fernando, 2017, p. 1069. Adota a mesma opinião Mara Regina Trippo (p. 94), ao dizer que "as hipóteses de imprescritibilidade são aquelas previstas na Constituição; lei federal que instituísse outra seria inconstitucional". E também Fábio Guedes de Paula Machado (p. 173): "a Lei Maior proibiu implicitamente em seu art. 5º, XLII a XLIV, que normas infraconstitucionais estabelecessem a imprescritibilidade a outras infrações".

os posicionamentos em sentido contrário, motivo pelo qual o tema ainda não se mostra pacífico. Para Paulo Queiroz, parece que a lei ordinária pode ampliar o rol de crimes imprescritíveis, porquanto se cuida de "típica matéria infraconstitucional", em concurso com a previsão de "crimes bem mais graves" fora da Constituição Federal.[180]

Muito embora a posição aqui adotada seja contrária à utilização excessiva e simbólica dos instrumentos persecutórios de intervenção estatal, convém-se que a Constituição Federal não proibiu, de maneira expressa, pudesse haver previsão infraconstitucional sobre imprescritibilidade. A Constituição brasileira, dito em outros termos, não estabeleceu as únicas hipóteses de imprescritibilidade, de modo a inviabilizar a edição de outras pela via infraconstitucional; apenas estabeleceu determinados parâmetros (revestidos de caráter fundamental), segundo os quais mostra-se inconcebível que os crimes de racismo e ação de grupos armados, civis ou militares, contra a ordem constitucional e o Estado democrático sejam objetos do instituto da prescrição.[181] E mais: se o legislador ordinário pode eliminar ou alterar o regramento prescricional, pode, também, tornar, excepcionalmente, certos crimes (significativamente graves) inacessíveis à implementação prescritiva (esse posicionamento, aliás, permite, sob todos os títulos, dar viabilidade maior à internalização do regime internacional, especialmente o que se mostra consentâneo com a preservação dos direitos humanos).

Discute-se, ainda, se o artigo 366 do Código de Processo Penal seria um caso atípico de imprescritibilidade, criado pela lei infraconstitucional. Ao prever a suspensão do processo e dos prazos prescricionais, se o acusado, citado por edital, não comparecer, nem constituir advogado, tal dispositivo obstaculizaria por tempo imprevisto a prescrição. O fundamento para a ocorrência de imprescritibilidade de ordem processual estaria calcado no princípio civilista *contra non valentem agere non currit praescriptio*, ou seja, não (o)corre prescrição contra quem não pode agir. Assim, analogamente, no processo penal, o prazo prescricional seria sustado sempre que o Ministério Público, por situação alheia à sua vontade, visse impedida a sua capacidade de agir.[182] O caso de uma possível imprescritibilidade relativa do artigo 366 do Código de Processo Penal é tratado de forma controvertida pela doutrina e jurisprudência.

Para o Supremo Tribunal Federal, o referido dispositivo não configura hipótese de imprescritibilidade, uma vez que a suspensão indeterminada do prazo "não impede a retomada do curso da prescrição, apenas a condiciona a um evento futuro e incerto, situação substancialmente diversa da imprescritibilidade";[183] e, além disso, a Constituição Federal não proíbe, expressamente, que a legislação ordinária crie outras hipóteses de imprescritibilidade.

---

[180] QUEIROZ, Paulo, p. 567-8.

[181] WEICHERT, Marlon Alberto, p. 203-4.

[182] TRIPPO, Mara Regina, p. 58.

[183] STF, RE 460971, rel. Min. Sepúlveda Pertence, 1ª T., j. 13.2.07.

Atualmente, prevalece o entendimento segundo o qual a prescrição penal ficará suspensa considerando-se (como módulo medidor) o prazo máximo abstrato da pena privativa de liberdade prevista para o delito, à luz do artigo 109 do Código Penal. Também se pode mencionar variantes, tais como a de que deveria ser (o prazo máximo de suspensão) de 20 anos (isto é, o prazo prescricional máximo previsto em lei) ou, ainda, a pena mínima (sugestão, aliás, com a qual se concorda), dado que isso "se mostra mais coerente com o princípio da presunção de inocência e com a aplicação *in bonam partem* da lei penal em matéria de prescrição".[184]

Outro tema de importância com relação à imprescritibilidade é a possibilidade (ou não) de efeito retroativo do artigo 5º, incisos XLII e XLIV, da Constituição Federal, aos crimes praticados antes de sua promulgação. Para Damásio de Jesus, "os incisos XLII e XLIX, embora situados na Constituição Federal, contêm normas penais";[185] assim, consoante a impossibilidade de retroação da lei penal mais grave, prevista no artigo 5º, inciso XL, não tem aplicação a imprescritibilidade aos delitos cometidos antes da vigência da nova Carta. Diante do entendimento de que a prescrição é instituto de direito penal material, todas as suas regras estão sujeitas ao princípio da proibição da irretroatividade da lei penal mais grave. Criar a figura da imprescritibilidade é uma lei prejudicial ao réu; portanto, não se aplicaria aos processos em curso na data de sua edição.[186]

Poder-se-ia alegar, por outro lado, que a norma a respeito da imprescritibilidade é constitucional, não penal, e, por isso, não estaria abrangida pelo princípio da irretroatividade da *lex gravior*. Contudo, a imprescritibilidade prevista no artigo 5º, inciso XLII, é um exemplo de norma constitucional não autoaplicável, pois, para sua execução, "se faz indispensável a mediação do legislador, editando normas infraconstitucionais regulamentadoras".[187] Não houvesse lei prevendo os crimes de preconceito e discriminação racial, sobraria uma norma constitucional incompleta e ineficaz, uma vez que, pelo princípio da reserva legal, artigo 5º, XXXIX, da Carta Maior, "não há crime sem lei anterior que o defina, nem pena sem prévia cominação legal". Tendo em vista que a lei que especificava os crimes supracitados só foi editada em 1989, entendemos ser impossível a aplicação da imprescritibilidade aos crimes anteriores a sua entrada em vigor, porque antes disso não havia ainda uma definição de tipos penais.[188] No tocante aos crimes de ação de grupos armados, civis ou militares, contra a ordem constitucional e o Estado democrático, por ainda não estarem, como visto, definidos em lei, a questão da retroatividade fica superada.

---

[184] MACHADO, Antônio Alberto, 2014, p. 224.

[185] JESUS, Damásio de, 2011, p. 41.

[186] No mesmo sentido: MACHADO, Fábio Guedes de Paula, p. 164-5.

[187] MENDES, Gilmar Ferreira; BRANCO, Paulo Gustavo Gonet; COELHO, Inocêncio Mártires, p. 28.

[188] No mesmo sentido: BASTOS, Celso Ribeiro; MARTINS, Ives Gandra da Silva, p. 244.

4. Das implicações prescricionais da decisão da Corte Interamericana de Direitos Humanos no caso Herzog ao ordenamento jurídico brasileiro

Dentre as hipóteses, estabelecidas na ordem jurídica brasileira, de imprescritibilidade, percebe-se a falta de previsão no que tange aos crimes contra a humanidade, notadamente, na parte que aqui nos toca, referente ao homicídio e a prática de tortura em um contexto de ataque sistemático à população civil. De todo o modo, a controvérsia em torno da lei da anistia brasileira guarda íntima relação com o tema da imprescritibilidade, apesar da diferença entre os institutos da prescrição e da anistia. Isso porque determinados atos praticados durante o regime militar constituem-se como crimes contra a humanidade, o que acarretaria em uma série de implicações quanto à sua imprescritibilidade.[189] Por sob tudo isso, evidencia-se a promulgação, no Brasil, a lei da anistia – Lei 6.683/79 –, a qual anistiou os crimes políticos e os conexos a estes cometidos no período entre 2 de setembro de 1961 e 15 de agosto de 1979. Em linhas gerais, pode ser afirmado que o principal objetivo do instituto da anistia é o atingimento da paz social;[190] sendo assim, a partir do momento em que esse instrumento vem sendo largamente utilizado como alternativa política para a transição de períodos ditatoriais para períodos democráticos[191] a fim de manter impunes graves violações de direitos humanos, vai-se de encontro à função do instituto ao mesmo tempo em que se atinge o efeito imediatamente contrário ao pretendido, uma vez que a reunificação e reconciliação social se tornam inalcançáveis.

Cumpre ressaltar, mesmo que brevemente, algumas das diversas críticas que surgem à lei de anistia brasileira,[192] desde uma perspectiva semântica, até quanto

---

[189] E diante da possibilidade de uma investigação e punibilidade desses crimes, em virtude de uma futura revogação da lei, semelhante ao que aconteceu em outros países da América Latina (como Chile e Argentina), nos depararíamos com o problema quanto à ocorrência ou não de prescrição (uma vez que já se passaram muito anos desde a época dos fatos). Nesse contexto, podemos citar como posicionamento favorável à imputação penal dos responsáveis pelos delitos ocorridos durantes regime militar o entendimento de Marlon Alberto Weichert (p. 206), o qual afirma que o princípio da imprescritibilidade dos crimes de lesa-humanidade está introduzido no Brasil e integra o corpo do *jus cogens*, constituindo, portanto, "uma obrigação *erga omnes* para toda a comunidade internacional", o que tornaria irrelevante a não-ratificação da referida convenção. Para o autor (p. 192), "o Brasil está inadimplindo suas obrigações convencionais de apurar e responsabilizar crimes contra a humanidade perpetrados durante o regime militar, ao deixá-los sem investigação e persecução penal, especialmente após ter ratificado o Pacto de São José". E, em sentido contrário, trazemos a lição de Nilo Batista (2010, p. 8-9): "em primeiro lugar, instrumentos normativos constitucionais só adquirem força vinculante após o processo constitucional de internalização, e o Brasil não subscreveu a Convenção sobre Imprescritibilidade dos Crimes de Guerra e dos Crimes contra a Humanidade de 1968 nem qualquer outro documento que contivesse cláusula similar; em segundo lugar, 'o costume internacional não pode ser fonte de direito penal' sem violação de uma função básica do princípio da legalidade; e, em terceiro lugar, conjurando o fantasma da condenação pela Corte Interamericana, a exemplo do precedente *Arellano* x *Chile*, a autoridade de seus arestos foi por nós reconhecida plenamente em 2002 (Decreto 4.463, de 8 de novembro de 2002) porém apenas 'para fatos posteriores a 10 de dezembro de 1998'".

[190] NTOUBANDI, Faustin Z., p. 13.

[191] NTOUBANDI, Faustin Z., p. 12-4.

[192] Conforme acrescenta Dimitri Dimoulis (2011, p. 09), "se a lei de anistia de 1979 *possui* hoje validade porque foi confirmada pela Emenda 26 de 1985, isto é, por um ato *anterior* à Constituição de 1988, então

ao seu alcance e historicidade. A redação do referido artigo é severamente açoitada, porquanto a interpretação adotada pelo Supremo Tribunal Federal é aquela segundo a qual restam inclusos os crimes cometidos por agentes estatais, em um contexto de ataque sistemático e generalizado contra a população civil. No entanto, afirma-se que os essas ações delitivas perpetradas pelos militares não são configurados como crimes políticos, nem conexos a eles, pois os crimes políticos são perfectibilizados em um contexto de resistência da população frente a um regime de exceção, isto é, apenas a população civil pode perpetrar crimes políticos, ao contrário daqueles protegidos pelo aparato totalitário, que cometem crimes comuns. A situação se agrava na medida em que a lei da anistia brasileira foi promulgada no ano de 1979 – ainda sob o regime da ditadura militar, a qual apenas findou-se seis anos depois –, de tal forma que o amplo e consensual debate que prefigurou a edição da lei é posto em xeque,[193] porquanto "conduzida e chancelada pelo próprio regime militar".[194]-[195] Em vista disso, sem quaisquer dúvidas,

---

estaríamos em um regime de *continuidade constitucional*, sendo a atual CF decorrência de atos normativos da ditadura".

[193] Conforme observa José Carlos Moreira da Silva Filho (2012, p. 149-50), não se tratava de um panorama suave: "De 1977 a 1981, aconteceram cerca de 100 atentados por todo o país, sem que tenha havido qualquer apuração de responsabilidades. Os episódios que ficaram mais conhecidos foram a bomba que vitimou a secretária da OAB, Lyda Monteiro da Silva, em agosto de 1980 e a bomba no Riocentro, em abril de 1981. Durante o governo ditatorial de João Batista Figueiredo bancas de jornal eram incendiadas para impedir a circulação das publicações de esquerda. O terrorismo de Estado também continuava ativo nos assassinatos do jornalista Vladimir Herzog e Manoel Fiel Filho nas dependências do DOI-CODI em São Paulo. Denúncias de torturas de operários e militantes tornam-se conhecidas. No final de 1978 acontece em Porto Alegre o célebre sequestro dos uruguaios Lilian Celiberti e Universindo Dias, no contexto da Operação Condor. A tentativa de realizar o III Encontro Nacional de Estudantes em Belo Horizonte, em junho de 1977 e a sua realização clandestina na PUC-SP são violentamente reprimidas em uma operação comandada pelo Secretário de Segurança Antonio Erasmo Dias", além da possibilidade de possibilidade de veto do presidente à época (2012, p. 158). Remarca, ainda, Marlon Alberto Weichert (p. 147-8) que, quando editada a Lei 6.683/1979, "o Congresso Nacional estava mutilado pelas cassações e vivia sob a ameaça do recesso por ordem presidencial, conforme ocorrera apenas dois anos antes ('pacote' de abril de 1977 – Ato Complementar n. 102)".

[194] SILVA FILHO, José Carlos Moreira da, 2008, p. 160.

[195] Walter Claudius Rothenburg (2013, p. 695-7) reforça que "a Lei de Anistia brasileira foi produzida e imposta pelos detentores do poder político (e militar) na ocasião. Sofre, assim, de vício de (i)legitimidade, pois o CN que a aprovou não pôde manifestar livremente a vontade dos parlamentares, nem esses foram capazes de representar minimamente as expectativas da sociedade brasileira. A mesma situação perdurava em 1985, quando foi feita aprovar a EC 26, que pretendeu conferir gabarito de norma constitucional à anistia. Uma observação incidental a respeito da vigência da EC 26/85. Conquanto tenha previsto a convocação da Assembleia Constituinte que produziu a atual Constituição, a EC 26 foi revogada com o advento da Constituição de 1988 e provavelmente mesmo antes, quando a Constituinte definiu seus rumos em sentido parcialmente divergente e autônomo. Isso porque a Carta Constitucional anterior, de 1969, previa como cláusulas pétreas a federação e a república, as quais deveriam subordinar a EC 26, mas que foram ignoradas pela Assembleia Constituinte e solenemente contrariadas pela previsão de um plebiscito sobre forma e sistema de governo (art. 2º do ADCTC de 1988). Esse, portanto, poderia ter (re)instaurado a monarquia parlamentarista, embora seu resultado tenha mantido a república presidencialista. É possível, assim, sustentar que a Constituição de 1988 representou uma autêntica ruptura do ponto de vista jurídico, e seu processo de elaboração desvinculou-se do ato convocatório. Se considerássemos a sucessão de normas, teríamos de concluir que a Lei 6.683/79 fora revogada (absorvida) pela EC 26/85 que, por sua vez, foi também revogada pela Constituição atual. Entretanto, não foi esse o entendimento que prevaleceu por ocasião do julgamento da ADPF 153/DF, mas sim o de que a Lei 6.683 manteve-se sob a vigência da EC 26/85 e, posteriormente, foi recepcionada pela Constituição de 1988. A interpretação que presidiu a aplicação da Lei 6.683/79 desde o início, no sentido de que a anistia atingiria tão bem os opositores do regime quanto os agentes públicos da repressão, foi uma leitura imposta. O Poder Judiciário e os outros sujeitos envolvidos na

"ainda que sejam tidos por políticos, tais atos (crimes) não podem ser anistiados por uma legislação espúria, cujos autores e intérpretes oficiais não tinham competência validamente outorgada para editá-la e aplicá-la".[196] Dito de outro modo, a legislação brasileira, ainda sob os auspícios do regime de perseguição, anistiou crimes contra a humanidade, os quais, por sua vez, na seara internacional, são vedados de permanecerem sem punição em virtude de, por meio da cristalização do costume internacional, integrarem o corpo de normas imperativas, inderrogáveis (*jus cogens*) e oponíveis contra todos (*erga omnes obligatio*).

Bem vistas as coisas, a Corte Interamericana de Direitos Humanos já se pronunciou sobre a lei da anistia brasileira no caso Guerrilha do Araguaia, em que a Corte a configurou como destituída de validade e, consequentemente, de eficácia.[197] No entanto, a referida decisão não foi suficiente para que o Supremo Tribunal Federal modificasse o entendimento consolidado na arguição de descumprimento de preceito fundamental n° 153, promovida pela Ordem dos Advogados do Brasil, cujo objetivo consistia na declaração de que a anistia concedida aos crimes políticos ou conexos não se estenderia aos crimes comuns praticados pelos agentes da repressão contra seus opositores políticos, conforme a petição inicial. Contudo, no dia 29 de abril de 2010, o Supremo Tribunal Federal julgou improcedente a ação, mantendo os efeitos da referida Lei. Ainda que a decisão do Supremo Tribunal Federal tenha sido anterior à sentença da Corte Interamericana no caso Guerrilha do Araguaia, vale ressaltar que o Estado brasileiro já incorria em responsabilidade em razão do disposto no Pacto de San José da Costa Rica e da jurisprudência uníssona da Corte nesse sentido.[198] Em face disso, uma vez anistiados os crimes contra a humanidade praticados ao longo da ditadura militar, mostra-se inexequível a persecução penal dos agentes perpetradores de tais violações,

---

aplicação oficial do Direito não tinham condições de adotar interpretação diversa, inclusive porque parte significativa de seus integrantes estava comprometida com o regime".

[196] ROTHENBURG, Walter Claudius, p. 695-7. Sob outro prisma, Celso A. B. de Mello (2010, p. 98) sublinha que "outro forte disparate é o de equiparar o comportamento dos então torturadores com a conduta dos que eram insurgentes contra a repressão da ditadura. Qualquer pessoa de senso normal sabe que torturar alguém subjugado e entregue à guarda dos poderes públicos então vigentes é ato, no mínimo, de supina covardia, pois o prisioneiro não tem como defender-se ou como evadir-se das agressões e sofrimentos que lhe são impostos. Está inerme, simplesmente impossibilitado de qualquer reação efetiva contra os que o submetem às sevícias e maus tratos, ao passo que estes se encontram sob a proteção do Estado, desfrutando da máxima segurança, isentos de qualquer risco pela prática dos atos indignos a que se entreguem. Por isto, com tanta desenvoltura, podiam matar, ferir, estuprar, humilhar e maltratar os que se encontravam sob seu domínio".

[197] "Dada sua manifesta incompatibilidade com a Convenção Americana, as disposições da Lei de Anistia brasileira que impedem a investigação e sanção de graves violações de direitos humanos carecem de efeitos jurídicos. Em consequência, não podem continuar a representar um obstáculo para a investigação dos fatos do presente caso, nem para a identificação e punição dos responsáveis, nem podem ter igual ou similar impacto sobre outros casos de graves violações de direitos humanos consagrados na Convenção Americana ocorridos no Brasil" (OEA, CIDH, caso Gomes Lund e outros ["Guerrilha do Araguaia"] *vs*. Brasil. Sentença de 24.11.10, para. 174, p. 65).

[198] SILVA FILHO, José Carlos Moreira da; SANTOS, Camila Tamanquevis dos; RAMOS, Caroline; ROLIM, Sofia Bordin; SIQUEIRA, Andressa de Bittencourt; TRINDADE, Ivonei Souza; MAGALHÃES, Letícia Vieira; DREHER, Lídia Pereira; MORAES, Manoel; BENEVENUTO, Marília, 2018, p. 62.

de modo que o Estado brasileiro gerou embaraços a uma norma pertencente ao *jus cogens*.

Da mesma maneira que ocorreu no caso Guerrilha do Araguaia, a Corte, mais uma vez, reafirmou a invalidade e consequente ineficácia da lei de anistia promulgada no Brasil,[199] tendo em vista que engloba graves violações de direitos humanos, as quais, por sua vez, por seu caráter imprescritível, devem ser obrigatoriamente processadas e julgadas, dentre elas a tortura e morte de Vladimir Herzog, não podendo, portanto, a elas ser conferida o benefício do perdão. Nesse passo, André de Carvalho Ramos ressalta que o Estado brasileiro, frente à exorbitante violação a disposições Sistema Interamericano de Proteção aos Direitos Humanos, deveria "declarar inconstitucional o reconhecimento brasileiro da jurisdição obrigatória da Corte Interamericana, forçando a denúncia da Convenção Americana de Direitos Humanos pelo Brasil";[200] contudo, tal tomada de posição não é suficiente, pois a decisão já irradiou seus efeitos, não podendo o Estado eximir-se de responsabilidade.

Em que pese ao disparate da decisão da ADPF n. 153 no quadro traçado até então, desde a sentença da Corte no caso Guerrilha do Araguaia, vale sublinhar que o Brasil buscou adequar-se à referida decisão. Um exemplo do avanço dado pode ser ilustrado a partir da criação da Comissão Nacional da Verdade pela Lei 12.528/11, instituída no âmbito interno brasileiro com a finalidade investigar violações de direitos humanos ocorridas, no Brasil, entre 1946 e 1988, com o objetivo de possibilitar o acesso a informações relativas à violação de direitos humanos, bem como para o reconhecimento de verdades históricas.[201] No entanto, esse progresso não é uniforme em todos os aspectos da decisão proferida, tendo em vista que ele não compreende a seara (processual) penal. Apesar de o Ministério Público Federal (MPF) propor ações visando à *persecutio criminis in judicio* dos agentes da repressão,[202] o judiciário federal brasileiro tem rejeitado tais pedidos,

---

[199] "Nesse sentido, as leis de anistia, em casos de graves violações de direitos humanos, são manifestamente incompatíveis com a letra e o espírito do Pacto de San José, pois infringem o disposto por seus artigos 1.1 e 2, porquanto impedem a investigação e a punição dos responsáveis pelas violações graves de direitos humanos e, consequentemente, o acesso das vítimas e seus familiares à verdade sobre o ocorrido e às reparações respectivas, impedindo, assim, o pleno, oportuno e efetivo império da justiça nos casos pertinentes, favorecendo, em contrapartida, a impunidade e a arbitrariedade, prejudicando, ademais, seriamente, o Estado de Direito, razões pelas quais se declarou que, à luz do Direito Internacional, elas carecem de efeitos jurídicos. (...). No presente caso, a Corte considera que essa Lei não pode produzir efeitos jurídicos e ser considerada validamente aplicada pelos tribunais internos. Já em 1992, quando se encontrava em plena vigência a Convenção Americana para o Brasil, os juízes que intervieram na ação de habeas corpus deveriam ter realizado um 'controle de convencionalidade' *ex officio* entre as normas internas e a Convenção Americana, evidentemente no âmbito de suas devidas competências e das regulamentações processuais respectivas. Com ainda mais razão, as considerações acima se aplicavam ao caso *sub judice*, ao se tratar de condutas que chegaram ao limiar de crimes contra a humanidade" (OEA, CIDH, caso Herzog e outros *vs*. Brasil. Sentença de 15.3.18, para. 289 e 292, p. 74).

[200] RAMOS, André de Carvalho, 2011, p. 01. Noção também trazida por ROTHENBURG, Walter Claudius, p. 690.

[201] O mesmo foi abordado em SIQUEIRA, Andressa de Bittencourt, 2018, p. 109.

[202] Emblemática, e aqui referida apenas em sentido ilustrativo, foi a denúncia proposta (por homicídio doloso qualificado), em dezembro de 2014, pelo MPF contra o coronel reformado Carlos Alberto Brilhante Ustra e mais

obstando a aplicação da imprescritibilidade dos crimes contra a humanidade.[203] Mais recentemente, o Supremo Tribunal Federal, em novembro de 2016, negou a extradição do argentino Salvador Siciliano, na Extradição 1362, acusado de sequestrar e matar militantes políticos de esquerda entre 1973 e 1975, durante a ditadura civil-militar argentina, com base na não incidência da Convenção sobre a Imprescritibilidade dos Crimes de Guerra e dos Crimes contra a Humanidade, que coloca os crimes lesa-humanidade como imprescritíveis, pelo fato de o Brasil não tê-la subscrito,[204] repelindo as proposições interamericanas no sentido de as graves violações ocorridas em períodos ditatoriais integrarem o corpo de proibições inderrogáveis.

Diante de tais apontamentos, apreende-se o inquietante e inconteste contraste entre o controle de constitucionalidade e o controle de convencionalidade realizados sobre a lei de anistia brasileira, ou seja, "o problema central do direito internacional dos direitos humanos encontra-se nas fissuras existentes na concepção teórica da interação entre as normas de direito internacional e de direito interno, ou seja, a adoção das distintas teorias monista ou dualista".[205] Na ADPF n. 153, cabe dizer que não foi feito um preciso controle de convencionalidade sobre a lei de anistia, uma vez que o Supremo Tribunal Federal embasou sua decisão em argumentos de prescrição e falta de previsão legal de crimes, de modo que criou embaraços para processar e julgar crimes que figuram como proibições inderrogáveis (*jus cogens*), indo de encontro à jurisprudência da Corte Interamericana,[206] bem como contra o Sistema Interamericano como um todo. Tal posicionamento adotado pelo Supremo Tribunal Federal, segundo o qual os crimes cometidos ao longo da ditadura são tanto passíveis de anistia como objetos do instituto da prescrição, viola a consolidação de um constitucionalismo regional a partir do sistema interamericano de proteção de direitos humanos.[207] Resta claro, segundo Ingo Wolfgang Sarlet, que "todo e qualquer tratado de direitos humanos, pelo simples fato de prevalecer sempre, por força da sua superior hierarquia, sobre a normativa legal e infralegal, servirá de parâmetro para tal controle [de convencionalidade no plano interno]".[208] Em face disso, percebe-se que se está frente a uma violação a

---

duas pessoas (Dirceu Gravina e Aparecido Laertes Calandra) pela morte do militante político Hélcio Pereira Fortes, em janeiro de 1972. Ele foi morto aos 24 anos após sessões de tortura realizadas no Destacamento de Operações de Informações do II Exército em São Paulo.

[203] Foram analisados pelo menos vinte e oito processos, os quais tiveram o seu prosseguimento impedido seja pela aplicação da lei da anistia, com base na ADPF 153, seja com base na prescrição dos crimes, cf. os detalhes dos casos em SILVA FILHO, José Carlos Moreira da; SANTOS, Camila Tamanquevis dos; RAMOS, Caroline; ROLIM, Sofia Bordin; SIQUEIRA, Andressa de Bittencourt; TRINDADE, Ivonei Souza; MAGALHÃES, Letícia Vieira; DREHER, Lídia Pereira; MORAES, Manoel; BENEVENUTO, Marília, p. 65-82.

[204] Informativo STF n. 846 [*online*]. Ver também: Pleno – Negada extradição de argentino acusado de crimes prescritos.

[205] BASTOS, Lúcia Elena Arantes Ferreira, 2008, p. 621.

[206] OSMO, Carla, 2016, p. 04.

[207] PIOVESAN, Flávia, 2013, p. 134.

[208] SARLET, Ingo Wolfgang, 2013, p. 110-1. De acordo com Emilio Peluso Neder Meyer (p. 185), o Brasil faz parte de um "monismo internacionalista de direitos humanos".

um "dever internacional do Estado de investigar a punir graves violações a direitos humanos".[209]

A despeito de determinadas ações já terem sido realizadas no âmbito interno desde a sentença no caso Guerrilha do Araguaia,[210] julgado em 2010, o panorama não é nada favorável. *Bearing in mind* que o cumprimento da decisão da Corte Interamericana de Direitos Humanos seja competência do Poder Executivo Federal,[211] a ADPF n. 153 consiste no principal obstáculo para o reconhecimento dos crimes contra a humanidade cometidos durante a ditadura militar como imprescritíveis e internalização integral das decisões da Corte Interamericana. Nada obstante, é preciso salientar também que conforme o artigo 12 da Lei 9.882/99 – lei que regulamenta o procedimento de arguição de descumprimento de preceito fundamental –, a decisão proferida na ADPF n. 153 não é passível de recurso, nem contra ela cabe ação rescisória, de modo que a única possibilidade de reversão da decisão consiste no julgamento dos embargos de declaração opostos contra a decisão do Supremo Tribunal Federal, em 16 de março de 2011, o qual ainda segue pendente de julgamento.[212] Logo, ainda é possível "aprimorar os mecanismos de implementação das decisões internacionais [não apenas a referente ao caso Herzog, como também no caso Guerrilha do Araguaia] no âmbito doméstico, seja assegurando-lhes a eficácia direta e imediata no plano interno, seja reforçando a capacidade fiscalizadora e sancionatória dos sistemas regionais".[213]

Em remate, conforme pontua a Comissão das Nações Unidas para os Direitos Humanos (atual Conselho de Direitos Humanos das Nações Unidas), "a impunidade consiste na principal motivação para a continuidade de graves violações de direitos humanos ocorrerem pelo mundo".[214] Nesse prisma, a partir disso traduz-se que não se pode criar uma "sociedade amnésica",[215] na qual vige o esquecimento sobre fatos que devem permanecer na memória social; afinal, é contraditório algo transgredir a essência da humanidade e ao mesmo tempo ser esquecido e permanecer impune e, além de tudo, perdoado.[216]

---

[209] PIOVESAN, Flávia, p. 127.

[210] Incluem-se aqui não apenas a criação da CNV e as inúmeras ações criminais propostas (ainda que julgadas extintas ou ainda pendentes de julgamento) pelo MPF, conforme já referido, mas também a reabertura das investigações pelo MPF de São Paulo, em julho de 2018 (ALMEIDA, Marco Rodrigo, 2018; CARVALHO, Cleide; PIVA, Juliana Dal, 2018), e o encontro da Minª. do STF, Carmén Lúcia, com um dos filhos de Vladimir Herzog, em agosto de 2018 (BERGAMO, Mônica, 2018).

[211] DIMOULIS, Dimitri, p. 09.

[212] O julgamento foi adiado em 22 de março de 2012; até a presente data não houve decisão.

[213] PIOVESAN, Flávia, p. 144.

[214] (Traduziu-se.) UN Doc E/CN.4/1990/13, excerpts in N.J. Kritz, chap. I, n. 3 at 474; it is Worth mentioning here that the Human Rights Commission has been replaced by the Human Rights Council, established by the United Nations General Assembly Resolution 60/251 of 15 March 2006. The Human Rights Council has hitherto held five sessions; the last one having been held from 11 to 18 June, 2007.

[215] SILVA FILHO, José Carlos Moreira da, 2010, p. 196.

[216] JANKÉLÉVITCH, Vladimir, p. 556. Para Florent Bussy (p. 146), "oublier ce crime gigantesque contre l'humanité serait un nouveau crime contre le genre humain". Em remate, nas palavras de Yann Jurovics (p. 205), "o esquecimento é, além disso, a garantia da repetição de tais crimes".

5. Considerações finais

Ao encerrar este trabalho, retomamos algumas conclusões e ideias que foram expostas ao longo do texto.

1. No sistema jurídico brasileiro, via de regra, a prescritibilidade é aplicada a todos os delitos. Excepcionalmente, no entanto, existem delitos que não se sujeitam ao regime traçado no Código Penal. São os casos de imprescritibilidade trazidos pela Constituição de 1988, em seu artigo 5º: os crimes de racismo (inciso XLII); e o crime de ação de grupos armados, civis ou militares, contra a ordem constitucional e o Estado Democrático (inciso XLIV).

2. Vimos que, no decorrer da história, a prescrição se fez presente em grande parte dos ordenamentos jurídicos continentais, deixando pouco espaço para normas de imprescritibilidade. No Brasil, a total ausência de prazo para processamento e punição dos crimes só se fez presente no Código Criminal de 1830. Não obstante, o ordenamento pátrio sempre seguiu as tendências internacionais que colocam a prescrição como regra, salvo algumas exceções.

3. Podemos dizer que a maior parte da doutrina criminal aceita a prescrição como um instituto legítimo, e que, à sua falta, se viabilizaria uma eterna, e inócua, perseguição do delinquente, fundamentada apenas em teorias penais absolutas. Contudo, a imprescritibilidade, no plano internacional, tem sido apontada precipuamente pela doutrina e pela jurisprudência (igualmente em um amplo espectro) – especialmente no contexto de crimes extremamente graves – como um importante instrumento jurídico de enfrentamento às mais severas violações dos direitos humanos.

4. Analisando-se o texto da Constituição, que prevê a imprescritibilidade para o crime de prática de racismo, bem como a lei específica que visa a complementar tal regra, pudemos detectar alguns pontos obscuros: a Lei 7.716/89 incriminou novas formas de discriminação (etnia, religião e procedência nacional) que não se enquadram, diante de uma visão antropológica, no que se entende por prática de "racismo". Estender a imprescritibilidade prevista na Constituição, a partir de uma interpretação *in malam partem*, contraria princípios de direito penal, tais como a legalidade e a taxatividade. Dessa forma, entendemos serem imprescritíveis apenas os crimes cometidos por discriminação ou preconceito de raça e cor.

5. Tratando-se da imprescritibilidade prevista no artigo 5º, inciso XLIV, concluímos haver a necessidade de criar-se uma lei específica que tipifique os crimes de ação de grupos armados, civis ou militares, contra a ordem constitucional e o Estado democrático. A falta de lei que complemente o referido artigo constitucional torna o seu texto sem efeito.

6. Ao enfrentar a discussão sobre a possibilidade de previsão infraconstitucional de regras sobre imprescritibilidade, ressaltamos que, muito embora nos posicionemos contrariamente à utilização excessiva e simbólica dos instrumentos persecutórios de intervenção estatal, somos de convir que a Constituição não

proibiu, de modo expresso, que pudesse haver previsão infraconstitucional sobre imprescritibilidade; e mais: se o legislador ordinário pode eliminar ou alterar o regramento prescricional, pode, também, tornar, excepcionalmente, certos crimes (significativamente graves), inacessíveis à implementação prescritiva (esse posicionamento, aliás, permite, sob todos os títulos, dar viabilidade maior à internalização do regime internacional, especialmente o que se mostra consentâneo com a preservação dos direitos humanos).

7. Entendemos que o artigo 366 do atual Código de Processo Penal não configuraria um caso de imprescritibilidade relativa, exceto se a suspensão do processo, pelo não comparecimento do acusado, perdurar por prazos maiores do que os previstos para a prescrição *in abstracto*. Dessa maneira, defendemos uma limitação para o tempo de suspensão do processo, com a mesma duração da prescrição regulada pela pena mínima cominada ao delito.

8. A imprescritibilidade prevista aos crimes de prática de racismo entra em vigor concomitantemente à edição de lei prevendo tais crimes, editada em 1989, em virtude da irretroatividade de lei penal mais grave. E o mesmo deve valer para os crimes previstos no artigo 5º, inciso XLIV, da Constituição: a regra constitucional passará a valer a partir do momento em que tais delitos sejam tipificados, e não se aplicará aos casos anteriores à lei.

9. No âmbito internacional, a discussão sobre imprescritibilidade é crescente, de modo que esse trabalho não tem o condão de esgotar a(s possibilidades de) abordagem do tema. Ainda assim, após análise histórica, enfrentamos a questão com enfoque nos crimes contra a humanidade, mais precisamente no caso Herzog. Nesse quadro, podemos concluir que, em linhas gerais, o alcance dos crimes contra a humanidade evoluiu com o passar dos anos, tendo atingido o auge no segundo pós-guerra com o estabelecimento dos tribunais *ad hoc* de Nuremberg e de Tóquio, de 1945 e 1946, respectivamente, até chegarmos ao implemento do Tribunal Penal Internacional, na década de 1990.

10. Paralelamente, percebe-se a cristalização de um costume internacional no sentido de reconhecer à proibição dos crimes contra a humanidade como parte das normas imperativas (e, consequentemente, inderrogáveis), integrando o corpo de normas de *jus cogens*. Esse conjunto de normas, com efeito, é oponível a toda comunidade internacional – tanto aos indivíduos, como também aos sujeitos de direito internacional (Estados nacionais, organizações) –, podendo ser chamadas, ainda, de obrigações *erga omnes*.

11. Em decorrência da configuração dessa categoria de crimes como peremptória e inderrogável, surge o reconhecimento da obrigatoriedade de processar e julgar esses crimes, impedindo, por essa via, a aplicação de várias causas de extinção da punibilidade – como o é a prescrição. A imprescritibilidade dos crimes contra a humanidade passou a agrupar o corpo de normas *jus cogens*, conforme à jurisprudência da Corte Interamericana, a partir do ano de 1968, com a Convenção das Nações Unidas sobre a Imprescritibilidade de Crimes de Guerra e de Crimes

contra a Humanidade, tornando-se possível afirmar, com mais e mais intensidade, o rechaço ao reconhecimento da imprescritibilidade dos crimes de lesa-humanidade a partir do estabelecimento do Tribunal Penal Internacional.

12. Em face disso, é imperativo revelar a série de graves violações de direitos humanos ocorridas no período ditatorial no Brasil, entre as quais figura a tortura e morte de Vladimir Herzog. Tendo em vista que a lei de anistia brasileira abarcou, entre as suas hipóteses de incidência, os crimes cometidos pelos agentes da repressão contra opositores ao regime ora imposto, os quais, a seu turno, configuram crimes contra a humanidade, ela passa a ser destituída de validade e, consequentemente, de eficácia. Diametralmente contrário à sentença no caso Herzog pela Corte Interamericana de Direitos Humanos é, portanto, o disposto na decisão do Supremo Tribunal Federal na arguição de descumprimento de preceito fundamental n° 153, na qual foi reconhecida a validade da lei da anistia brasileira. Assim sendo, mostra-se inexequível a persecução penal dos agentes perpetradores dos crimes contra a humanidade, sendo possível afirmar que o Estado brasileiro gerou embaraços a uma norma pertencente ao *jus cogens*.

13. Com relação aos efeitos da decisão da Corte Interamericana no caso Herzog, pode-se dizer que, a despeito de determinadas ações já terem sido realizadas no âmbito interno, a ADPF nº 153 consiste no principal obstáculo tanto para o reconhecimento dos crimes contra a humanidade cometidos durante a ditadura militar como imprescritíveis quanto para a internalização integral das decisões da Corte Interamericana, de modo a realizar a persecução penal dos agentes. De quebra, percebe-se que, no presente, se torna cada vez mais necessário e evidente o ensamblamento entre a ampla expansão da democracia e a ascensão do direito internacional como um sistema global, de cuja realidade defluem, de um lado, a crescente interpenetração entre instituições nacionais e normas internacionais (direitos) e, por outro, da também crescente implementação de construções legais globais.[217] Acima de tudo, os países não podem insular-se, *maxime* em um momento de recuo dos avanços democráticos – que é, por definição, um período ambíguo, no qual as linhas mestras da história se tornam incertas.

Referências bibliográficas

ABI-SAAB, Georges. "The Uses of Article 19." *In European Journal of International Law.* Vol. 10, n. 2, p. 339-51, 1999.

AGBOR, Avitus A. *Instigation to crimes against humanity*: the flawed jurisprudence of the Trial and Appeal Chambers of the International Criminal Tribunal for Rwanda. Vol. 3. Leiden: Brill Nijhoff, 2013.

ALMEIDA, Marco Rodrigo. "Ministério Público reabre investigação sobre morte de Herzog." *In Folha de S.Paulo*, 30 jul. 2018.

CARVALHO, Cleide; PIVA, Juliana Dal. "Ministério Público Federal vai reabrir investigações sobre a morte de Vladimir Herzog." *In O Globo*, 30 jul. 2018.

ANDRADE, Christiano José de. *Da prescrição em matéria penal.* São Paulo: Revista dos Tribunais, 1979.

ANDREUCCI, Ricardo Antonio. *Legislação penal especial.* 12ª ed. São Paulo: Saraiva, 2017.

[217] THORNHILL, Chris, p. 26.

ARENDT, Hannah. *Eichmann em Jerusalém*: um relato sobre a banalidade do mal. Tradução de José Rubens Siqueira. São Paulo: Companhia das Letras, 1999.

BABY, Sophie. "¿Latinoamérica: un desvío necesario? Baltasar Garzón, de Pinochet a Franco." Traduction de Adriana Ortega Orozco. *In Revue de civilisation contemporaine Europes/Amériques*, n. 2, 2011.

BASSIOUNI, Cherif M. "Perspectives on International Criminal Justice." *In Virginia Journal of International Law*. Charlottesville, US, v. 50, n. 2, p. 269-323, winter, 2010.

BASTOS, Celso Ribeiro; MARTINS, Ives Gandra da Silva. *Comentários à Constituição do Brasil*: promulgada em 5 de outubro de 1988, v. 2. São Paulo: Saraiva, 2004.

BASTOS, Lúcia Elena Arantes Ferreira. "A lista de anistia brasileira: os crimes conexos, a dupla via e tratados de Direitos Humanos." *In Revista da Faculdade de Direito da Universidade de São Paulo*. Vol. 103, p. 593-628, jan./dez. 2008.

BATISTA, Nilo. [Prefácio.] *In Justiça de transição no Brasil*. MARTINS, Antonio; DIMOULIS, Dimitri; SWENSSON JUNIOR, Lauro Joppert; NEUMANN, Ulfrid. São Paulo: Saraiva, 2010.

BERGAMO, Mônica. "Cármen Lúcia se reunirá com filho de Herzog para discutir investigação sobre a morte do jornalista." *In Folha de S.Paulo*, 20 ago. 2018.

BERNAL-BERMÚDEZ, Laura. "Crimes against humanity: global justice and the human rights discourse." *In Vniversitas*, n. 129, p. 17-38, Bogotá, 2014.

BORNIA, Josiane Pilau. *Discriminação, preconceito e direito penal*. Curitiba: Juruá, 2007.

BROWNLIE, Ian. *Principles of international law*. Oxford: Oxford University Press, 2008.

——. *Princípios de direito internacional público*. Tradução de Maria Manuela Farrajota *et. al*. Lisboa: Fundação Calouste Gulbenkian, 1997.

BUSSY, Florent. "Le crime contre l'humanité, une etude critique." In Témoigner. Entre histoire et mémoire. Revue pluridisciplinaire de la Fondation Auschwitz. N. 115, p. 135-48, 2013.

CASSESE, Antonio. *International Criminal Law*. New York: Oxford University Press, 2003.

COMAS, Juan. "Os mitos raciais." *In Raça e Ciência I*. Tradução de Dora Ruhmaan e Geraldo Gerson de Souza. São Paulo: Perspectiva, 1970.

COMISSÃO NACIONAL DA VERDADE. *Relatório*. Vol. 1. Brasília: CNV, 2014.

COMISSÃO NACIONAL DA VERDADE. *Mortos e desaparecidos políticos*. Vol. 3. Brasília: CNV, 2014a.

COMPARATO, Fábio Konder. "A tortura no direito internacional." *In RCDH – Rede Capixaba de Direitos Humanos*. Disponível em: <rcdh.es.gov.br/pagina/mem%C3%B3ria-e-verdade>. Acesso em: 11 jul. 2018.

CORNELL, Stephen; HARTMANN, Douglas. *Ethnicity and Race – Making Identities in a Changing World*. 2nd Ed. Thousand Oaks, California: Pine Forges Press, 2007.

CRIDDLE, Evan J.; FOX-DECENT, Evan. "A Fiduciary Theory of *Jus Cogens*." *In Yale Journal of International Law*. Vol. 34, n. 331, 2009.

DANNER, Mark. "Now that we've tortured. Image, Guilt, Consequence." *In Torture: power, democracy, and the human body*. BISWAS, Shampa; ZALLOUA, Zahi. Washington: University of Washington Press, 2011.

DIAS, Jorge de Figueiredo. *Direito penal português*: parte geral II: as consequências jurídicas do crime. Lisboa: Aequitas e Editorial Notícias, 1993.

DIHN, Nguyen Quoc; DAILLIER, Patrick; PELLET, Alain. *Direito internacional público*. Tradução de Maria Irene Gouveia e Felipe Delfim Santos. Lisboa: Fundação Calouste Gulbenkian, 1999.

DIMOULIS, Dimitri. "Anistia e irretroatividade penal." *In Boletim IBCCRIM*, São Paulo, v. 19, n. 226, p. 9-10, set. 2011.

FAYET JÚNIOR, Ney; FERREIRA, Martha da Costa. "Da imprescritibilidade." *In Prescrição penal*: temas atuais e controvertidos: doutrina e jurisprudência. Porto Alegre: Livraria do Advogado, p. 47-90, 2011.

FIANDACA, Giovanni; MUSCO, Enzo. *Diritto penale*: parte generale. 5ª ed. Bologna: Zanichelli Editore, 2007.

FRAGOSO, Heleno Cláudio. "Genocídio." *In Revista de Direito Penal*. São Paulo: Revista dos Tribunais, n. 9-10, jan./jun. 1973.

FRULLI, Micaela. O direito internacional e os obstáculos à implantação de responsabilidade penal para crimes internacionais. *In Crimes internacionais e jurisdições internacionais*. CASSESE, Antonio; DELMAS-MARTY, Mireille (orgs.). Barueri: Manole, 2004.

GALVÃO, Fernando. *Direito penal*: parte geral. 8ª ed. Belo Horizonte: D'Plácido, 2017.

GERAS, Norman. *Crimes against humanity*: birth of a concept. Manchester: Manchester University Press. 2011.

GILI PASCUAL, Antoni. *La prescripción en Derecho penal*. Elcano: Editorial Aranzadi, 2001.

GUZMÁN DALBORA, José Luis. Crímenes internacionales y prescripción. *In Temas actuales del derecho penal internacional*. Contribuciones de América Latina, Alemania y España. AMBOS, Kai; MALARINO, Ezequiel; WOISCHNIK, Jan (Org.). Montivideo: Konrad Adenauer, 2005.

HEMPTINNE, Jérôme de. "La définition du crime contre l'humanité par le tribunal pe▯nal international pour l'ex-Yougoslavie." *In Revue trimestrielle des droits de l'homme*. Vol. 9, n. 36, p. 763-79, 1998.

HOURANI, Albert. *Uma história dos povos árabes*. Tradução de Marcos Santarrita. São Paulo: Companhia das Letras, 1994.

JALLOH, Charles Chernor. "What makes a crime against humanity a crime against humanity." *In American University International Law Rewiew*. Vol. 28, n. 2, p. 381-441, 2013.

JANKÉLÉVITCH, Vladimir. "Should We Pardon Them?" *In Critical Inquiry*. Tradução por Ann Hobart. Vol. 22, n. 3, p. 552-572, 1996.

JESCHECK, Hans-Heinrich; WEIGEND, Thomas. *Tratado de derecho penal*: parte general. 5ª ed. Traducción de Miguel Olmedo Cardenete. Granada: Comares, 2002.

JESUS, Damásio de. *Prescrição penal*. 20ª ed. São Paulo: Saraiva, 2011.

JUROVICS, Yann. "O processo internacional penal diante do tempo." *In Revista Brasileira de Ciências Criminais*. São Paulo: Revista dos Tribunais. Vol. 61, 2006.

KLEINLEIN, Thomas. "*Jus Cogens* Re-examined: Value Formalism in International Law." *In The European Journal of International Law*. Vol. 28, n. 1, p. 295-315, 2017.

KOK, Ruth A. *Statutory Limitations in International Criminal Law*. The Netherlands, The Hague: T.M.C. Asser Press, 2007.

LAFER, Celso. *A internacionalização dos direitos humanos*: Constituição, racismo e relações internacionais. Barueri: Manole, 2005.

LEIRIS, Michel. "Raça e Civilização." *In Raça e Ciência I*. Tradução de Dora Ruhmaan e Geraldo Gerson de Souza. São Paulo: Perspectiva, 1970.

LINDERFALK, Ulf. "The Effect of Jus Cogens Norms: Whoever Opened Pandora's Box, Did You Ever Think About the Consequences?" *In The European Journal of International Law*. Vol. 18, n. 5, p. 853-71, 2008.

LOZANO JÚNIOR, José Júlio. *Prescrição penal*. São Paulo: Saraiva, 2002.

LUBAN, David. "A theory of crimes against humanity." *In Yale Journal of International Law*. Vol. 29, p. 85-167, 2004.

MACHADO, Antônio Alberto. *Curso de processo penal*. 6ª ed. São Paulo: Atlas, 2014.

MACHADO, Fábio Guedes de Paula. *Prescrição penal*: prescrição funcionalista. São Paulo: Revista dos Tribunais, 2000.

MANZINI, Vincenzo. *Tratado de derecho penal*: primera parte: teorías generales. Tradução de Santiago Sentis Melendo. Buenos Aires: Ediar, 1950. v. 5 t. 5.

MAURACH, Reinhart; GÖSSEL, Karl Heinz; ZIPF, Heinz. *Derecho penal*: parte general. Traducción de la 7ª edición alemana por Jorge Bofill Genzsch. Buenos Aires: Desalma, 1995. t. 2.

MAY, Lary. *Crimes against humanity*: a normative account. Cambridge: Cambridge University Press, 2000.

MAZZUOLI, Valério de Oliveira. "Algumas questões jurídicas sobre a formação e aplicação do costume internacional." *In Revista dos Tribunais*. São Paulo: Revista dos Tribunais, p. 259-276, ano 101. Vol. 921, jul. 2012.

——. *Curso de direito internacional público*. 2ª ed. rev., atual. e ampl. São Paulo: Revista dos Tribunais, 2007.

MELLO, Celso Antônio Bandeira de. "Imprescritibilidade dos crimes de tortura." *In Revista de Direito Administrativo & Constitucional*. Belo Horizonte, a. 10, n. 40, p. 93-98, abr./jun. 2010.

MENDES, Gilmar Ferreira; BRANCO, Paulo Gustavo Gonet; COELHO, Inocêncio Mártires. *Curso de direito constitucional*. São Paulo: Saraiva, 2008.

MEYER, Emilio Peluso Neder. "Imprescritibilidade dos crimes de estado praticados pela ditadura civil-militar brasileira de 1964-1985." *In STF e Direitos Fundamentais: diálogos contemporâneos*. ANJOS FILHO, Robério Nunes dos (Org.). p. 173-192. São Paulo: JusPodivm, 2013.

NTOUBANDI, Faustin Z. Amnesty for crimes against humanity under international law. Leiden: Brill, 2011.

OSMO, Carla. "La justicia brasilera ante los crímenes de la dictadura: entre la imprescriptibilidad civil y la amnistía penal. *El proceso de juzgamiento y la producción de verdad*: los modos de nombrar a los crímenes de Estado." *In IX Seminario Internacional Políticas de la Memoria, 2016*. Disponível em: <conti.derhuman.jus.gov.ar/2016/11/seminario-ponencias.php>.

PASTOR, Daniel R. *Tensiones*: ¿derechos fundamentales o persecución penal sin límites? Buenos Aires: Editores Del Puerto, 2004.

PIOVESAN, Flávia. "Controle de convencionalidade, direitos humanos e diálogo entre jurisdições." *In Controle de convencionalidade*: um panorama latino-americano. Brasil, Argentina, Chile, México, Peru, Uruguai. MARINONI, Luiz Guilherme; MAZZUOLI, Valério de Oliveira (Coord.), p. 115-45. Brasília: Gazeta Jurídica, 2013.

PORTO, Antônio Rodrigues. *Da prescrição penal*. 5ª ed. São Paulo: Revista dos Tribunais, 1998.

POSSAS, Mariana Thorstensen. "A lei contra a tortura no Brasil, a construção do conceito de 'crime de lesa-humanidade' e os paradoxos da punição criminal." *In Revista de Estudos Empíricos em Direito*, vol. 3, n. 1, p. 98-112, jan. 2016.

QUEIROZ, Paulo. *Curso de direito penal*: parte geral. 11ª ed. Salvador: JusPodivm, 2015.

RAMOS, André de Carvalho. "O primeiro ano da sentença da Guerrilha do Araguaia." *In Revista Consultor Jurídico*, 24 de novembro de 2011. Disponível em: <conjur.com.br/2011-nov-24/>.

REJALI, Darius. "Torture and Democracy: what now?" *In Torture: power, democracy, and the human body*. BISWAS, Shampa; ZALLOUA, Zahi. Washington: University of Washington Press, 2011.

ROTHENBURG, Walter Claudius. "Constitucionalidade e convencionalidade da lei de anistia brasileira." *In Revista Direito GV*, São Paulo, v. 9, n. 2, p. 681-706, jul./dez. 2013.

ROUSSEAU, Ch. *Derecho internacional público profundizado*. Tradução de Delia García Daireaux. Buenos Aires: La Ley, 1966.

SADAT, Leila Nadya. "Putting peacetime first: crimes against humanity and the civilian population requirement." *In Emory International Law Review*. n. 198, v. 31, p. 197-269, 2017.

SANTOS, Christiano Jorge. *Prescrição penal e imprescritibilidade*. Rio de Janeiro: Elsevier, 2010.

——. *Direito penal*: parte geral. Rio de Janeiro: Elsevier, 2007.

SARLET, Ingo Wolfgang. "Notas sobre as relações entre a Constituição Federal de 1988 e os tratados internacionais de direitos humanos na perspectiva do assim chamado controle de convencionalidade." *In Controle de convencionalidade*: um panorama latino-americano. Brasil, Argentina, Chile, México, Peru, Uruguai. MARINONI, Luiz Guilherme; MAZZUOLI, Valério de Oliveira (Coord.), p. 87-114. Brasília: Gazeta Jurídica, 2013.

SHANY, Yuval. "The Prohibition Against Torture and Cruel, Inhuman, and Degrading Treatment and Punishment: Can the Absolute Be Relativized Under Existing International Law?" *In Catholic University Law Review*. V. 53, i. 3, n. 837, 2007.

SHAW, Malcolm N. *International Law*. 5ª ed. Cambridge (UK): Cambridge University Press, 2003.

SILVA FILHO, José Carlos Moreira da. "O Julgamento da ADPF 153 pelo Supremo Tribunal Federal e a Inacabada Transição Democrática Brasileira." *In Trabalho e Regulação*: as lutas sociais e as condições materiais da democracia. FILHO, Wilson Ramos (Org.). Belo Horizonte: Fórum, p. 129-77, 2012.

——. "Dever de Memória e a construção da História Viva: a atuação da Comissão de Anistia do Brasil na concretização do Direito à Memória e à Verdade." *In Repressão e Memória Política no Contexto Ibero-Brasileiro*: estudos sobre Brasil, Guatemala, Moçambique, Peru e Portugal. Brasília: Ministério da Justiça, Comissão de Anistia, p. 186-227, 2010.

——. "O anjo da história e a memória das vítimas: o caso da ditadura militar no Brasil." *In Veritas*, Porto Alegre, v. 53, n. 2, abr./jun., 2008.

——; Camila Tamanquevis dos; RAMOS, Caroline; ROLIM, Sofia Bordin; SIQUEIRA, Andressa de Bittencourt; TRINDADE, Ivonei Souza; MAGALHÃES, Letícia Vieira; DREHER, Lídia Pereira; MORAES, Manoel; BENEVENUTO, Marília. *In Amicus Curiae*: Corte Interamericana de Direitos Humanos – caso Herzog e outros vs. Brasil. Rio de Janeiro: Tirant lo Blanch, 2018.

SILVA, José Afonso da. *Comentário contextual à Constituição*. São Paulo: Malheiros, 2005.

SILVEIRA, Fabiano Augusto Martins. *Da criminalização do racismo*: aspectos jurídicos e sociocriminológicos. Belo Horizonte: Del Rey, 2006.

SIQUEIRA, Andressa de Bittencourt. "O vínculo democrático euro-brasileiro quanto ao direito de acesso à informação pública." *In (Re)pensando Direito*, v. 08, n. 15, p. 104-19, jan./jul, 2018.

SOMMER, Christian G. "La imprescriptibilidad de la acción reparatoria por crímenes de lesa humanidad y la responsabilidad del Estado. Comentarios sobre la jurisprudencia y la legislación argentinas." *In Revista Derecho del Estado*. N. 41, p. 285-315, jul./dez. 2018.

STRONG, S. I. "General Principles of Procedural Law and Procedural *Jus Cogens*." *In Penn State Law Review*. Vol. 122, n. 2, p. 349-409, 2018.

THORNHILL, Chris. "O direito internacional e o futuro da democracia." *In Revista AGU*. Vol. 17, nº 01, 19-44, jan.-mar., 2018.

TRIPPO, Mara Regina. *Imprescritibilidade penal*. São Paulo: Juarez de Oliveira, 2004.

VELLOSO, Ana Flavia. "A imprescritibilidade dos crimes internacionais." *In Revista Eletrônica Ânima*. Curitiba: OPET, n. 01, p. 242-61, 2009. Disponível em: <opet.com.br/revista/direito/anima_1.html>.

WEICHERT, Marlon Alberto. Crimes contra a humanidade perpetrados no Brasil: lei de anistia e prescrição penal. *In Revista Brasileira de Ciências Criminais*, São Paulo, v. 16, n. 74, p. 170-229, set./out. 2008.

WET, Erika de. "The prohibition of torture as an international norm of *jus cogens* and its implications for national and customary law." *In European Journal of International Law*. Vol. 15, n. 1, p. 97-121, 2004.

YACOBUCCI, Guillermo J. *El sentido de los principios penales*. Buenos Aires: Ábaco de Rodolfo Depalma, 2002.

ZAFFARONI, Eugenio Raúl; PIERANGELI, José Henrique. *Manual de direito penal brasileiro*: parte geral. 11ª ed. São Paulo: Revista dos Tribunais, 2015.

Demais documentos internacionais/jurisprudenciais citados...

OEA. CIDH. Caso Gomes Lund e outros ("Guerrilha do Araguaia") vs. Brasil. Sentença de 24 de novembro de 2010.

OEA. CIDH. Caso Herzog e outros vs. Brasil. Sentença de 15 de março de 2018.

OEA. CIDH. Relatório n. 71/15, 2015.

Countrol Council Law n. 10. Article II. Disponível em: "The Avalon Project". http://avalon.law.yale.edu/imt/imt10.asp.

Estatuto del Tribunal Militar Internacional De Nuremberg, 1945, p. 3. Disponível em: <cruzroja.es/principal/documents/1750782/1852538/estatuto_del_tribunal_de_nuremberg.pdf/20090fa2-e5bf-447a-aa96-612403df2a66>.

ICC. Rome Statute of the International Criminal Court, 1998. Disponível: <icc-cpi.int/nr/rdonlyres/ea9aeff7-5752-4f84-be94-0a655eb30e16/0/rome_statute_english.pdf>.

ICJ. Caso da Plataforma Continental do Mar do Norte (República Federal da Alemanha v. Dinamarca/ República Federal da Alemanha v. Países Baixos), j. 20.02.1969.

ILC 47th Session, 13th Report on the Draft Code of Crimes against the Peace and Security of Mankind, by Special Rapporteur Mr. Doudou Thiam, UN Doc A/CN. 4/466, 1995.

ILC, First Report on jus cogens by Dire Tladi, Special Rapporteur, UN Doc. A/CN.4.693, 8 March 2016.

ILC, First Report on jus cogens by Dire Tladi, Special Rapporteur, UN Doc. A/CN.4.693, 8 March 2016.

Informativo STF n. 846 [*online*].

International Convention for the Protection of All Persons from Enforced Disappearance.

ONU, doc. E/447.

ONU, doc. E/794.

ONU. 28ª Sessão da Assembleia Geral da ONU. Resolução 3.074, sobre os Princípios de Cooperação Internacional na Identificação, Prisão, Extradição e Punição de Pessoas Condenadas por Crimes de Guerra e Crimes contra a Humanidade, de 3 de dezembro de 1973.

ONU. 21ª Sessão da Assembleia Geral da ONU. Resolução 2.184 sobre a questão dos territórios sob a administração portuguesa, de 12 dezembro de 1966.

ONU. 21ª Sessão da Assembleia Geral da ONU. Resolução 2.202 sobre o Apartheid na África do Sul, de 16 de dezembro de 1966.

ONU. 22ª Sessão da Assembleia Geral da ONU. Resolução 2.338 sobre a punição de criminosos de guerra e daqueles que cometeram crimes contra a humanidade, de 18 de dezembro de 1967.

ONU. 24ª Sessão da Assembleia Geral da ONU. Resolução 2.583 sobre a punição de criminosos de guerra e daqueles que cometeram crimes contra a humanidade, de 15 de dezembro de 1969.

ONU. 25ª Sessão da Assembleia Geral da ONU. Resolução 2.712 sobre a punição de criminosos de guerra e daqueles que cometeram crimes contra a humanidade, de 14 de dezembro de 1970.

ONU. 26ª Sessão da Assembleia Geral da ONU. Resolução 2.840, sobre a punição de criminosos de guerra e daqueles que cometeram crimes contra a humanidade, de 18 de dezembro de 1971.

ONU. Comissão de Direito Internacional da Assembleia Geral das Nações Unidas. 47ª Sessão. 13º Relatório Especial para o sobre Crimes contra a Humanidade, por Doudou Thiam. Documento UN Doc A/CN. 4/466, p. 4.

ONU. Comissão de Direito Internacional. Princípios de Direito Internacional reconhecidos nos julgamentos do Tribunal de Nuremberg, 1950.

ONU. Estatuto da Corte Internacional de Justiça.

ONU. Yearbook of the International Law Commission, v. II, 1954.

REINO UNIDO. Cámara de los Lores: La Reina vs. Bartle y el Comisionado de Policía de Londres y otros. *Ex Parte* Pinochet.

Report of the International Law Commission on the work of its forty-sixth session (2 May-22 July 1994). §147. Disponível em: http://www.un.org/law/ilc/index.htm.

Report of the International Law Commission on the work of its forty-sixth session (2 May-22 July 1994). §§ 147-153, p. 80-81. Disponível em: http://www.un.org/law/ilc/index.htm.

Doc E/CN.4/1990/13, excerpts in N.J. Kritz, chap. I, n. 3 at 474; it is Worth mentioning here that the Human Rights Commission has been replaced by the Human Rights Council, established by the United Nations General Assembly Resolution 60/251 of 15 March 2006. The Human Rights Council has hitherto held five sessions; the last one having been held from 11 to 18 June, 2007.

TPII. Caso Dusko Tadic. Caso n. IT-94-1-T, j. 07.05.1997.

TPII. Caso n. ICTR-96-3-T, Câmara de Julgamento, j. 06.12.1999.

TPII. Caso n. IT-95-17/1-T, Câmara de Julgamento, j. 18.12.1998.

TPII. Caso Vukovar Hospital. Caso n. IT-95-13-R 6, j. 03.04.1996.

TPIR. Caso n. ICTR-96-4-T, Câmara de Julgamento, j. 02.09.1998.

TPIR. Caso n. ICTR-9S-I-T, Câmara de Julgamento, j. 21.05.1999.

TRF3. ED 2008.61.81.013434-2, j. 18.05.1994.

STF, HC 82424-2/RS, Tribunal Pleno, rel. Min. Moreira Alves, j. 19.9.03.

STF, RE 460971, 1ª T., rel. Min. Sepúlveda Pertence, j. 13.02.2007.

STJ. HC 15155/RS, 5ª T., rel. Min. Gilson Dipp, j. 18.12.2001.

STJ. Recurso de Habeas Corpus 25.734-SP, rel. Min. José Arnaldo da Fonseca, j. 11.11.2003.

STJ. Recurso de Habeas Corpus 7.052-RJ, rel. Min. Félix Fischer, j. 7.4.1998.

STJ. REsp n. 33.782-7 (SP), 5ª T., rel. Min. José Dantas, j. 18.08.93.

***Sites* consultados**:

Estatuto del Tribunal Militar Internacional de Nuremberg, 1945, p. 3. Disponível em: <cruzroja.es/principal/documents/1750782/1852538/estatuto_del_tribunal_de_nuremberg.pdf/20090fa2-e5bf-447a-aa96-612403df2a66>.

http://www.eccc.gov.kh/

http://www.unakrt-online.org

http://avalon.law.yale.edu/imt/imt10.asp

http://www.icrc.org/Web/Eng/siteeng0.nsf/html/party_main_treaties

http://www.mfa.gov.il/MFA/

http://treaties.un.org/Pages/ParticipationStatus.aspx

http://www.icj-cij.org/

http://www.law.cornell.edu/uscode/

http://www.un.org/law/ilc/index.htm

http://www.unhcr.org/refworld/docid/4374af404.html

http://www.comlaw.gov.au/

http://laws.justice.gc.ca/en/C-45.9/FullText.html

http://www.amnesty.fr

http://www.senat.fr/leg/tas07-107.html

Tema VII

Prescrição no Código de Direito Canônico

Carlos José Monteiro Steffen

1. Conceito e limites da prescrição. Canonização da lei civil

Ser, em Jesus Cristo, sacramento, ou seja, sinal e instrumento, da comunhão com Deus e da unidade do gênero humano (cf. LG 1). Assim se expressa o Concílio Vaticano II a respeito da missão que Deus confiou para a Igreja cumprir no mundo. Para a consecução de sua missão, a Igreja precisa das coisas temporais, embora não deposite nelas sua esperança (cf. GS 76). Por essa razão, por direito originário,[1] a Igreja católica pode adquirir, possuir, administrar e alienar bens temporais (cf. cânon 1254 §1 do CIC 1983). Historicamente, a principal forma de prescrição é o denominado *usucapião*: a aquisição de bens temporais por transcurso de tempo.

O Direito canônico nasceu e se desenvolveu principalmente no contexto do Império romano. Do Direito romano, a Igreja recolheu e aplicou o instituto da prescrição. Atualmente, a Igreja recebe-o tal como está regulado no ordenamento jurídico de cada nação, desde que as leis seculares não sejam contrárias ao direito divino, nem sejam incompatíveis com o Direito canônico (cf. cânon 22).

O Código de Direito canônico trata da prescrição em quatro lugares diferentes. Na parte destinada às normas gerais, nos cânones 197-199. Na seção referente à aquisição de bens temporais, nos cânones 1268-1270. No livro dedicado às sanções na Igreja, no cânon 1362. Por fim, a prescrição é regulada nos cânones 1492, 1512, 1621 e 1623 do livro VII do Código de Direito canônico.

2. Requisitos para a prescrição: matéria apta, posse continuada, tempo legal, boa-fé

A prescrição é um modo originário de adquirir ou de perder bens ou direitos e ainda de libertar-se de obrigações, mediante decurso de determinado tempo e demais requisitos estabelecidos pela lei. O primeiro requisito para a prescrição consiste na matéria apta. A regra geral é a aptidão das coisas e ações para a prescrição. Contudo, existem coisas que não estão sujeitas à prescrição. De acordo com o cânon

[1] Direito originário ou nativo (*ius nativum*) é aquele que a Igreja recebeu por disposição de Jesus Cristo, independentemente de qualquer concessão por parte do Estado. O direito de gerir bens temporais é um direito divino positivo, que a Igreja exerce segundo a legislação civil de cada Estado.

199, não estão sujeitos a prescrição os direitos e as obrigações de lei divina, natural ou positiva, os direitos obtidos por privilégio apostólico, e os direitos e as obrigações diretamente referentes à vida espiritual dos fiéis cristãos, tais como o direito de trabalhar para que a mensagem da salvação seja comunicada a todos os homens (cf. cânon 211), o direito de prestar culto a Deus segundo as normas do próprio rito aprovado pela autoridade eclesiástica ou o direito de praticar sua própria forma de vida espiritual, desde que seja conforme com a doutrina da Igreja (cf. cânon 214).

O cânon 199 também exclui da prescrição os limites certos e incontestes das circunscrições eclesiásticas,[2] as espórtulas de missa, a provisão de um ofício eclesiástico que requer exercício de poder de ordem e, por fim, o dever da autoridade eclesiástica de visitar os seus fiéis, bem como o dever destes de obediência à autoridade legítima.

O segundo requisito é a posse continuada mediante título justo. A posse deve ser em nome próprio com a pretensão de ser titular do bem ou direito. Deve ser continuada, sem ser viciada por violência, força ou clandestinidade. O título pode ser real, putativo ou presumido. Em todo caso, deve ser idôneo, ou seja, deve fundar a boa fé do sujeito de domínio.[3]

O tempo é o terceiro requisito para a prescrição. Como regra geral, é o previsto pelo ordenamento jurídico de cada Estado. Contudo, o cânon 197 contempla a possibilidade de que o Código de Direito canônico determine outra coisa. Assim, o cânon 1270 estabelece que as coisas imóveis, as coisas móveis preciosas, os direitos e ações, pessoais ou reais, da Sé Apostólica, prescrevem no espaço de cem anos. Os bens ou direitos das pessoas jurídicas públicas eclesiásticas prescrevem em trinta anos. Tais prazos especiais são para a prescrição *contra* as pessoas jurídicas públicas eclesiásticas. A favor delas, vale a norma geral civil de cada nação.

O quarto requisito para a prescrição é a boa fé (*bona fide*). Para a doutrina canônica, a boa fé jurídica consiste no juízo prático, que se presume existente no foro externo e é justificado com algum título ou com elementos objetivos que podem ser identificados com certa facilidade.[4] O cânon 198 estabelece que a boa-fé é necessária não apenas no início, mas durante todo o período de tempo exigido para a prescrição.

3. Prescrição das coisas sagradas

A prescrição das coisas sagradas está entre as exceções da regra geral do cânon 197. Coisas sagradas são aquelas dedicadas ao culto divino por meio da

---

[2] Circunscrição eclesiástica é um conceito genérico para designar cada comunidade de fiéis cristãos com certo grau de autonomia eclesial e com cuidado pastoral próprio, tais como a diocese, a prelazia pessoal ou territorial, a abadia territorial, o vicariato apostólico, a prefeitura apostólica ou a administração apostólica (cf. c. 368).

[3] Cf. BENEYTO BERENGUER, R. Prescripción. In: OTADUY, J.; VIANA, A.; SEDANO, J. (dir.). *Diccionario General de Derecho Canónico*. Pamplona: Aranzadi, Thomson Reuters, 2012, v. 6, p. 417.

[4] Cf. BENEYTO BERENGUER, R. Prescripción, p. 418.

dedicação ou da bênção (cf. cânon 1171). Em vista da proteção dos bens eclesiásticos, a norma distingue entre as coisas sagradas pertencentes às pessoas privadas e as pertencentes às pessoas jurídicas eclesiásticas públicas. Em todos os casos, se deve atender à legislação civil de cada Estado. O cânon 1269 acrescenta ainda uma limitação: as coisas sagradas não devem ser empregadas para uso profano, a menos que hajam perdido a sacralidade.

O bem comum da Igreja exige que a ação criminal transcorra em um certo prazo. O cânon 1362 estabelece a legislação sobre a prescrição de ação penal. Salvo as exceções previstas na lei, a ação criminal extingue-se por prescrição ao fim de três anos. Três são as exceções. Primeira: os delitos reservados à Congregação para a Doutrina da Fé são regidos por normas próprias. Segunda: tratando-se de ação pelos delitos referidos nos cânones 1394, 1395, 1397 e 1398, a prescrição acontece ao fim de cinco anos. Terceira: para os delitos sancionados por uma lei particular e não pelo direito comum, a prescrição ocorre ao fim do prazo estabelecido pela lei particular.

O § 2 do cânon 1363 considera o modo de contar o transcurso de tempo. Em tese, a prescrição começa a transcorrer a partir do dia em que foi cometido o delito. É importante observar que ação criminal não se identifica com a ação contenciosa que busca assegurar a reparação dos danos causados pelo delito. Por conseguinte, a extinção da ação criminal não extingue a ação para o ressarcimento de danos (cf. c. 1704, 1).[5]

Toda ação se extingue por prescrição de acordo com o direito. Contudo, o cânon 1492 exclui a possibilidade de prescrever as ações referentes ao estado das pessoas. O cânon 1512, 4º estabelece a interrupção da prescrição quando a citação tiver sido legitimamente notificada ou as partes tiverem comparecido perante o juiz para agir na causa. Por fim, os cânones 1621 e 1623 regulam a prescrição da querela de nulidade da sentença, originada de vício de nulidade, seja sanável ou insanável.

No Brasil, a prescrição é regida pelos artigos 189-206 do Código Civil – Lei 10.406, de 10 de janeiro de 2002. (Os artigos 189 a 206 do Código Civil tratam da prescrição, sendo que, nos artigos 197 a 201, são previstos os casos que impedem ou excluem a prescrição, como ocorre também no artigo 199; já os artigos 202 a 204 cuidam da interrupção da prescrição, aspecto que também aparece no artigo 1512; por fim, são indicados os prazos da prescrição nos artigos 205 e 206, da mesma forma que ocorre no cânon 1362 do Código de Direito canônico.)

4. Conclusão

Os fins próprios da Igreja são a chave para compreender a legislação canônica. A Igreja é *communio fidelium* organicamente estruturada. Ela existe para

---

[5] Cf. BORRAS, A. De la cesación de las penas. In: MARZOA, A.; MIRAS, J.; RODRIGUEZ OCAÑA, R. (coord.). *Comentario Exegético al Código de Derecho Canónico*. 3. ed. Pamplona: Eunsa, 2002, v. IV/1, p. 460.

tornar todos os homens participantes da redenção de Jesus Cristo. Essa finalidade determina a sua missão: comunicar aos homens a mensagem e a graça da salvação. O Código de Direito canônico está a serviço da missão eclesial.

A missão do povo de Deus é de natureza religiosa e, por isso mesmo, profundamente humana (cf. GS 11). No desempenho de sua missão ao longo dos séculos, a Igreja incorpora os bens culturais de cada povo, tendo em vista a glória de Deus e a salvação dos homens. Assim, a conexão com o Direito secular é necessária e enriquecedora para o Direito canônico.

Abreviaturas

CIC: Codex Iuris Canonici.

LG: Concílio Vaticano II, Constituição *Lumen Gentium.*

GS: Concílio Vaticano II, Constituição *Gaudium et Spes.*

Bibliografia

AZNAR GIL, Federico R. *La administración de los bienes temporales de la Iglesia.* 2. ed. Salamanca: Universidad Pontificia de Salamanca, 1993.

BENEYTO BERENGUER, Remigio. Prescripción. In: OTADUY, J.; VIANA, A.; SEDANO, J. (dir.). *Diccionario General de Derecho Canónico.* Pamplona: Aranzadi, Thomson Reuters, 2012, v. 6, p. 416-419.

BORRAS, Alphonse. De la cesación de las penas. In: MARZOA, A.; MIRAS, J.; RODRIGUEZ OCAÑA, R. (coord.). *Comentario Exegético al Código de Derecho Canónico.* 3. ed. Pamplona: Eunsa, 2002, v. IV/1, p. 459-460.

CÓDIGO de Direito Canônico. Promulgado por João Paulo II, Papa. São Paulo: Loyola, 2013.

MIÑAMBRES, Jesús. De la prescripción. In: MARZOA, A.; MIRAS, J.; RODRIGUEZ OCAÑA, R. (coord.). *Comentario Exegético al Código de Derecho Canónico.* 3. ed. Pamplona: Eunsa, 2002, v. 1, p. 1091-1100.

PAOLIS, Velasio de. *Los bienes temporales de la Iglesia.* Madrid: BAC, 2012.

SCHOUPPE, Jean-Pierre. *Derecho patrimonial canónico.* Pamplona: Eunsa, 2007.

TIRAPU, Daniel. De la adquisición de los bienes. In: MARZOA, A.; MIRAS, J.; RODRIGUEZ OCAÑA, R. (coord.). *Comentario Exegético al Código de Derecho Canónico.* 3. ed. Pamplona: Eunsa, 2002, v. 4/1, p. 92-97.

Tema VIII

Da prescrição como limite à reação penal: um estudo a partir da penologia e da punição

Ney Fayet Júnior

Carlos Pereira Thompson Flores

No presente texto, a fim de propiciar uma fundamentação de cunho racional e democrático do instituto da prescrição em matéria penal, iremos abordar os principais aspectos de duas categorias de significativa importância para as ciências criminais, quais sejam: a penologia e a punição. Trataremos de conceituá-las e indicar os mais relevantes aspectos que as definem e fundamentam; passando, ainda, pela análise de algumas de suas intersecções com os outros saberes sociocriminais. Espera-se, com isso, alcançar ao leitor – já munido desse substrato teórico e da delimitação de conceitos que se vai esposar – uma visão ampla do *locus* em que se deve considerar a incidência da prescrição penal – enquanto limitador (temporal) do poder punitivo estatal –, a partir de critérios técnico-científicos e, sobretudo, práticos.

Pelas fortes semelhanças entre a natureza de ambas as categorias ou, até mesmo, pelo vínculo de certos aspectos de uma (punição) com a outra (penologia), ao caracterizá-las, vamos estabelecer o necessário cotejamento dos institutos, a fim de oferecer algumas informações (ou, melhor, alguns dados teóricos) sobre cada um desses conceitos.

Escapando às notas e aos nexos mais previsíveis, devemos começar explicando que a penologia – diferente do que se poderia imaginar – não é propriamente o estudo da pena (penalogia), mas, em verdade, e em uma abordagem bastante ampla, o exame da reação e do controle social em face de pessoas ou condutas tidas pela coletividade – ou parte dela – como danosas, perigosas ou antissociais.

Tendo isso *in mente*, vale dizer que o núcleo da penologia é a reação social, a partir de seu viés fático e não puramente jurídico (uma vez que – como adiante se verá – a reação social pode assumir as mais variadas formas, sendo a jurídica apenas uma delas), ou seja, como um vasto fenômeno biopsicossocial.

Não obstante muitos autores a definam sob uma perspectiva fortemente atrelada ao Direito, como é o caso de Eugenio Cuello Calón, Raúl Carrancá y Trujillo, Juan Carlos García Basalo, Carlos García Valdés e outros, ao lançarem mão de termos como "delito", "pena" e "delinquente", tem-se por certo que nem sempre o comportamento ao qual se reage está previsto juridicamente como um ilícito de índole penal, bem como a própria reação não se coloca necessariamente como pena ou medida de segurança. (Sem dúvida, a reação jurídica (ou melhor: jurídico-penal) é a de maior significado ou expressão entre as outras formas existentes; daí por que também dela nos ocupamos e, no que interessa a este estudo, assumirá [como é de rigor] uma notável prevalência, na medida em que a incidência da prescrição penal terá por consequência, invariavelmente, a extinção do seu pressuposto: a punibilidade.)

A autonomia científica da penologia não é questão pacífica entre os doutrinadores. Quanto a essa questão, duas vertentes podem ser constatadas: existem (i.) aqueles que a negam como ciência independente – em sua maioria norte-americanos (Edwin Sutherland e Donald Taft, particularmente; e Hans Göppinger – este alemão); e (ii.) outros que a defendem como autônoma – principalmente os europeus (Ernst Seeling, Paul Cuche, Stephan Hurwitz). Entre os primeiros, há a tendência de encaixá-la como parte da criminologia, mais precisamente, como uma área criminológica destinada ao controle do delito ou à modificação da conduta dos delinquentes. Quanto aos segundos, põem-na ao mesmo patamar científico da criminologia, ao sustentarem sua total independência. Para estes, muito embora a penologia se utilize de dados e metodologias hauridos da criminologia, mantém, inobstante, uma independência epistemológica que é a marca, em última análise, de sua nítida autonomia.

A penologia é uma ciência fática, na medida em que observa e analisa os acontecimentos e processos que se desenvolvem na realidade material, tendo por finalidade um conhecimento racional e objetivo logicamente organizado capaz de produzir suas próprias propostas e teorias, uma vez que agrupa todas as características das ciências empíricas e não se esgota com a mera descrição dos fatos; senão busca, acima de tudo, a sua explicação.

Sendo assim (se ciência é – e todo conjunto de conhecimentos, para ser considerado como tal, há de ter objeto e método bem definidos), tem-se que o objeto de estudo da penologia são as reações sociais – nas suas múltiplas formas – perante condutas ou sujeitos percebidos como perigosos pela coletividade; enquanto que seu método é o científico em geral, adaptando-o, de maneira particular, à espécie de pesquisa na qual desenvolve a sua produção científica.

Aloca-se a penologia, então, no vasto ramo das ciências criminológicas, ao lado de saberes como a antropologia, a biologia, a psicologia e a sociologia criminológicas, a criminalística e a vitimologia *etc*. Cabe ainda frisar: em que pese ser um componente indispensável da criminologia (ciência fortemente interdisciplinar, tomando-a como a síntese das antes elencadas), com esta não se confunde, visto que seu objeto de estudo é bastante especializado.

Como destacado, é a reação social o ponto ao redor do qual gravita a ciência penológica; sem embargo, antes de adentrarmos esse assunto, importa precisar aquilo que a provoca – o desvio.

Ao se tratar de matéria social, é possível constatar a existência de um termo médio, expressão daquilo que se tem como a maneira mais generalizada de ser ou de se comportar; tomando-se por desvio tudo aquilo que deste ponto se afasta. Entretanto, levando-se isso em consideração, e muito embora se possa medir e representar graficamente desde a estatura, o peso ou a inteligência médios de um grupo de indivíduos, resta sempre a incerteza quanto à exatidão dos seus números, por se tratar, aqui, de problemas sociais, além da nevrálgica controvérsia quanto à precisão do conceito de "normalidade" ou, até mesmo, quanto ao exato momento em que se pode auferir a (des)qualificação de "anormalidade" a determinado desvio.

Os grandes dilemas estão, por conseguinte, em definir uma faixa segura a ser compreendida como normalidade e, ainda, um segundo, que pode ser captado como uma zona de tolerância que, não obstante afastada do termo médio e não estando dentro do "normal", não pode ser avaliada através do prisma da "anormalidade". Deve-se ter em mente, além disso, que o desvio – assim como a reação – pode assumir diferentes roupagens, ao afastar-se do ponto médio para um ou outro lado. É dizer: não se considera por desvio apenas a conduta ou o sujeito desviado negativamente (antissocial), mas, muito frequentemente, também as condutas e sujeitos desviados positivamente (superssociais), como é o caso, por exemplo, dos "santos" e dos "heróis". A reação seguirá, logicamente, a natureza do desvio que a gerou, como, de pronto, passaremos a ver.

Existem três regras básicas no que tange à reação social: (i.) a todo desvio corresponde uma reação, tendência encontrada desde os animais selvagens até os seres humanos, uma vez que a coletividade tem por hábito reagir àqueles que se afastam do termo médio e são percebidos como desviados. Embora seja essa a regra geral, casos haverá em que existe reação sem desvio (preconceito) ou, ao contrário, desvio sem reação. Por certo, ao sujeito ou à conduta desviante sobrevirá uma reação em quantidade e qualidade diferentes segundo o lugar e a época (aquilo que seria tranquilamente aceito no carnaval, seria imperdoável dentro de um templo); (ii.) há uma correlação entre o tamanho do desvio e a magnitude da reação, tendo que, quanto maior o desvio, maior será a reação. Assim, a reação quanto àquilo que é meramente estranho ou extravagante será um gracejo ou um olhar ofensivamente curioso, ao passo que aqueles que rompem os limites da tolerância serão etiquetados de "loucos", "criminosos" ou "doentes", vindo a gerar, não raro, reações as mais violentas, desde o aprisionamento até a execução; e, (iii.) por fim, a terceira regra estabelece que a reação segue a natureza do desvio. Isso permite afirmar que a reação poderá assumir, basicamente, duas feições: negativa, em forma de sanção – quando em resposta a uma conduta antissocial –, ou positiva, em forma de recompensa (prêmio) – quando decorre de uma conduta superssocial.

Não obstante tenhamos tratado, até aqui, da reação social de maneira genérica, faz-se necessário referir algumas das múltiplas formas em que esta pode vir a se expor. Desde logo, adianta-se que, conquanto a forma de reação se mostre diretamente correlacionada ao conteúdo dos interesses ou valores ameaçados pelo desvio (religiosos, políticos *etc.*), na imensa maioria das vezes ela se apresenta entremesclada.

Apenas a título de informação, mencionamos as formas mais notórias de reação social: (i.) comunitária (que é caracterizada por sua espontaneidade, não seguindo padrões predeterminados e demonstrando forte carga emocional. Aqui, a coletividade – ou parte significativa dela – reage contra o sujeito ou a conduta que considera desviado, normalmente por se afastar das regras de convivência); (ii.) religiosa (aquela que deriva de uma violação a certa crença, marcada pelo radicalismo e ínfima zona de tolerância); (iii.) política (que provém tanto do governo quanto dos governados, podendo estar legalmente organizada por parte do Estado ou, no outro extremo, valer-se de meios que vão desde a crítica até a guerrilha); (iv.) ideológica (confundível facilmente com as reações política e religiosa, mas que tem nas teorias científicas e no ambiente acadêmico sua maior expressão); e (v.) jurídica (a mais grave e melhor organizada das reações sociais; para a qual destinamos o próximo ponto).

A reação jurídica pode ser entendida pelo que, tradicionalmente, se considera como a reação comunitária regulamentada pelo governo, com vistas a evitar o caos social. Em um dado momento, a sociedade avalia determinado sujeito ou conduta como danosos, e para impedir que a reação venha a ser injusta, desproporcional ou incontrolável, cumpre ao Estado a organização, a regulamentação e – o mais importante – o monopólio da reação jurídica, cabendo a ele, e a mais ninguém, a manutenção da *pax* social.

Se a reação social apresenta diversas nuances, pode-se dizer que o mesmo da reação jurídica, uma vez que a ciência do Direito se recorta em distintos ramos especializados, dos quais existirão diferentes variedades de reação, as quais, em decorrência da complexidade e evolução das sociedades, se distinguem quanto à forma e ao conteúdo.

Para este breve texto, interessa, primordialmente, a reação penal, a qual se concebe como a mais drástica de todas as reações, pela violência de sua força coercitiva e pelo enorme aparato repressor que a sustenta. Sem dúvida, ao indivíduo desviado, não há mais dura, violenta e melhor organizada reação social que a proveniente da justiça criminal. Entre os entes que a compõem, podem-se citar, por exemplo, policiais, juízes, jurados, carcereiros, Minstério Público, advogados, defensores públicos, testemunhas, peritos *etc.*, além de sua base normativa, as leis penais e processuais penais, que têm por fim a organização e a aplicação da reação penal.

Teorias as mais diversas se propuseram a explicar e a justificar a pena e seus fins. Isso porque a sua finalidade vem de ser a sua própria justificação e, em grande medida, o fundamento que respalda o direito de reagir penalmente.

Podem-se classificar referidas teorias em absolutas, relativas ou mistas, das quais é possível extrair, basicamente, três eventuais finalidades da reação penal: a retribuição, a prevenção geral e a prevenção especial.

De acordo com as teorias absolutas, a pena seria um fim em si mesma, encontrando na retribuição – tanto moral quanto jurídica – o seu fundamento. Pune-se porque pecou (*quia pecatur est*) ou porque a norma foi violada, e a consequência disso há de ser, inevitavelmente, o castigo e a expiação do delinquente. São Immanuel Kant e Georg Wilhelm Friedrich Hegel os nomes de maior relevo que defenderam essa concepção.

De outro lado, as teorias relativas veem na pena um meio para a consecução de um fim; seja ele a conservação do contrato social, a prevenção (geral ou especial) ou a reparação de um dano decorrente da inobservância de uma norma. Para essa corrente, pune-se para que não se peque (*ut ne pecatur*), para que não se delinqua. Entre seus vários expoentes, citam-se Paul Johann Anselm von Feuerbach, Jean-Jacques Rousseau, Cesare Beccaria e Jeremy Bentham.

Por último, dizem-se mistas ou ecléticas aquelas teorias que tentam conciliar os aspectos retribucionistas e prevencionistas da pena, podendo assumir as mais diferentes configurações, dependendo do quanto incorporam de cada uma das visões anteriormente referidas. São hoje as teorias dominantes, na medida em que agrupam diferentes tendências, ao compreenderem que a pena é um fenômeno complexo.

Desses entendimentos, inferem-se três possíveis finalidades da pena: (i.) retribuição (pune-se para realizar a justiça, para retribuir um mal); (ii.) prevenção geral (que prima pela intimidação da prática do delito, por meio da ameaça do castigo, que inibirá os membros da sociedade de violarem a norma. Essa seria a função da pena de acordo com a prevenção geral negativa, havendo, entretanto, quem reconheça uma prevenção geral positiva, a partir do momento em que a norma penal eleva os bens mais caros à sociedade ao mais alto patamar, (re)afirmando-os como valores fundamentais da coletividade); (iii.) prevenção especial (voltada ao indivíduo particularmente. É dizer, quando a prevenção geral falha, há de se punir concretamente o sujeito violador da norma penal. Aqui, também é possível bifurcar a prevenção especial em positiva e negativa. Para a primeira, a pena teria a função precípua de ressocializar o indivíduo; para a segunda, pune-se para afastar o sujeito da sociedade, para que não reincida, e que por meio do castigo compreenda o desvalor da sua conduta, não vindo a repeti-la).

Não é, decerto, nosso propósito, aqui, trazer uma exposição de uma discussão que já conta com, pelo menos, dois séculos de existência; contudo, a fim de elucidar o que dissemos, construamos algumas premissas.

Estas teorias visam a explicar, justificar e apontar os fins da reação penal, em determinados contextos históricos e, sobretudo, em face de determinada composição de poder que se articula em discursos sobre a legitimidade da intervenção do direito penal. E, neste trecho, nos aproximamos da materialização deste estudo, ou seja, de sua concretização como instrumento de intervenção nas relações sociais.

Afirma-se que a punibilidade é a expressão da atividade legislativa com vistas a ameaçar (com privação ou restrição de bens ou de direitos) aquele que houver infringido uma diretriz jurídico-penal. Dá-se em uma fase ainda pré-judicial, tendo por finalidade a prevenção geral (negativa – ao intimidar o indivíduo, por meio da sanção abstratamente prevista, a praticar determinado fato compreendido como danoso pela sociedade – e positiva – ao declarar e afirmar certos valores que são tidos como os mais elevados dentro de um corpo social).

Quanto à pena, portanto, pode-se dizer que é a privação ou restrição de bens concretamente executada; assim, ela se dá na fase executiva, efetivando o que foi fixado na fase judicial (punição) por meio de uma sentença condenatória. Reflete, nitidamente, a ideia de prevenção especial e reforça a prevenção geral.

A punição encontrar-se-ia, então, na passagem entre esses dois conceitos, na fase judicial, sendo aquilo que opera a ligação da (abstração da) punibilidade à (concretude da) pena. A punição reafirmaria a prevenção geral, ao demonstrar que a ameaça contida na norma era séria, além de, secundariamente, exercer a prevenção especial. Devem-se apresentar como limites da punição a punibilidade, a culpabilidade, as garantias constitucionais, os direitos humanos e o respeito a todos os ditames do devido processo legal. Eis, aqui, de forma nítida, a incidência dos discursos legitimadores da intervenção penal; sobre os quais, por óbvias limitações de espaço, não poderemos nos ocupar.

Relacionam-se os seguintes princípios como os que regem a punição: (i.) princípio da necessidade (que prima pela *ultima ratio* do direito penal, ao prescrever que só deverá haver punição quando estritamente necessário; (ii.) princípio da personalidade (afirmando que a pena nunca deva transcender a pessoa do delinquente); (iii.) princípio da legalidade (que está na base de todo o direito penal, exigindo que a punição esteja determinada previamente em lei [*nulla poena sine lege*]; (iv.) princípio da competência judicial (corolário do monopólio do Estado quanto ao *ius puniendi*); (v.) princípio da (ampla) defesa (reconhecido em praticamente todas as legislações, na medida em que afasta o sistema inquisitorial, ao primar pela oportunização e pela amplitude de todas as possibilidades de defesa do acusado); e (vi.) princípio da particularidade (por carecer de caráter geral, dirigindo-se particularmente ao indivíduo).

Pelo que foi visto, permite-se dizer que a penologia é o estudo da punição e seus efeitos, ou, melhor, o estudo criminológico da reação jurídico-penal. Tomando-se isso em conta, particularmente em seu aspecto penal (estrito), a penologia – no amplo espectro das ciências vinculadas à criminologia ou mesmo à sociologia criminal – teria uma aproximação à ciência penitenciária, em cujo campo haveria, a todos os títulos, a concretização objetiva da resposta penal (e, daí, os seus reais efeitos sobre pessoas concretamente alcançadas).

A força das circunstâncias equipara, portanto, em dimensões inseparáveis, a punição e suas (pesadas) consequências; eis aí o material humano (demasiadamente humano) de referência da penologia, cuja ciência cumpre avaliar, em termos concretos (e dramáticos), toda a terrível proporção da questão penal.

E, nesse amplo contexto, a prescrição penal assume especial relevo, devendo ser compreendida e defendida, pois no terreno político (isto é, fora do ambiente técnico-especializado), quando se fala do instituto jurídico-penal da prescrição, se faz referência, normalmente, a casos criminais cujo desfecho se traduz em impunidade e, sobretudo, em fomento à criminalidade; diante disso, as pautas ideológicas – assentadas superestruturalmente – demandam intervenções no ordenamento jurídico, engendrando uma investida punitivista e uma hipertrofia do direito penal (se paira alguma dúvida sobre isso, basta que se faça uma *séance* e se questione aos "profissionais de opinião" o que acham do instituto *in causa*) que pressionam as relações entre os interesses do Estado e a esfera de liberdade dos cidadãos. Seria ocioso, contudo, enfatizar o desacerto dessa postura, dado que a prescrição, em verdade, colabora, decisivamente, para a racionalidade do sistema, privilegiando um *cost-benefit approach*, a partir de uma visão econômica e racional da intervenção estatal punitiva. Para uma melhor compreensão do alcance e do significado político-criminais do instituto da prescrição, cumpre destacar-se, tão só, que se trata de uma ferramenta de contenção do poder punitivo, graças à qual o conflito pode ser resolvido sem que haja os efeitos deletérios da punição e, particularmente, do aprisionamento (*sanctio juris* específica do direito criminal), contribuindo, assim, para a humanização do sistema – no quadro de uma sociedade democrática e constitucionalmente estabelecida.

A legitimação do poder punitivo estatal – cuja compreensão envolve tanto a linearidade histórico-construtiva dos discursos de sua legitimação quanto as atuais tendências de avaliação do fenômeno – deve encasar-se, em maior ou menor escala, na ressonância do desenvolvimento de políticas criminais racionais. Em uma fórmula sintética, a operatividade do poder punitivo pode implicar restrição da esfera de liberdade do cidadão. Diante disso, à dogmática jurídico-penal cumpre ocupar uma posição de vanguarda, de fiel compromisso com a democracia, de defesa da Constituição, concebendo a pena tão somente como um derradeiro recurso de resolução de conflitos e de contenção social, preservando, sempre, as garantias do imputado e limitando, sempre, a vocação expansiva do poder (punitivo), pois a histórica imperfectibilidade do sistema punitivo não autoriza nem inspira uma outra atitude.

Em decorrência dessas premissas, e em todos os sentidos mais óbvios concernentes ao instituto da prescrição penal, talvez o mais racional seja que se lhe considere (ou se lhe atribua a função de) um limite diante do qual o poder punitivo não possa avançar; e essa opção não se traduz em um mero capricho, mas, sim, em uma (espécie de) guerra de posições, porquanto – malgrado as constantes e precisas advertências dogmáticas sobre a desinfluência substancial de alterações tópicas e superestruturais na disciplina punitiva – a temática da prescrição sofre, direta e acidamente, o influxo do populismo penal. Se antes "bastava" elevar as escalas punitivas para haver a solução de todos os problemas postos, agora a única aquisição lógica que se pode descobrir em um discurso irracional (proponente de uma expansão material da intervenção penal) é investir contra a garantia (pois se cuida, exatamente, de uma autolimitação da força estatal punitiva [*Strafgewalt*]) da prescrição, a qual é equiparada à impunidade. (Obviamente, outras garantias também são atacadas, desprestigiadas, relegadas; todavia, no presente, a da prescrição tem sido particularmente enfocada pelos setores mais punitivistas.) Como bem acentua Luis Prieto Sanchís, "a la dogmática le corresponde la tarea de proponer desde adentro las correcciones e interpretaciones conformes a la Constitución que permitan las técnicas de garantia ya estabelecidas por el sistema; y de sugerir desde afuera nuevas formas de garantia".[1] E isso porque esses discursos trazem em si o risco de ampliação – quase sempre não se compaginando com os interesses sociais da humanidade. Formou-se, na atualidade, considerável literatura crítica no sentido (da denúncia) da crescente e desordenada limitação dos direitos individuais, em um novo ciclo geoestratégico de tendências autoritárias. À luz dessa concepção, garantias têm sido postas em xeque, e ferramentas punitivas, aplicadas. Por conta disso, o momento histórico sugere e impõe uma atenta opção garantista à emergência punitiva (ou, em outras palavras, aos impulsos de poder); neste sentido, "en los momentos en que el poder punitivo avanza por efecto de una emergencia, el contenido pensante de su discurso cae en forma alarmante. Cuanto mayor es su irracionalidad, menor contenido pensante tiene el discurso legitimante".[2] Exprimindo, em último remate, a harmonia básica de nossa visão, a aparelhagem criminal se encontra em franca e articulada expansão em nosso país (quando, e faz muitos anos, eu tentava colocar em um tabuleiro – de cujas coordenadas começava a ter uma vaga e primitiva noção – as peças fundamentais do desenvolvimento do *jeu* político criminal, era relativamente fácil perceber que não se podia distanciar as relações jurídicas das de poder, porquanto tais relações se davam e se estabeleciam *pari passu*, como uma engrenagem, em virtude da qual os avanços e retrocessos dependiam das correlações de forças históricas), cristalizando interesses e padrões antigarantistas e estandartizados, bem como, em outro plano, fomentando uma guerra (*soi-disant* bem intencionada) contra a criminalidade e a corrupção, para cuja vitória são necessárias, *comme d'habitude*, medidas de exceção, ainda que contrastantes com garantias constitucionais. A palavra de ordem dos democratas, no momento, deve ser idêntica ao histórico grito de Dolores Ibárruri na Guerra Civil Espanhola; depois, a busca da reversibilidade desse quadro se imporá naturalmente.

Bibliografia

ANIYAR DE CASTRO, Lolita. *Notas para un sistema penitenciario alternativo.* Fórum internacional de criminologia crítica. Edições Cejut. Belém, Pará, Brasil, 1990.

ANTOLISEI, Francesco. *Manuale de diritto penale.* Parte generale. Milano: Giuffré, 1963.

BECCARIA, Cesare. *Dos delitos e das penas.* 5ª ed. São Paulo: RT, 2011.

BETTIOL, Giuseppe. *Direito penal.* Vol. I. São Paulo: RT, 1966.

---

[1] SANCHÍS, Luis Prieto, p. 78.

[2] ZAFFARONI, Eugenio Raúl; ALAGIA, Alejandro; SLOKAR, Alejandro, 2014, p. 201.

CARRACÁ Y TRUJILLO, Raúl. *Derecho penal mexicano.* Parte general. Tomos I e II. México: Porruá, 1967.

CARRARA, Francesco. *Programma del corso di diritto Criminale.* Parte generale. Vol. I. 11ª ed. Firenze: Fratelli Cammelli, 1924.

CUELLO CALÓN, Eugenio. *La moderna penología.* Barcelona: Bosch, 1981.

——. *Derecho penal.* Tomo I. Espanha, Bosch, 1953

——. *Penología.* Madrid: Reus, 1920.

FOUCAULT, Michel. *Vigiar e punir*: história da violência nas prisões. Petrópolis: Vozes, 1987.

JIMÉNEZ DE ASÚA, Luis. *Tratado de derecho penal.* Tomo I. 4ª ed. Buenos Aires: Losada, 1964.

LISZT, Franz von. *Tratado de derecho penal.* Trad. Luis Jimenez de Asúa. 4ª ed. Madrid: Reus, 1999. t. I e III.

MANZINI, Vicenzo. *Tratado de derecho penal.* Tomo I. Vol. I. Buenos Aires: Ediar, 1948.

MAURACH, Reinhart; GOSSEL, Karl H.; ZIPF, Heinz. *Derecho penal.* Parte general. Tomos I e II. Buenos Aires: Astrea, 1994 e 1995.

PAVARINI, Massimo; GIAMBERARDINO, André. *Curso de penologia e execução penal.* Florianópolis: Tirant lo Blanch, 2018.

RODRÍGUEZ DEVESA. *Derecho penal español.* Parte general. Madrid: SPE, 1974.

RODRÍGUEZ MANZANERA, Luis. *Penología.* México: Porruá, 2012.

——. *Criminología.* México: Porruá, 2004.

ROXIN, Claus. *Poíitica criminal y sistema del derecho penal.* 2ª ed. Trad. Francisco Muñoz Conde. Buenos Aires: Hammurabi, 2002.

——. *Strafrecht.* Allgemeiner Teil. Band I. 3. Auflage. München: Beck, 1997.

——. *Problemas fundamentais de direito penal.* 2ª ed. Lisboa: Veja, 1993.

SANCHÍS, Luis Prieto. *Garantismo y derecho penal.* Madrid: Iustel, 2011.

ZAFFARONI, Eugenio Raúl; ALAGIA, Alejandro; SLOKAR, Alejandro. *Derecho penal*: parte general. 2ª ed. Buenos Aires: Ediar, 2014.

Tema IX

Do duplo recebimento da denúncia ou da queixa (artigos 396 e 399 do Código de Processo Penal) e dos reflexos no cálculo da prescrição penal

Ney Fayet Júnior

Paulo Fayet

Introdução

A decisão de recebimento da denúncia (ou da queixa) tem importantes efeitos – tanto no plano material quanto no processual.[1] O recebimento da denúncia (ou da queixa) interrompe a prescrição; além disso, no terreno processual, em virtude do recebimento, o magistrado "assume a coação resultante do processo, passando ele a ser a autoridade coatora".[2] Também é, para muitos, com o recebimento da proposta inicial acusatória que se instaura a ação penal,[3] que vai desenvolver-se de conformidade aos rituais do procedimento cabível à espécie.[4]

Nos termos do artigo 396 do Código de Processo Penal (dispositivo com redação dada pela Lei 11.719, de 20 de junho de 2008), nos procedimentos ordinário e sumário, oferecida a denúncia (ou a queixa), o juiz, se não a rejeitar liminarmente, irá recebê-la e ordenará a citação do acusado para responder à acusação; por outro lado, nos termos do artigo 399 do Código de Processo Penal (dispositivo com redação dada pela Lei 11.719, de 20 de junho de 2008), o magistrado, uma vez recebida a denúncia (ou a queixa), designará dia e hora para a audiência, bem como ordenará a intimação do acusado, de seu defensor, do Ministério Público e, se for o caso, do querelante e do assistente.

---

[1] Trata-se de uma decisão interlocutória simples (e não de um simples despacho), admitido que decide questão importante para o processo, vale indicar, decide sobre a instauração da ação penal, sem, entretanto, apreciar o seu mérito (MACHADO, Antônio Alberto, 2014, p. 210).

[2] GRECO FILHO, Vicente, 2015, p. 149.

[3] Em sentido contrário (com o qual, aliás, se concorda), "o processo penal tem início com o oferecimento da denúncia ou da queixa, e não com o seu recebimento. Embora sem regra expressa, uma interpretação sistemática do CPP leva a esta conclusão. O art. 25 do CPP, ao dispor que, na ação penal pública condicionada, 'a representação será irretratável, depois de oferecida a denúncia', deixa claro que, com o oferecimento da denúncia, já existe o processo, posto que já foi exercido o direito de ação, que, por isso mesmo, torna irrelevante a retratação do ofendido. O fato de o novo art. 363, *caput*, prever que com a citação o processo terá 'completada a sua formação' não afasta tal conclusão. Oferecida a denúncia, o processo já existe, embora do ponto de vista subjetivo ainda seja uma relação linear entre o juiz e o acusador" (BADARÓ, Gustavo, 2014, p. 422).

[4] MARCÃO, Renato, 2018, p. 921.

Nesse estado de coisas, no que tange ao recebimento da proposta inicial (pública ou privada) acusatória (haja vista se traduzir em marco interruptivo da prescrição à luz do inciso I do artigo 117 do Código Penal,[5] ou seja, o prazo prescricional irá reiniciar a sua contagem;[6] por evidente, não há falar-se em interrupção se o despacho rejeitar a acusação),[7] diante desses aspectos imprecisos e aparentemente contraditórios, questiona-se: existe, em verdade, a duplicidade de momentos para o recebimento da denúncia (ou da queixa)? E, do contrário, se não houver essa duplicidade, qual deve ser, portanto, o momento processualmente adequado para efetivar-se o recebimento e, com isso, o marco interruptivo da prescrição?

1. Noções elementares

Ante o oferecimento da denúncia (ou da queixa), o juiz deverá decidir sobre o recebimento ou a rejeição; se houver o recebimento, não existe recurso; de maneira oposta, isto é, em caso de rejeição, poderá ser desafiado, em regra, o recurso em sentido estrito (tal como disciplina o inciso I do artigo 581 do Código de Processo Penal); ou, nos casos de competência originária dos tribunais superiores, o agravo (nos termos do artigo 39 da Lei 8.380/90); ou, ainda, em caso de procedimento no âmbito do Juizado Especial Criminal, caberá apelação (nos termos do artigo 82 da Lei 9.099/95). Por óbvio, em decorrência de ilegalidade na proposta inicial acusatória, cabível seria a ação de *habeas corpus*, admitida, *in casu*, em caráter excepcional, dado que o trancamento da ação penal é medida restrita a situações nas quais defluam, inquestionavelmente, a manifesta atipicidade da conduta, a presença de causa de extinção da punibilidade ou a ausência de indícios mínimos de autoria e materialidade do delito;[8] ou, em caso de delitos ambientais cometidos por pessoa jurídica, mandado de segurança.[9]

Especifica-se que a causa interruptiva da prescrição em análise se corporifica na data da publicação do *decisum* de recebimento da denúncia ou da queixa; e isso se estabelece quando o juiz entrega-o às mãos do escrivão (em outras palavras: na data em que o escrivão recebe o processo do juiz com a decisão [*ut* artigo 389 do Código de Processo Penal]).[10] Por outro lado, na hipótese de o recebimento ser operado pelo tribunal – quer nos processos de sua competência originária, quer em grau de recurso –, a interrupção se dá no dia da sessão de julgamento, admitido

---

[5] "Antes da reforma processual de 2008, não havia qualquer controvérsia quanto ao momento do recebimento (ou rejeição) da peça acusatória no âmbito do então denominado procedimento comum ordinário dos crimes punidos com reclusão. O recebimento se dava imediatamente após o oferecimento da denúncia ou da queixa, desde que não fosse caso de rejeição (revogado art. 43 do CPP)" (LIMA, Renato Brasileiro de, 2018, p. 1310).

[6] DEZEM, Guilherme Madeira, 2018, p. 902.

[7] QUEIROZ, Paulo, 2015, p. 580.

[8] STF, R*HC* 135.300/DF, 2ª T., Rel. Min. Ricardo Lewandowski, j. 6.12.16.

[9] MACHADO, Antônio Alberto, p. 211.

[10] JESUS, Damásio de, 2016, p. 465.

que, aqui, o recebimento da proposta acusatória se materializa em sessão pública, e a posterior publicação do *decisum* tão só registra o ato processual.[11]

2. Da apresentação do problema

A celeuma – acerca do eventual duplo recebimento da denúncia (artigos 396 e 396 do Código de Processo Penal) – foi causada pelo Congresso Nacional ao modificar o projeto que ensejou a Lei 11.791/08 (com vigência a partir do dia 22 de agosto de 2008, em atenção ao prazo de *vacatio legis* de sessenta dias), dado que inseriu, via emenda da Câmara dos Deputados, expressão que veio a produzir perplexidade.

Com efeito, transparece que a *mens legis* era, em virtude da reforma, propiciar pudessem os acusados contar com uma defesa preliminar (em outras palavras, um verdadeiro contraditório prévio que viesse a lhes possibilitar discutir a procedência [ou não] da ação, impondo, assim, que o magistrado realizasse, por meio de uma decisão, um juízo de admissibilidade da ação, negativo e positivo, a qual, sendo negativa, implicaria o arquivamento dos autos ou, do contrário, sendo positiva, importaria no recebimento da denúncia [ou da queixa] e determinaria a citação do réu para apresentar suas alegações preliminares. Sem dúvida, essa decisão não somente ia instaurar o processo como ainda ia determinar a interrupção da marcha prescricional[12] [*ut* artigo 117, I, do Código Penal]), ou seja, antes de o magistrado receber a proposta inicial acusatória, poder-se-ia destacar questões que, acaso acolhidas, implicariam a própria rejeição da denúncia (ou da queixa) e, com isso, obstar, *ab initio*, o abalo e o constrangimento provocados pelo desencadeamento de um processo criminal em face do imputado.[13] Na redação original do Projeto de Lei, o (ainda como) artigo 395 apresentava a seguinte redação: "Nos procedimentos ordinário e sumário, oferecida a denúncia ou queixa, o juiz, se não a rejeitar liminarmente, ordenará a citação do acusado para responder à acusação, por escrito, no prazo de dez dias, contados da data da juntada do mandado aos autos ou, no caso de citação por edital, do comparecimento pessoal do acusado ou do defensor constituído". Não havia, por conseguinte, referência legal expressa ao recebimento da proposta acusatória (muito embora, como pontifica Fauzi Hassan Choukr, "o problema do duplo recebimento da denúncia, no entanto, já se afigurava desde a redação inicial sugerida pela Comissão Grinover, que, ao mencionar a palavra 'citação', já descortinava a duplicidade de momentos para o recebimento da denúncia. A tramitação legislativa apenas o enfatizou"[14]), mas tão somente

---

[11] GALVÃO, Fernando, 2017, p. 1093.

[12] COUTINHO, Jacinto Nelson de Miranda, 2008.

[13] DELMANTO, Celso; DELMANTO, Roberto; DELMANTO JÚNIOR, Roberto; DELMANTO, Fabio M. de Almeida, 2016, p. 419.

[14] CHOUKR, Fauzi Hassan, 2014, p. 774.

à sua rejeição liminar, quando manifestamente inepta.[15] Como enfatiza Jacinto Nelson de Miranda Coutinho, "tal artigo [...], quando da tramitação do Projeto de Lei 4.207/01 no Congresso Nacional, recebeu a Emenda n. 1, de 17.5.07, do Deputado João Campos, com proposta (acolhida) de inclusão do verbo 'receber', em mesóclise, restando assim a redação definitiva: 'Nos procedimentos ordinário e sumário, oferecida a denúncia ou queixa, o juiz, se não a rejeitar liminarmente, recebê-la-á e ordenará a citação do acusado para responder à acusação, por escrito, no prazo de 10 dez dias'. O Senado tentou mudar a alteração feita, para se retornar ao texto originário, mas se voltou ao texto da Câmara dos Deputados, o qual se tornou definitivo após a Emenda n. 8, da lavra do ilustre Deputado Federal Regis Fernandes de Oliveira, então relator: a renumeração do artigo (de 395 para 396) veio com o substitutivo apresentado".[16] Enfim, esse artigo 396 do Código de Processo Penal, ao ter incorporado (em mesóclise) o verbo receber, visou à eliminação do (desejável, sob o enfoque garantista) contraditório prévio que se anunciara. Eis aí, portanto, as premissas em torno das quais, à época, se acendiam calorosos debates; todavia, ainda existe fogo sob as cinzas dessa polêmica.

3. Das posições que se formaram

Por causa dessa falta de clareza do texto legal, formaram-se *grosso modo* três linhas de compreensão da matéria: (i.) haveria tão somente um recebimento – o do artigo 396 do Código de Processo Penal; (ii.) haveria apenas um recebimento – o do artigo 399 do Código de Processo Penal; e (iii.) haveria dois recebimentos da proposta inicial acusatória, tanto o do artigo 396 quanto o do artigo 399 do Código de Processo Penal, mas o único que implicaria a interrupção do prazo prescricional seria o último – o do artigo 399 do Código de Processo Penal.

3.1. DO RECEBIMENTO EM OBEDIÊNCIA DA DISCIPLINA DO ARTIGO 396 DO CÓDIGO DE PROCESSO PENAL

Para essa corrente, em decorrência da alteração legislativa (Lei 11.719/08), o momento processualmente adequado (ao recebimento da denúncia ou da queixa) é o imediato ao oferecimento da acusação e anterior à apresentação de resposta à acusação, à luz do artigo 396 do Código de Processo Penal, implicando, dessa maneira, o marco interruptivo prescricional previsto no artigo 117, inciso I, do Código Penal, para efeitos de contagem da prescrição da pretensão punitiva.[17] Diante disso, após o oferecimento da denúncia (ou da queixa) e antes

---

[15] DELMANTO, Celso; DELMANTO, Roberto; DELMANTO JÚNIOR, Roberto; DELMANTO, Fabio M. de Almeida, p. 419.

[16] COUTINHO, Jacinto Nelson de Miranda.

[17] STJ, *HC* 144.104/SP, 5ª T., Rel. Min. Jorge Mussi, j. 25.5.10; STJ, R*HC* 27.571/SP, 5ª T., Relª. Minª. Laurita Vaz, j. 13.11.12; STJ, *HC* 168.671/SP, 5ª T., Rel. Min. Marco Aurélio Bellizze, j. 23.10.12; TRF3, *HC* 46783

da apresentação de resposta à acusação, tal como disposto no artigo 396 do Código de Processo Penal, tem-se o recebimento da peça acusatória, seguindo-se, daí, a absolvição sumária ou o processamento da ação penal, nos termos dos artigos 397 e 399 do Código de Processo Penal.[18] Essa orientação tornou-se prevalente no Superior Tribunal de Justiça, além de ser majoritária doutrinariamente.[19] Com algumas variações argumentativas,[20] o recebimento da denúncia (ou da queixa) para todos os efeitos – especialmente para o de interromper o prazo prescricional – ocorre na forma estabelecida no artigo 396, e não na do artigo 399 do Código de Processo Penal, até porque cuidar-se-ia de um equívoco legislativo (redacional)[21] de técnica legislativa.[22] Haveria, no conteúdo normativo do artigo 396 do Código de Processo Penal, um juízo amplo de admissibilidade da proposta acusatória, ao passo que, no do outro artigo, um campo de cognição adstrito às hipóteses versadas no artigo 397 e incisos do Código de Processo Penal e, com isso, "dessume-se que o dispositivo apenas ensejou um juízo de delibação positivo confirmatório do anterior, ou seja, uma nova avaliação para consolidar o recebimento da peça inicial do processo em face da possível ocorrência de um motivo para a absolvição sumária, mesmo porque esta postura judicial (absolvição sumária) somente é possível depois de regularmente deflagrada a ação penal".[23] Por esse modo, não

---

– 0023581-39.2011.4.03.0000, 2ª T, Rel. Des. Fed. Cotrim Guimarães, j. 29.11.11; TRF5, *HC* 4746/AL, 4ª T, Rel. Des. Fed. Edílson Nobre, j. 5.6.12; TRF4, ACR 5000480-62.2011.4.04.7014, 8ª T, Rel. Victor dos Santos Laus, j. 22.5.13; TJMG, ACR 1.0431.14.005691-9/001, 2ª CC, Rel. Des. Renato Martins Jacob, j. 1.2.18; TJMG, ACR 1.0261.13.005594-8/001, 4ª CC, Rel. Des. Júlio Cezar Guttierrez, j. 22.11.17; TJPR, ACR 1246971-5, 1ª CC, Rel. Antonio Vieira, j. 27.11.14; TJRJ, ACR 0071185-33.2010.8.19.0038, 4ª CC, Rel. Des. Antonio Ferreira Duarte, j. 18.7.17; e TJRS, ACR 70065278707, 7ª CC, Rel. José Conrado Kurtz de Souza, j. 9.7.15.

[18] STJ, *HC* 153.751/SP, Rel. Min. Jorge Mussi, j. 13.3.12. "De acordo com o art. 396 do CPP, para que o Magistrado possa determinar a citação do acusado para responder os termos da acusação formulada pelo MP e/ou queixa-crime, deve ele primeiramente 'receber' a denúncia e/ou queixa-crime, cujo ato judicial corresponde ao primitivo marco interruptivo de prescrição a que alude o artigo 117, I, do CP, sendo certo que as disposições legais do artigo 396-A, também do CPP, correspondem exclusivamente à destinação a ser dada à persecução penal, após a primeira oportunidade dada ao réu de contradizer a acusação" (TJMG, ACR 1.0134.09.120436-9/001, 7ª CC, Rel. Des. Sálvio Chaves, j. 20.9.17).

[19] TRF4, *HC* 0000346-79.2012.4.04.0000, 7ª T, Rel. Des. Fed. Élcio P. de Castro, j. 17.4.12.

[20] "(...). Recebimento da denúncia Alterações introduzidas pela Lei 11.719/08 não trouxeram dois momentos distintos para a admissão da peça acusatória A redação do artigo 396 do CPP deixa clara a intenção do legislador de uma única decisão de recebimento, ou seja, aquela que deve ser proferida logo após o oferecimento da denúncia pelo membro do *Parquet*. Entendimento corroborado pelo histórico legislativo do projeto de reforma resultante na Lei 11.719/08. Prescrição não efetivada Sentença reformada Recurso provido" (TJSP, RSE 0013870-72.2002.8.26.0510, 5ª CC, Rel. Sérgio Ribas, j. 5.5.11). Por outro lado, indicou-se que a "posição topográfica do art. 399 não deixa dúvidas, ele contém disposição que sucede várias providências: o oferecimento da denúncia ou queixa e seu recimento (art. 396), a resposta escrita (art. 396-A) e a absolvição sumária (art. 397)" (ESTEFAM, André, 2018, p. 571).

[21] TJRJ, *HC* 0028823-23.2016.8.19.0000, 7ª CC, Rel. Des. Sidney Rosa da Silva, j. 5.7.16.

[22] TJSP, *HC* 0183861-77.2009.8.26.0000, 1ª CC, Rel. Des. Péricles Piza, j. 30.11.09; TJRS, CP 70035422740, 8ª CC, Relª. Desª. Fabianne Breton Baisch, j. 26.5.10; e TJRS, ACR 70062776463, 8ª CC, Relª. Desª. Fabianne Breton Baisch, j. 27.5.15.

[23] PEDROSO, Fernando de Almeida, 2017, p. 734. Em idêntico rumo; "Não nos resta dúvida alguma, portanto, de que: a) o Juiz somente mandará citar o réu *depois de receber a acusação*, isto é, julgá-la minimamente admissível; b) a resposta escrita contida nos arts. 396 e 396-A não se confunde com defesa preliminar; c) a condição necessária para a designação de audiência de instrução, debates e julgamento, referida no art. 399 do CPP, não

haveria dois recebimentos; logo, já tendo sido recebida a denúncia (ou a queixa), não sendo o caso de absolvição sumária, estaria mantido o recebimento anterior.[24] (Seja como for, exigir-se-ia fundamentação dessa decisão, tal qual estabelecido pelo artigo 93, inciso IX, da Constituição Federal.[25]) Além disso, até mesmo o recebimento implícito da denúncia dar-se-ia na primeira manifestação judicial após o seu oferecimento.[26] O artigo *in causa* estabelece que o magistrado deverá ordenar a citação do acusado para a apresentação da defesa, isto é, se houve citação é porque já teria havido o recebimento da peça inicial acusatória.

In summa, mesmo que o juiz, após o oferecimento da defesa escrita, profira outra decisão recebendo a denúncia (ou a queixa), esta não interromperia o prazo prescricional, suposto cuidar-se de simples ratificação ou confirmação do ato anterior validamente praticado.[27]

3.2. DO RECEBIMENTO EM OBEDIÊNCIA DA DISCIPLINA DO ARTIGO 399 DO CÓDIGO DE PROCESSO PENAL

No tocante a essa corrente, o momento mais adequado para o recebimento da denúncia (ou da queixa) seria o do artigo 399 do Código de Processo Penal, dado que foi estabelecido, no texto legal, um recebimento posterior à apresentação

---

é o recebimento da denúncia, mas o não cabimento da absolvição sumária prevista no art. 397" (ESTEFAM, André, p. 571).

[24] "Uma vez elaborada, aprovada e sancionada uma lei, temos de interpretar a vontade do legislador, e a vontade (...) foi a de não aprovar a 'defesa preliminar' nos moldes que estava prevista na proposta do Projeto de Lei" (...). (...) a reforma sancionada não adota o contraditório prévio que todos almejavam e era previsto no Projeto de Lei, apesar de agora restar prevista uma mais ampla possibilidade de contraditório (...)" (LIMA, Marcellus Polastri, 2014, p. 845).

[25] BÁRTOLI, Márcio, 2009, p. 7. No mesmo sentido: MARCÃO, Renato, p. 914; e MACHADO, Antônio Alberto, p. 210. Em sentido contrário: "a decisão (...) não necessita de fundamentação exauriente, pois não é ato decisório, mas de mera admissibilidade da acusação. (...), o recebimento indica, ainda que implicitamente, que houve o exame das provas anexadas à exordial. (...), caso haja motivação no recebimento, corre-se o risco de haver prejulgamento dos fatos" (BONFIM, Edilson Mougenot, 2017, p. 787).

[26] "Nos procedimentos sumário e ordinário, o momento processual oportuno para o recebimento da denúncia é aquele previsto no art. 396 do CPP, ou seja, antes da citação do acusado, e não na fase do art. 397 do mesmo diploma legal. Assim, para que não haja prejuízo ao acusado, deve-se reconhecer o recebimento implícito da denúncia na primeira manifestação judicial após o seu oferecimento, na qual foi determinada a citação do réu, perfazendo-se o prazo da prescrição entre aquela data e a da publicação da condenatória" (TJMG, ACR 1.0456.12.005818-9/001, 4ª CC, Rel. Des. Júlio Cezar Guttierrez, j. 24.5.17); "1. O momento processual adequado para o recebimento da denúncia, se apta a peça processual, é aquele previsto no art. 396 do CPP, devendo no caso ser considerado o recebimento implícito naquela oportunidade mais remota para que não haja prejuízo ao agente. 2. Ocorrendo o trânsito em julgado da condenação para a acusação, as reprimendas tornam-se concretas para o Estado, regulando-se a prescrição pelas penas estipuladas na sentença, para cada um dos delitos, na forma do art. 119 do CP. 3. Tendo transcorrido, entre as datas do recebimento da denúncia e da publicação da sentença condenatória, lapso temporal superior ao prazo prescricional, impõe-se a declaração da prescrição da pretensão punitiva estatal. 4. Mostra-se necessária a extensão dos efeitos da decisão ao corréu não apelante, nos termos do art. 580 do CPP, se condenado às mesmas penas do recorrente e ocorrida, também quanto a ele, a prescrição da pretensão punitiva (TJMG, ACR 1.0351.13.003113-8/001, 7ª CC, Rel. Des. Paulo Calmon Nogueira da Gama, j. 27.4.17).

[27] MIRABETE, Julio Fabbrini; FABBRINI, Renato N., 2018, p. 408; DEMERCIAN, Pedro Henrique; MALULY, Jorge Assaf, 2014, p. 400.

da defesa preliminar; além disso, haveria, vantajosamente, um maior prestígio à ampla defesa, tais quais outros diplomas legislativos,[28] que postergam o recebimento da proposta acusatória para o momento subsequente ao do oferecimento da defesa preambular. Logicamente, em decorrência da alteração legislativa (Lei 11.719/08), o momento processualmente adequado seria o do comando legal inscrito no artigo 399 do Código de Processo Penal. Em termos doutrinários, "o espírito garantista da reforma processual era o de que o recebimento da denúncia só ocorresse na fase do art. 399, isto é, após a resposta à acusação, até mesmo diante do princípio constitucional da isonomia"[29] (*ut* artigo 5º, *caput*, da Constituição Federal). Dessa maneira, a interrupção da marcha prescricional realizar-se-ia, em obediência à dicção da Lei 11.719/08, após a resposta do imputado, é dizer, depois de o magistrado ter avaliado o contraditório (rejeição ou absolvição sumária), em sendo o caso, receberia a proposta acusatória e designaria dia e hora para a audiência, à luz do comando legal inscrito no artigo 399 do Código de Processo Penal.[30] Para essa concepção, portanto, o momento processual adequado para o recebimento da peça inicial (pública ou privada) acusatória (e, por via de consequência, para se constituir em marco de interrupção da prescrição) seria posterior à apresentação da defesa do acusado.[31] Para mais, o equívoco da dicção legal é evidente (isto é, o artigo 396 – ao mencionar citação – quis expressar notificação), porquanto a denúncia ou a queixa somente será recebida após a resposta do réu.[32]

[28] Por esse motivo, cuidar-se-ia de um juízo prévio de admissibilidade que se produziria antes do recebimento da peça acusatória (pública ou privada), nos mesmos moldes, por exemplo, nos arts. 514 e 516 do CPP, no art. 2º, inc. I, do Decreto-lei 201/67, nos arts. 2º a 7º da Lei 8.038/90, no art. 81 da Lei 9.099/95 ou nos arts. 55 e 56 da Lei 11.343/06; ou, ainda, em face dos crimes de competência originária dos tribunais (em casos de competência por prerrogativa de foro).

[29] DELMANTO, Celso; DELMANTO, Roberto; DELMANTO JÚNIOR, Roberto; DELMANTO, Fabio M. de Almeida, p. 420.

[30] COSTA, Álvaro Mayrink da, 2015, p. 974.

[31] "(...) o âmbito normativo instituído pelo art. 396 do CPP está incorporado pelo mais extenso programa delimitado no art. 399. Neste, cuida-se de dar efetividade ao disposto no art. 363 (...) e assegurar a complementação do processo com a efetiva citação do acusado. Com a citação e defesa será possível examinar, para além das causas de rejeição da inicial previstas no art. 395 do Código, as hipóteses de absolvição cuja admissão decorra da defesa preliminar (art. 397). É neste contexto que o restante texto normativo do art. 396 adquire sentido, pois a defesa preliminar implementa a garantia constitucional do contraditório (como assumido em todas as recentes leis processuais sobre procedimentos especiais!) e permite que a absolvição sumária seja precedida deste indispensável contraditório, de sorte a evitar atos arbitrários que fulminem, indevidamente, o também constitucional direito de ação. O sacrifício da primeira norma (empregando a terminologia positivista) neste caso será parcial, uma vez que apenas o preceito que determina o imediato recebimento da inicial (recebê-la-á) será eliminado, porque somente ele contrasta com o preceito que remete esta decisão ao instante posterior ao da apresentação da defesa preliminar (art. 399). Por isso, oferecida a denúncia ou queixa e se não houver imediata rejeição, por aplicação do disposto no art. 395 do CPP, o juiz determinará a citação do acusado para responder à acusação, por escrito, em dez dias. Somente depois disso é que o juiz poderá receber a inicial (art. 399), caso não a rejeite à luz dos novos argumentos ou não absolva o acusado com fundamento em alguma das causas previstas no art. 397 do mesmo estatuto" (PRADO, Geraldo, 2008, p. 5).

[32] TOURINHO FILHO, Fernando da Costa, 2018, p. 263.

3.3. DA DUPLICIDADE DE RECEBIMENTOS E DA UNIDADE DE MARCO INTERRUPTIVO

A tudo isso devemos somar que se esboçou, ainda, uma outra forma de compreensão, segundo a qual – posto que não se houve o legislador com a melhor técnica redacional – o resultado se mostrou, ao fim e ao cabo, adequado, admitido que, de um lado, permite tanto ao agente do *Parquet* quanto ao ofendido oferecer a peça (pública ou privada, respectivamente) acusatória, e, de outro, possibilita ao magistrado, na hipótese de manifesta ausência dos pressupostos existenciais da proposta da acusação, *in limine*, não acolhê-la ou, ainda, recebê-la provisoriamente a fim de o imputado ser citado. Daí, garantir-se-ia ao acusado a possibilidade de defesa. Por fim, "antes de se encaminhar o processo a julgamento, o juiz fará o juízo final de admissibilidade da acusação, quando poderá, assim, num juízo mais aprofundado, absolver sumariamente o acusado, repelir a acusação ou receber a denúncia ou queixa".[33] Deve assentar-se, também, como premissa, que o recebimento da proposta (denúncia ou queixa) acusatória, à luz do artigo 396 do Código de Processo Penal, teria tão somente em mira que o juiz pudesse analisar as condições da ação penal e, ao verificar a presença dos requisitos condicionantes do artigo 41 do Código de Processo Penal, determinar a citação do acusado para se defender da(s) imputação(ões) lançada(s) na peça inicial; desse modo, tal ato (de recebimento preliminar e provisório) da proposta acusatória teria por escopo obstaculizar o prosseguimento de acusações manifestamente inidôneas. Em outras palavras, admitir-se-ia, de modo provisório, a imputação jurídico-penal e, assim, o acusado seria citado para exercer a sua defesa, consagrando-se o juízo de admissibilidade progressivo da acusação.[34]

No tocante aos marcos interruptivos do prazo prescricional, haveria, sim, dois marcos, mas com efeitos distintos: o primeiro – cristalizado no artigo 396 do Código de Processo Penal – ostentaria um caráter meramente provisório, isto é, de análise extrínseca da proposta inicial acusatória e, em face disso, ao determinar a citação do acusado para que venha ao processo, ensejar a apresentação da resposta defensiva; o segundo – corporificado no artigo 399 do Código de Processo Penal – seria o ato complementar e finalizador do recebimento da proposta acusatória, ou seja, de força decisória de mérito e, com isso, capaz de produzir os efeitos interruptivos da marcha prescricional. Para Guilherme Madeira Dezem, "temos o primeiro juízo de admissibilidade, provisório, previsto no art. 396 do CPP. Posteriormente, com a citação e resposta do acusado, haverá a estabilização definitiva da demanda com o recebimento definitivo da denúncia (art. 399 do CPP)".[35] A propósito, só esse juízo progressivo de admissibilidade da proposta acusatória poderia explicar, a contento, a figura da rejeição tardia da denúncia (ou da queixa), isto é, a possibilidade de a denúncia (ou de a queixa) ser rejeitada após a resposta à acusação. Em face disso, "somente se justifica falar em rejeição tardia de denún-

---

[33] FERNANDES, Antônio Scarance; LOPES, Mariângela Lopes, 2008, p. 02.

[34] DEZEM, Guilherme Madeira, p. 693. No mesmo sentido: MENDONÇA, Andrey Borges, 2018, p. 724.

[35] DEZEM, Guilherme Madeira, p. 903.

cia se pensarmos em um recebimento da denúncia que seja posterior à resposta (...)".[36] Agrega-se finalmente que essa compreensão permitiria filtros sucessivos e progressivos sobre a imputação.[37]

4. Da posição que se adota

Não se pretende inovar o tema; contudo, parece existir nessa polêmica – ainda não pacificada (especialmente no campo doutrinário) – alguns pontos já sedimentados. De início, o modelo que fora encampado no Projeto de Lei se traduziria em uma importante inovação, haja vista permitir a incorporação de mecanismos aptos a tornar mais aprimorado o sistema acusatório, com a consagração do contraditório prévio, impondo, à vista disso, que o recebimento da peça acusatória (pública ou privada) apenas se desse após o oferecimento de uma resposta defensiva prévia, tal qual ocorre em outros procedimentos especiais, *ad exemplum*: naqueles direcionados aos crimes cometidos por funcionários públicos (artigos 514 e 516 do Código de Processo Penal); aos crimes de responsabilidade de prefeitos e vereadores (artigo 2º, inciso I, do Decreto-lei 201/67); aos crimes julgados perante às cortes superiores (artigos 4º a 7º da Lei 8.038/90); aos crimes de menor potencial ofensivo (artigo 81 da Lei 9.099/95); ou mesmo aos crimes da Lei de Drogas (artigos 55 e 56 da Lei 11.343/06). Como visto, a falta de clareza do texto legal ensejou a divergência (que repercutiria sobre o momento de interrupção do prazo prescricional), acomodando-se prevalentemente a jurisprudência – ainda sem uma definição do Supremo Tribunal Federal – no sentido de que o recebimento da peça (pública ou privada) acusatória se opera na fase do artigo 396 do Código de Processo Penal, com o que, em sendo apresentada a resposta pelo acusado (nos termos do artigo 396-A do Código de Processo Penal), e não sendo o caso de absolvição sumária, haverá o prosseguimento do feito, designando-se, pois, data para a audiência;[38] além disso, a dúvida interpretativa seria fruto de um equívoco legislativo, causado pela má qualidade da redação da norma.[39] Poder-se-ia aventar, por fim de contas, que o recebimento da peça acusatória (e, por via própria de consequência, a interrupção da prescrição) seriam determinados na etapa do artigo 396 do Código de Processo Penal, dado que o texto legal do artigo 399 do Código de Processo Penal pecaria por imprecisão redacional, na medida em que o seu real sentido seria o de expressar que, se o magistrado não absolver sumariamente o acusado, à base do artigo 397 do Código de Processo Penal, dará, então, curso ao processo, ao designar a audiência. Caberia lembrar, nesta mesma linha de observação, que o réu contaria com duas possibilidades benéficas, porquanto a denúncia poderia ser rejeitada liminarmente (artigo 396 do Código de Processo

[36] DEZEM, Guilherme Madeira, p. 908.

[37] MENDONÇA, Andrey Borges, p. 724.

[38] STJ, *HC* 138.089/SC, 5ª T, Rel. Min. Felix Fischer, j. 2.3.10.

[39] TJRJ, *HC* 0028823-23.2016.8.19.0000, 7ª CC, Rel. Des. Sidney Rosa da Silva, j. 5.7.16.

Penal), porém, se não o fosse, ainda poderia ocorrer uma absolvição sumária (artigo 397 do Código de Processo Penal).[40] Em que pesem esses raciocínios, houve sugestões corretivas, as quais visavam à prevalência do noção garantista que se impusera desde o modelo previsto no Projeto de Lei. Para tanto, destacou-se – como "solução para o absurdo legal e técnico do novo artigo 396 do Código de Processo Penal" – a declaração, pelo Supremo Tribunal Federal, em forma de controle concentrado, da inconstitucionalidade do texto legal; ou em uma interpretação conforme à Constituição;[41] ou, mesmo, em uma nulidade parcial sem redução de texto;[42] ou, ainda, em uma hipótese de inconstitucionalidade parcial, com redução de texto.[43] Caberia lembrar, nesta ordem de consideração, que, segundo se avalia, todos os juízes e tribunais poderiam realizar a interpretação conforme à Constituição e/ou, assim, se valerem da declaração de inconstitucionalidade parcial sem redução de texto,[44] não havendo a necessidade de se aguardar pelo pronunciamento da Suprema Corte em controle concentrado e, com isso, resolvendo, incontinente, as dúvidas que se apresentaram em virtude do texto legal inscrito no artigo 396 do Código de Processo Penal.[45] Igualmente se sustentou a existência de um juízo provisório de admissibilidade da proposta acusatória, sem, contudo, ser necessária uma interpretação corretiva, parcialmente ab-rogante do artigo 396 do Código de Processo Penal.[46]

---

[40] TJRJ, RSE 0055024-16.2008.8.19.0038, 7ª CC, Rel. Des. Nildson Araújo da Cruz, j. 23.8.11.

[41] STRECK, Lenio Luiz, 2008.

[42] "Quanto à inconstitucionalidade, pouco há para discutir, porque se conseguiu ofender não só o sistema constitucional principiológico do direito de ação (o qual cobra, pela maior extensão do referido direito/dever e na forma como metido no *due process of law*, um contraditório prévio de verdade), como, também, a imparcialidade da jurisdição, obrigando-a a um duplo juízo sobre a ação quando, como parece primário, já foi ela (a ação) superada com a instauração do processo em face da citação do denunciado ou do querelado, nos termos do novo art. 363. Parece induvidosa, portanto, a inconstitucionalidade. Salvar o texto, porém, pode parecer ser a solução mais adequada, em que pese não se possa deixar de registrar o absurdo de uma proposta do Congresso Nacional que busque solapar (para não dizer destruir) a CR, mormente se correta a informação de que os interesses não são legítimos, assim como da mesma forma não ser adequada (para dizer o mínimo) uma redação (da Comissão de Reforma) que escreve citação onde o correto (sabiam todos, há de se presumir) era notificação. A salvação, destarte, pode vir por uma interpretação conforme à CR, entendendo-se que onde se disse citação (e diante dos postulados constitucionais) só se pode tomar por sentido a notificação, sob pena de inconstitucionalidade (...). (...), pode-se entender que a mesóclise, somada à referência à citação, violam o sistema e deveriam ou poderiam levar a uma abdução de sentido, razão por que se deveria atuar com uma nulidade parcial, mas sem redução de texto. Tal é possível porque, ao não se fazer a redução de texto, a opção seria pela abdução de sentido, deixando-se intacto o preceito embora, aqui, não se trate da mesma coisa, ou seja, citação e notificação não são o mais em relação ao menos" (COUTINHO, Jacinto Nelson de Miranda).

[43] "(...), mesmo que a expressão 'recebê-la-á', inscrita no art. 396, por amor ao texto legal – que, (...), não contém palavras inúteis – fosse tomada ao pé da letra, isso configuraria violação ao modelo, descaracterizando-o pela contradição entre os dispositivos; verificar-se-ia, fosse assim, hipótese de inconstitucionalidade parcial, com redução de texto, devendo, (...), ser suprimida a equivocada expressão "recebê-la-á", que reconhecidamente vai de encontro, por inteiro, ao sistema que o novo diploma legal pretende implantar" (GONZALEZ, José Fernando; BITENCOURT, Cezar Roberto, 2008).

[44] Não é pacífico que se trate das mesmas coisas; no entanto, prevalece o entendimento de que se cuida de institutos diferentes. Ver, assim SARLET, Ingo Wolfgang; MARIORI, Luiz Guilherme; MIDIERO, Daniel, 2017, p. 1292; e MENDES, Gilmar; BRANCO, Paulo Gustavo Gonet, 2017; p. 120.

[45] COUTINHO, Jacinto Nelson de Miranda.

[46] DEZEM, Guilherme Madeira, p. 903.

Também se invocou, repita-se, em virtude do espírito garantista da reforma processual penal, que o recebimento da proposta inicial acusatória somente se desse na etapa do artigo 399, é dizer, após a resposta à acusação, e isso em obediência ao princípio constitucional da isonomia (artigo 5º, *caput*, da Constituição Federal), porquanto outras leis consagravam tal disciplina.[47]

Daí por que se pode cogitar de um ajuste pragmático (por óbvio, *de lege ferenda*) por meio do qual se preservariam, de um lado, os comandos legais e, de outro, se garantiria a razoabilidade persecutória; desse modo, poder-se-ia, ao preservar um mínimo de coerência sistêmica, espancar da atecnia legislativa e, sobretudo, transmitir ao conjunto dos imputados o efetivo alcance garantista das normas processuais. Na base disso, a interpretação *favor rei* seria a bússola através da qual o sentido hermenêutico seria indicado; em última análise, diante da dúvida que se apresenta, a solução do conflito ia operar-se, caso a caso, na escolha do marco (interruptivo da prescrição) mais favorável ao acusado. Como argumentaram João Paulo Orsini Martinelli e Leonardo Schmitt de Bem, essa "alternativa ensejará, porém, incidências diversas, considerando que os prazos prescricionais da pretensão punitiva podem ocorrer durante períodos diferentes, motivo pelo qual, para cada período, apontaremos o artigo que prevalece. Assim, entre a data da consumação do crime e a do recebimento da denúncia ou queixa (art. 399); entre a data do recebimento da denúncia ou queixa e a da publicação da pronúncia (art. 396); entre a data do recebimento da denúncia ou queixa e a da publicação da sentença final (art. 396). Para os casos de prescrição da pretensão punitiva retroativa, deverá ser considerado o primeiro juízo de viabilidade da ação penal, antes da efetiva citação do réu. Valerá, assim, o primeiro recebimento, que denominaremos provisório, previsto no artigo 396 do Código de Processo Penal. Esse modelo interpretativo, embora dificultoso em alguns aspectos, enquadra-se na proposta de redução do poder punitivo".[48] Por trilha semelhante poderia seguir, futuramente, o legislador – tão cioso (às vezes açodamente) em inovar, *in malam partem*, a disciplina da prescrição penal (e o mesmo se diga de uma parcela significativa da jurisprudência, quando investe contra o sistema penal, oferecendo uma interpretação não garantista à matéria) –, ao buscar construir um dique de contenção a essa verdadeira onde de retrocesso das garantias dos imputados; e, não custa lembrar, a tarefa do campo democrático, hoje, mais que nunca, é a de resistência para, depois, avançar na ampliação dos direitos.

Bibliografia

BADARÓ, Gustavo. *Processo penal.* 2ª ed. Rio de Janeiro: Elsevier, 2014.

BÁRTOLI, Márcio. "Recebimento e rejeição da denúncia, e absolvição sumária." *Boletim IBCCRIM*, São Paulo, ano 17, n. 202, p. 7-8, set. 2009.

---

[47] DELMANTO, Celso; DELMANTO, Roberto; DELMANTO JÚNIOR, Roberto; DELMANTO, Fabio M. de Almeida, p. 420.

[48] MARTINELLI, João Paulo Orsini; BEM, Leonardo Schmitt de, 2018, p. 1043.

BONFIM, Edílson Mougenot. *Código de Processo Penal anotado.* 6ª ed. São Paulo: Saraiva, 2017.

CHOUKR, Fauzi Hassan. *Código de Processo Penal*: comentários consolidados e crítica jurisprudencial. 6ª ed. São Paulo: Saraiva, 2014.

COSTA, Álvaro Mayrink da. *Curso de direito penal*: parte geral. Rio de Janeiro: GZ, 2016.

COUTINHO, Jacinto Nelson de Miranda. "Solução para o absurdo legal e técnico do novo art. 396 do CPP". *Tribuna do Paraná*, Curitiba, 21 set. 2008. Disponível em: <https://www.tribunapr.com.br/noticias/solucao-para-o-absurdo-legal-e-tecnico-do-novo-art-396-do-cpp/>. Acesso em: 6 ago. 18.

CUNHA, Rogério Sanches; PINTO, Ronaldo Batista. *Código de Processo Penal e Lei de Execução Penal comentados por artigos.* Salvador: JusPodivm, 2017.

DELMANTO, Celso; DELMANTO, Roberto; DELMANTO JÚNIOR, Roberto; DELMANTO, Fabio M. de Almeida. *Código Penal comentado.* 9ª ed. São Paulo: Saraiva, 2016.

DEMERCIAN, Pedro Henrique; MALULY, Jorge Assad. *Curso de processo penal.* 9ª ed. Rio de Janeiro: Forense, 2014.

DEZEM, Guilherme Madeira. *Curso de processo penal.* São Paulo: Revista dos Tribunais, 2015.

ESTEFAM, André. *Direito penal*: parte geral (arts. 1º a 120). 5ª ed. São Paulo: Saraiva, 2016.

GALVÃO, Fernando. *Direito penal*: parte geral. 8ª ed. Belo Horizonte: D'Plácido, 2017.

GONZALEZ, José Fernando; BITENCOURT, Cezar Roberto. "O recebimento da denúncia segundo a Lei 11.719/08". *In Revista Consultor Jurídico*, São Paulo, 29 set. 2008. Disponível em: https://www.conjur.com.br/2008-set-29/recebimento_denuncia_segundo_lei_1171908. Acesso em: 20 ago. 2018.

GRECO FILHO, Vicente. *Manual de processo penal.*11ª ed. São Paulo: Saraiva, 2015.

FERNANDES, Antônio Scarance; LOPES, Mariângela Lopes. "O recebimento da denúncia no novo procedimento". *In Boletim do IBCCRIM*, São Paulo, n.º 190, p. 2-3, set. 2008.

JESUS, Damásio de. *Código Penal anotado.* 23ª ed. São Paulo: Saraiva, 2016.

——. *Código de Processo Penal anotado.* 26ª ed. São Paulo: Saraiva, 2014.

LIMA, Marcellus Polastri. *Curso de processo penal.* 8ª ed. Brasília: Gazeta Jurídica, 2014.

LIMA, Renato Brasileiro de. *Manual de processo penal.* 6ª ed. Salvador: JusPodivm, 2018.

MACHADO, Antônio Alberto. *Curso de processo penal.* 6ª ed. São Paulo: Atlas, 2014.

MARCÃO, Renato. *Curso de processo penal.* 3ª ed. São Paulo: Saraiva, 2017.

MARTINELLI, João Paulo Orsini; BEM, Leonardo Schmitt de. *Lições fundamentais de direito penal*: parte geral. 3ª ed. São Paulo: Saraiva, 2018.

MENDES, Gilmar; BRANCO, Paulo Gustavo Gonet. *Curso de direito constitucional.* 12ª ed. São Paulo: Saraiva, 2017.

MENDONÇA, Andrey Borges de. *Código de Processo Penal comentado.* Antonio Magalhães Gomes Filho, Alberto Zacharias Toron, Gustavo Henrique Badaró, coordenação. São Paulo: Thomson Reuters Brasil, 2018.

MIRABETE, Julio Fabbrini; FABBRINI, Renato N. *Manual de direito penal*: parte geral (arts. 1º a 120 do CP). 32ª ed. São Paulo: Atlas, 2016.

PEDROSO, Fernando de Almeida. *Direito penal*: parte geral: doutrina e jurisprudência. 5ª ed. Leme: J. H. Mizuno, 2017.

PRADO, Geraldo. "Sobre procedimentos e antinomias". *In Boletim IBCCRIM*, São Paulo, ano 16, n. 190, p. 4-5, set. 2008.

QUEIROZ, Paulo. *Curso de direito penal*: parte geral [v. 1]. 11ª ed. Salvador: *JusPodivm*, 2015.

SARLET, Ingo Wolfgang; MARIORI, Luiz Guilherme; MIDIERO, Daniel. *Curso de dreito constitucional.* 6ª ed. São Paulo: Saraiva, 2017.

STRECK, Lenio Luiz. "O impasse na interpretação do art. 396 do CPP". *In Revista Consultor Jurídico*, São Paulo, 18 set. 2008. Disponível em: https://www.conjur.com.br/2008-set-18/impasse_interpretacao_artigo_396_cpp. Acesso em: 07 ago. 2018.

TOURINHO FILHO, Fernando da Costa. *Manual de processo penal.* 18ª ed. São Paulo: Saraiva, 2018.

Interrupção da prescrição em caso de coautoria

Paulo Queiroz

Carlos Eduardo Vieira

1. Introdução

A prescrição penal é a extinção do direito de punir estatal em virtude do decurso do prazo legal para o exercício da ação penal ou para promover a execução da sentença penal condenatória. No primeiro caso, haverá prescrição da pretensão punitiva ou prescrição da ação; no segundo, prescrição da pretensão executória ou prescrição da condenação.

É a causa mais importante de extinção da punibilidade, uma vez que é a mais frequente, podendo atingir tanto a pretensão punitiva quanto a pretensão executória. Não poderia ser diferente – a extraordinária frequência da prescrição –, haja vista que, diante do excesso de leis penais, aliado à tradicional lentidão do sistema penal, não poderia o Estado pretender ter o controle de coisa alguma, tudo a concorrer para o descrédito dos órgãos e agentes incumbidos da repressão penal. A prescrição constitui, assim, prova de que, contrariamente ao provérbio, a justiça tarda e falha.

Nesse sentido, analisar-se-ão a aplicação das causas interruptivas da prescrição previstas no art. 117 do CP. Neste breve estudo, será discutido, especificamente, o atual entendimento doutrinário e jurisprudencial relativo à extensão dos efeitos interruptivos de atos processuais aplicáveis à coautoria e à participação prevista no § 1º do art. 117 do CP.

2. Incomunicabilidade das causas de interrupção da prescrição nos casos de coautoria

São causas que interrompem a prescrição da pretensão punitiva, segundo o art. 117 do CP: a) o recebimento da denúncia ou queixa; b) a pronúncia; c) a decisão confirmatória da pronúncia; d) a publicação da sentença ou acórdão condenatórios recorríveis; e)o início ou continuação do cumprimento da pena; f) a reincidência.

A justificativa para essas hipóteses de renovação do prazo persecutório em prol do Estado é a de que o este não está inerte, ou seja, de que estaria se movimentando no sentido de exercer o seu poder-dever punitivo e não abdicou deste, motivo pelo qual lhe é justo dar continuidade ao seu pleito condenatório.[1]

Com efeito, o art. 117, § 1°, do CP dispõe que:

> Excetuados os casos dos incisos V e VI deste artigo, **a interrupção da prescrição produz efeitos relativamente a todos os autores do crime**. Nos crimes conexos, que sejam objeto do mesmo processo, estende-se aos demais a interrupção relativa a qualquer deles.

De acordo com literalidade desse artigo, a decisão que interrompe a prescrição (decisão de recebimento da denúncia, sentença condenatória etc.) produziria efeitos em relação a todos os coautores e partícipes do crime, ainda que tenha havido rejeição da denúncia ou da queixa etc., relativamente a algum dos corréus.

A doutrina, em geral, não vê problema algum aí. Guilherme de Souza Nucci,[2] por exemplo, afirma o seguinte:

> Comunicabilidade das causas interruptivas: quando houver o recebimento da denúncia ou da queixa, a pronúncia, a decisão confirmatória da pronúncia ou a sentença condenatória recorrível com relação a um dos coautores de um delito, a interrupção se comunica, alcançando a todos. Significa que o Estado manifestou a tempo o seu interesse em punir, mantendo a sua pretensão de punir os demais, bastando que os encontre a tempo. Entretanto, as causas dos incisos V e VI são pessoais, vale dizer, se vários corréus são condenados e um deles foge, é óbvio que a prescrição da pretensão executória só envolve a sua pessoa, e não a dos demais, que cumprem pena. O mesmo se dá com a reincidência: se todos estão foragidos, é possível que um deles se torne reincidente, mas não os demais.
>
> Nesse mesmo sentido escreve Júlio Fabbrini Mirabete:[3]
>
> 12.4.9 Comunicabilidade das causa de interrupção
>
> Dispõe o art. 117, §1º: Excetuados os casos dos incisos V e VI deste artigo, a interrupção da prescrição produz efeitos relativamente a todos os autores do crime. Nos crimes conexos, que sejam objeto do mesmo processo, estende-se aos demais a interrupção relativa a qualquer deles.
>
> Corrigiu-se na reforma penal o lapso da lei anterior que não ressalvava a incomunicabilidade da prisão de um autor como causa de interrupção com relação aos demais.
>
> Excetuadas as condições de cunho personalíssimo (reincidência e prisão), as causas interruptivas estendem-se a todos os autores do delito e o mesmo ocorre no caso de concurso de crimes, quando ocorre conexão, desde que sejam eles objetos do mesmo processo. Assim, por exemplo, a pronúncia de um réu estende o efeito da interrupção ao corréu no processo ainda que acusado de crime que, em regra, não é de competência do Júri, mesmo que aquele seja absolvido do homicídio. Estende-se também ao réu absolvido a interrupção do prazo prescricional provocada pela condenação do corréu.

---

[1] Nesse sentido, Miguel Reale Júnior afirma que: "A inércia do Estado em fazer atuar o poder-dever de punir há de ser reconhecida a partir de momentos do processo. Se o fundamento da prescrição está no desinteresse do Estado a gerar o esquecimento do fato e a inocuidade da resposta penal, o movimentar o processo penal revela interesse e atenção para com a persecução. O crime não redunda esquecido, se o processo criminal tem seu andamento e o Estado está a agir para concretizar o poder-dever de punir". Dessa forma, como acentua, REALE FERRARI, justifica-se que o recebimento da denúncia, a decisão de pronúncia e a sentença condenatória interrompam a prescrição, pois são demonstrações de atuação estatal em busca da efetividade do poder-dever de punir o delito, que não restou esquecido, em resposta à ansiedade da sociedade por uma reafirmação do valor desrespeitado." *Instituições de Direito Penal*. Rio de Janeiro: Forense, 2009. p. 524-525

[2] NUCCI, Guilherme de Souza. *Código Penal comentado*. 15ª ed. Rio de Janeiro: Forense, 2015, p. 678.

[3] MIRABETE. Julio Fabbrini. *Manual de direito penal*, vol. 1: parte geral. 32ª ed., rev. e atual. São Paulo: Atlas, 2016, p. 406.

Há também precedentes nesse sentido:[4]

PENAL. PROCESSO PENAL. EMBARGOS DE DECLARAÇÃO NOS EMBARGOS DE DECLARAÇÃO NO RECURSO ESPECIAL. REDUÇÃO PELA METADE DO PRAZO PRESCRICIONAL (CP, ART. 115). RÉU COM MENOS DE 70 ANOS NA DATA DA SENTENÇA CONDENATÓRIA. INAPLICABILIDADE. CORRÉU CONDENADO EM 2º GRAU. MANUTENÇÃO DA SENTENÇA COMO MARCO INTERRUPTIVO DA PRESCRIÇÃO. INTELIGÊNCIA DO § 1º DO ART. 117, DO CP. DECLARAÇÃO DE EXTINÇÃO DA PUNIBILIDADE MANTIDA. ERRO MATERIAL NA EMENTA DO RECURSO ESPECIAL. CORREÇÃO. 1. Assenta os últimos julgados do STJ e do STF, que a redução pela metade do prazo prescricional, prevista no art. 115, do CP alcança somente os condenados que na data da primeira decisão condenatória, seja sentença ou acórdão, já contavam 70 (setenta) anos de idade, o que não se verificou na hipótese. **2. À exceção das circunstâncias relativas ao início do cumprimento da pena e à configuração da reincidência do agente, as demais hipóteses previstas no art. 117, do CP configuram-se marcos interruptivos para "todos os autores do crime", aí incluída a publicação da sentença ou acórdão condenatórios recorríveis, ainda que eventualmente absolutório para uns e sancionatório para outros.**

3. Na espécie, o pronunciamento desta Turma não poderia olvidar a declaração da prescrição da pretensão punitiva estatal, ante o transcurso do lapso temporal, previsto no art. 109, inc. IV, do CP, distinguindo o agente dos demais corréus, pelo fato de ter sido condenado em 2º grau, à guisa de estabelecer o dia da publicação do acórdão recorrido, como marco interruptivo do prazo prescricional, sob pena de ferir o disposto no § 1º do art. 117, do CP, (Precedentes do STF e desta Corte). 4. Recurso de claro mister integrativo, consoante disciplina o art. 619 do CPP, os embargos declaratórios somente serão opostos quando houver ambiguidade, obscuridade, contradição ou omissão constantes no julgado, não servindo, pois, de via idônea à reapreciação da causa, já devidamente analisada e decidida em sede própria. 5. Constando-se erro material na ementa do recurso especial, porque em flagrante desacordo com o que esposado pelo entendimento adotado pela Turma, impõe-se a sua correção. 6. Não é possível em sede de embargos de declaração adaptar o entendimento do acórdão embargado em razão de posterior mudança jurisprudencial. Precedentes. 7. Embargos de declaração de A.A.J. e do MPF rejeitados; embargos de declaração opostos por A.F. e V.W. julgados prejudicados; embargos de declaração de A.A.P. acolhidos para conhecer do primeiro recurso integrativo, em razão da sua tempestividade, e, julgados esses, dar parcial provimento, suprimindo-se o item 2 da ementa do recurso especial, renumerando os que lhe seguiram, e os de B.B.N. parcialmente acolhidos, sem efeitos infringentes, para ratificar o regime inicial de cumprimento da pena imposta. (EDcl nos EDcl no REsp 1115275/PR, Rel. Min. Moura Ribeiro, 5ª T., j. 5/12/13, DJe 11/12/13.)

O equívoco é manifesto.

Com efeito, o artigo em questão há de ser interpretado sistematicamente, não isoladamente, e, mais importante, conforme os princípios do devido processo legal, legalidade,[5] pessoalidade e individualização da pena, de modo que as

---

[4] EDcl nos EDcl no REsp 1115275/PR, Rel. Min. Moura Ribeiro, 5ª T., j. 5/12/13, DJe 11/12/13.

[5] Nesse sentido, explica Ney Fayet Júnior que: "As causas interruptivas do curso prescricional estão estabelecidas em rol taxativo (Código Penal, artigo 117) e, não só em razão de o sistema se o enumerativo, mas especialmente por serem desfavoráveis ao réu, não admitem analogia *in malam partem.* A razão de ser dos fatores interruptivos pode ser localizada no interesse punitivo estatal, que visa a preservar a condição de possibilidade de ser estruturada uma determinada reprimenda. Isso porque, "se a ação criminosa prescreve, ou a pena, em vista da desnecessidade da repressão, pelo esquecimento em que o tempo vai envolvendo o crime, todos os atos praticados no sentido da punição do delinquente, e reveladores do interesse do Estado nessa punição, deve, logicamente, interromper a prescrição penal". Dessa razão de existir das hipóteses interruptivas decorre que não será qualquer ato que poderá obstruir a prescrição, mas somente aqueles mais relevantes, que mostrem a reafirmação do propósito punitivo. Do contrário, tornar-se-ia, muitas vezes, inviável a ocorrência da prescrição. Em igual senda, não constituirão marcos interruptivos os atos praticados pelos ofendidos do crime, pelos órgãos da

decisões capazes de interromper (e suspender) os prazos prescricionais atinjam apenas os réus que forem *penalizados* pela causa interruptiva ou suspensiva de prescrição.

Imagine-se, por exemplo, que o MP ofereça denúncia contra A e B, sendo a denúncia recebida em relação a A, mas rejeitada quanto a B. Nesse caso, é evidente que somente em quanto a A houve efetiva interrupção do prazo prescricional (recebimento da denúncia), não em relação a B (rejeição da denúncia), sob pena de violação aos princípios penais. Tampouco a eventual condenação de A poderia interromper a prescrição em relação a B, se este, uma vez recebida a denúncia pelo tribunal em grau de recurso, fosse absolvido.

Fosse a denúncia oferecida contra um único réu e rejeitada, parece claro que não interromperia a prescrição; tampouco se, embora recebida, interrompendo-a, fosse o réu absolvido, é certo que a sentença absolutória não interromperia a prescrição. Por que com a coautoria e a participação seria diferente? O que vale para a autoria há de também valer para a coautoria, que é uma forma de autoria; e, com maior razão, para a participação, por ser uma intervenção secundária no crime do autor.[6]

Com maior razão, não haverá interrupção relativamente àqueles coautores e partícipes que nem sequer foram investigados ou denunciados. *Idem*, se, embora investigados, houve arquivamento da investigação

Em resumo: a causa interruptiva (ou suspensiva) da prescrição só atinge o réu efetivamente *penalizado* pela decisão. Do contrário, o despacho de rejeição da denúncia interromperia a prescrição, assim como a sentença absolutória produziria efeitos condenatórios, violando o art. 117, I e IV, do CP.[7]

As causas interruptivas e suspensivas da prescrição só podem atingir, por conseguinte, os réus *penalizados* pela decisão interruptiva ou suspensiva, não terceiro, visto que a responsabilidade penal é sempre individual, nunca coletiva ou solidária. Também por isso, as circunstâncias de caráter pessoal, quer se refiram à teoria do delito (CP, art. 30[8]), quer se refiram à teoria da pena, são incomunicáveis (reincidência, confissão etc.).

---

administração pública, e da jurisdição civil, em virtude de somente serem capazes de gerar a interrupção os atos dos órgãos estatais aos quais são confiados os poderes públicos de levar a efeito a pretensão punitiva, pois são esses que serão atingidos pela prescrição penal". Ney Fayet Júnior e Karina Brack. Da interrupção da prescrição penal. *In Prescrição Penal*: temas atuais e controvertidos – doutrina e jurisprudência. Vol. 2. Ney Fayet Júnior (Coord.). Porto Alegre: Livraria do Advogado, 2009, p. 20-1.

[6] QUEIROZ, Paulo. *Direito penal*. Parte Geral. Salvador: Juspodivm, 2018, 13ª ed.

[7] Causas interruptivas da prescrição: Art. 117. O curso da prescrição interrompe-se: **I – pelo recebimento da denúncia ou da queixa**; II – pela pronúncia; III – pela decisão confirmatória da pronúncia; **IV – pela publicação da sentença ou acórdão condenatórios recorríveis**.

[8] Circunstâncias incomunicáveis: Art. 30. Não se comunicam as circunstâncias e as condições de caráter pessoal, salvo quando elementares do crime.

3. Prescrição: um instituto de natureza (também) material e suas consequências

Com efeito, nem sempre é fácil distinguir a natureza jurídica – se processual ou material – de diversas regras e institutos jurídicos, dada a imbrincada e necessária relação existente entre ambos. Conforme já destacamos em outro trabalho,[9] do ponto de vista legislativo, a separação parece ser objetiva, no sentido de que o direito penal é a parte do ordenamento jurídico que define os crimes e comina as penas, e o processual penal é aquele que estabelece a forma e os meios de promover a persecução penal (investigação, processamento, recursos *etc.*).

No entanto, do ponto de vista da aplicação das normas, essa diferença não é tão clara, como se observa com relação a diversos institutos, tais como: (i) a suspensão condicional da pena (CP, art. 107); (ii) o livramento condicional (CP, art. 83); (iii) os efeitos da condenação (CP, art. 91 e 92); (iv) a reabilitação (CP, 93 a 95); (v) a extinção da punibilidade (CP, art. 107); (vi) o perdão judicial (CP, art. 120) *etc.*

No que tange à prescrição da pretensão punitiva estatal, o entendimento majoritário na doutrina é de que se trata de um instituto de direito material,[10] não só por constar do CP,[11] mas, principalmente, pelo fato de o seu reconhecimento constituir causa que impede, de forma definitiva, o julgamento do mérito do processo por meio da extinção definitiva da punibilidade, fazendo coisa julgada material. Em síntese, a prescrição, embora tenha evidentes repercussões no do processo penal, não é um instituto que pertença, pelo menos não de forma exclusiva, ao direito processual penal.

Também nesse sentido, cabe destacar que o STF reconhece que as normas que regulam os prazos prescricionais, bem como suas interrupções, têm caráter de direito material e, por isso, caso sejam desfavoráveis aos acusados, não poderão retroagir, conforme se observa do precedente a seguir, em que o tribunal

---

[9] QUEIROZ, Paulo. *Direito processual penal*: por um sistema integrado de direito, processo e execução. Salvador: Juspodivm, 2018.

[10] Ney Fayet Júnior explica que: "2.3 Natureza jurídica – Muito se discutiu acerca da natureza jurídica das normas que informam o instituto da prescrição. Vozes havia que as concebiam como integrantes do direito processual; outras, do direito material; outras, ainda, as davam como normas mistas". "Nos dias que correm, tem predominância, na doutrina brasileira, a concepção material da natureza jurídica das normas prescricionais, embora não se possa perder de vista que ambas as disciplinas são inseparáveis, pois ambas guardam relação com o poder punitivo do Estado". E a discussão tinha razão de ser a partir das diferentes consequências jurídicas que se produziam no âmbito processual ou material. Todavia, partindo-se do entendimento segundo o qual tanto as normas materiais quanto as normas processuais têm vocação retroativa quando *favor rei,* a discussão deixa de possuir maior significado. (...). Em todo caso, as normas que informas a prescrição têm, inegavelmente, um caráter material, até porque os preceitos legais da prescrição fazem ainda parte daquele conjunto de normas, porque invasivas e instrumentalmente constrictivas de direitos fundamentais, que deve pré-existir a prática da infracção". Ney Fayet Júnior e Karina Brack. A prescrição penal e a ancianidade: o real alcance do fator de redução dos prazos prescricionais previstos no artigo 115, *in fine,* do Código Penal. *In Prescrição Penal*: temas atuais e controvertidos – doutrina e jurisprudência. Ney Fayet Júnior (Coord.). Porto Alegre: Livraria do Advogado Editora, 2007, p. 44-5.

[11] BITENCOURT, Cezar Roberto. *Tratado de direito penal*: parte geral. 13ª ed. rev. ampl. e atual. São Paulo: Saraiva, 2017, p. 923.

estabeleceu que a Lei 12.234/10, que restringiu as hipóteses de reconhecimento da prescrição retroativa, não poderia ser aplicada a delitos praticados antes de sua vigência:

> *Habeas corpus*. Penal. Decisão indeferitória de liminar pelo STJ. Incidência da Súmula 691 do STF. Superação. Possibilidade em caráter excepcional. Peculato-desvio praticado por servidora contra o INSS. Crime instantâneo de efeitos permanentes. Prescrição incidente a partir do recebimento indevido da primeira parcela do benefício irregularmente reativado. Decurso de prazo superior a 8 (oito) anos entre o fato e o recebimento da denúncia. Prescrição da pretensão punitiva retroativa pela pena concretamente dosada reconhecida. Incidência da norma revogada do § 2º do art. 110 do CP, com a redação anterior à Lei 12.234/10. Ordem concedida. 1. Possível, no caso em exame, a excepcional superação da Súmula 691 desta Suprema Corte, em vista de flagrante ilegalidade e de constrangimento patente. 2. Das peças constantes da impetração é possível aferir que, a partir de 10/2/95, a paciente, embora não tivesse a posse física dos recursos públicos, tinha a sua disponibilidade jurídica, "uma vez que a partir da reativação indevida do indigitado benefício foi possível a liberação dos valores que foram pagos indevidamente até 10/02/2001". 3. Conforme estabelecia o § 2º do art. 110 do CP, com a redação anterior à Lei 12.234/10, "a prescrição de que trata o parágrafo anterior, pode ter por termo inicial data anterior à do recebimento da denúncia ou da queixa – redação dada pela Lei 7.209/84)", de molde que, *in casu*, deve ser considerado o lapso temporal decorrido entre o fato e o recebimento da denúncia, a fulminar a pretensão punitiva estatal. **4. A garantia da irretroatividade da lei penal mais gravosa impede a aplicação da nova redação dada ao art. 110, § 1º, do CP pela Lei 12.234/10, que assentou que "a prescrição, depois da sentença condenatória com trânsito em julgado para a acusação ou depois de improvido seu recurso, regula-se pela pena aplicada, não podendo, em nenhuma hipótese, ter por termo inicial data anterior à da denúncia ou queixa". Na hipótese, o trânsito em julgado para a acusação (cf. dispunha o § 1º do art. 110 do CP, em sua redação primitiva e também na atual) deu-se sob a égide da lei revogada, mais benéfica à condenada.** 5. Verifica-se que, entre a data do recebimento indevido da primeira prestação do benefício (art. 111, inc. I, do CP) e a data do recebimento da denúncia (art. 117, inc. I, do CP), transcorreu, *in albis*, período superior a oito anos, o que demonstra a ocorrência da prescrição retroativa da pretensão punitiva contra a paciente. 6. Ordem concedida. (HC 108337, Rel(a): Min. Dias Toffoli, 1ª T., j. 14/2/12, processo eletrônico DJe-054 divulg 14-3-12 PUBLIC 15-3-12.)

Assim, os efeitos da interrupção da prescrição não podem transcender à responsabilidade penal pessoal do acusado, uma vez que, como já dito, no direito material, no qual está inserido o instituto da prescrição, a regra é a incomunicabilidade das circunstâncias de caráter pessoal.

É importante notar, a propósito, que também as condições de caráter pessoal, como a idade (menor de 21 e o maior de 70 anos, nos termos do art. 115 do CP), não são comunicáveis, razão pela qual a redução do prazo de prescrição não se estende aos coautores ou partícipes do crime.

Além disso, no caso de concurso de crimes (formal, material e continuidade delitiva), o cálculo prescricional incide para cada delito isoladamente (CP, art. 119[12]), considerada a respectiva pena fixada pela sentença condenatória.[13]

---

[12] Art. 119. No caso de concurso de crimes, a extinção da punibilidade incidirá sobre a pena de cada um, isoladamente.

[13] Quando se tratar de crime continuado, a prescrição regula-se pela pena imposta na sentença, não se computando o acréscimo decorrente da continuação.

Outro importante indicador do caráter incomunicável da prescrição é o fato de que a extinção da punibilidade com base na pena *in concreto*[14] se dará, com relação a cada réu, pela pena que lhe foi imposta pela sentença condenatória. Assim, caso A e B cometam, em concurso de agentes, o delito de estelionato[15] e, consideradas as circunstâncias judiciais relativas a cada um deles, seja A condenado a um ano e seis meses de reclusão e B, a dois anos e três meses de reclusão, por exemplo, o prazo prescricional a ser considerado com relação a A será de quatro anos,[16] enquanto B só será beneficiado pelo referido instituto após o dobro desse prazo, isto é, oito anos.[17]

Já no campo do direito processual, há uma maior flexibilidade e comunicabilidade das condições pessoais dos corréus como ocorre, por exemplo, com relação à competência para julgamento dos feitos, a qual admite que, eventualmente, determinado réu, sem foro por prerrogativa de função, seja julgado por juízo competente para processar e julgar o seu comparsa, conforme dispõe a Súmula 704 do STF: Não viola as garantias do juiz natural, da ampla defesa e do devido processo legal a atração por continência ou conexão do processo do corréu ao foro por prerrogativa de função de um dos denunciados.[18]

Contudo, conforme já ressaltado acima, como a prescrição guarda relação direta com a aplicação das penas, isto é, com o direito penal material, deve-se aplicá-la observando-se as regras inerentes a este campo, o qual não admite a transcendência das penas.

Em suma, mesmo que se considere que as normas prescricionais penais possuem conteúdo híbrido, isto é, que têm natureza jurídica de direito processual penal e de direito penal, e não exclusivamente substantivo, como a sua aplicação tem reflexos diretos na penalização dos acusados, estas não podem ultrapassar a

---

[14] Art. 110. A prescrição depois de transitar em julgado a sentença condenatória regula-se pela pena aplicada e verifica-se nos prazos fixados no artigo anterior, os quais se aumentam de um terço, se o condenado é reincidente.

[15] Art. 171. Obter, para si ou para outrem, vantagem ilícita, em prejuízo alheio, induzindo ou mantendo alguém em erro, mediante artifício, ardil, ou qualquer outro meio fraudulento: Pena – reclusão, de um a cinco anos, e multa, de quinhentos mil réis a dez contos de réis.

[16] Art. 109. A prescrição, antes de transitar em julgado a sentença final, salvo o disposto no § 1º do art. 110 deste Código, regula-se pelo máximo da pena privativa de liberdade cominada ao crime, verificando-se: V – em quatro anos, se o máximo da pena é igual a um ano ou, sendo superior, não excede a dois; (...).

[17] Art. 109. A prescrição, antes de transitar em julgado a sentença final, salvo o disposto no § 1º do art. 110 deste Código, regula-se pelo máximo da pena privativa de liberdade cominada ao crime, verificando-se: IV – em oito anos, se o máximo da pena é superior a dois anos e não excede a quatro; (...).

[18] Também nesse sentido é o seguinte julgado do STF: Atração por continência ou conexão e decisão de manutenção ou desmembramento da ação penal: análise da conveniência e oportunidade. 1. Cabe apenas ao próprio tribunal ao qual toca o foro por prerrogativa de função promover, sempre que possível, o desmembramento de inquérito e peças de investigação correspondentes, para manter sob sua jurisdição, em regra, apenas o que envolva autoridade com prerrogativa de foro, segundo as circunstâncias de cada caso (INQ 3.515 AgR, Rel. Min. Marco Aurélio, TP, DJe de 14.3.14), ressalvadas as situações em que os fatos se revelem de tal forma imbricados que a cisão por si só implique prejuízo a seu esclarecimento (AP 853, Rel. Min. Rosa Weber, DJe de 22.5.14), o que não ocorre no caso. Deferimento do desmembramento do processo quanto aos não detentores de foro por prerrogativa de função. (Inq 4.104, Rel. Min.Teori Zavascki, 2ª T, j. 22-11-16, *DJE* 259 de 6-12-16.)

pessoa deste, sob pena de violar-se o disposto no art. 5º, XLV, da Constituição Federal.[19]

4. Caráter pessoal da interrupção da prescrição também no âmbito do Direito Civil

Comparativamente, cabe referir que, também no âmbito do direito civil, a regra é que a interrupção da prescrição por um credor não aproveita aos demais, assim como aquela operada contra um determinado devedor não prejudica os co-devedores:

> Art. 204. A interrupção da prescrição por um credor não aproveita aos outros; semelhantemente, a interrupção operada contra o co-devedor, ou seu herdeiro, não prejudica aos demais coobrigados.
>
> § 1º A interrupção por um dos credores solidários aproveita aos outros; assim como a interrupção efetuada contra o devedor solidário envolve os demais e seus herdeiros.
>
> § 2º A interrupção operada contra um dos herdeiros do devedor solidário não prejudica os outros herdeiros ou devedores, senão quando se trate de obrigações e direitos indivisíveis.
>
> § 3º A interrupção produzida contra o principal devedor prejudica o fiador.

Nesse sentido, Pablo Stolze Gagliano[20] escreve que:

> Duas ideias orientaram o legislador: a **primeira, no sentido de que, em se tratando de pluralidade de credores, a interrupção da prescrição feita por um deles não poderá favorecer os demais; por outro lado, se houve pluralidade de devedores, a interrupção não poderá prejudicar os demais coobrigados, para os quais continuará fluindo, normalmente, o lapso prescricional**.
>
> Entretanto, havendo solidariedade ativa – hipótese em que todos os credores têm o direito de exigir a dívida integralmente, com a consequente obrigação de repassar a quota-parte dos demais –, por existir um liame interno ligando os credores entre si, a interrupção promovida por um deles aproveita a todos.
>
> Pelo mesmo fundamento, existindo solidariedade passiva – situação em que qualquer dos devedores pode ser demandado por toda a dívida – a interrupção efetuada contra o devedor solidário envolve os demais e seus herdeiros. Observe-se, porém, que se a interrupção for promovida diretamente contra um dos herdeiros do devedor solidário, os seus efeitos não prejudicarão os outros herdeiros ou devedores, senão quando se tratar de obrigações e direitos indivisíveis.

Diante disso, conclui-se que, somente quando se tratar de obrigação cujo objeto seja indivisível ou quando os agentes integrantes de um dos polos da relação processual forem solidariamente responsáveis ou beneficiários do cumprimento da obrigação é que a interrupção da prescrição ocorrida relativamente a um dos coobrigados irá desfavorecer, ou favorecer no caso dos credores, aos demais.[21]

---

[19] CF: Art. 5º Todos são iguais perante a lei, sem distinção de qualquer natureza, garantindo-se aos brasileiros e aos estrangeiros residentes no País a inviolabilidade do direito à vida, à liberdade, à igualdade, à segurança e à propriedade, nos termos seguintes: XLV – nenhuma pena passará da pessoa do condenado, podendo a obrigação de reparar o dano e a decretação do perdimento de bens ser, nos termos da lei, estendidas aos sucessores e contra eles executadas, até o limite do valor do patrimônio transferido.

[20] GAGLIANO, Pablo Stolze e PAMPLONA FILHO, Rodolfo. Novo curso de direito civil. Volume 1: parte geral, 19ª ed. São Paulo Saraiva, 2017, p. 562.

[21] Iniciando-se pelas regras gerais, prevê o art. 264 do CC que há solidariedade, quando na mesma obrigaçaõ concorrer mais de um credor, ou mais de um devedor, cada um com direito ou obrigado à dívida toda. Dessa

Por sua vez, o CTB também refere que a interrupção da prescrição ocorrida quanto a um dos obrigados produzirá efeitos quanto aos demais quando estes forem solidariamente responsáveis pela obrigação tributária a eles imposta:

Art. 125. Salvo disposição de lei em contrário, **são os seguintes os efeitos da solidariedade:**

I – o pagamento efetuado por um dos obrigados aproveita aos demais;

II – a isenção ou remissão de crédito exonera todos os obrigados, salvo se outorgada pessoalmente a um deles, subsistindo, nesse caso, a solidariedade quanto aos demais pelo saldo;

III – **a interrupção da prescrição, em favor ou contra um dos obrigados, favorece ou prejudica aos demais**.

Como se vê, os outros ramos do direito citados acima (cível e tributário), que regulam a exigibilidade de obrigações patrimoniais, limitam as hipóteses em que a interrupção da prescrição não favorecerá aos demais réus àquelas em que esses são solidariamente responsáveis ou o encargo a eles atribuído seja indivisível.

Dito isso, é razoável presumir que, com ainda mais razão, visto que disciplinam a imposição de penas corporais, limitadoras de bem jurídico de maior valor (a liberdade do indivíduo), as regras penais também restrinjam a afetação de terceiros pela interrupção da prescrição a essas mesmas circunstâncias fático-jurídicas, ou seja, quando houver alguma espécie de unidade obrigacional.

Ocorre que, como se sabe, a responsabilidade penal é pessoal, não solidária, isto é, o indivíduo não pode adimplir certa obrigação (pena) em favor de terceiros, razão pela qual o cumprimento de pena por parte de um dos acusados não produz efeito algum com relação aos demais. Consequentemente, tal análise comparativa leva à conclusão lógica de que é impossível a comunicação dos efeitos interruptivos da prescrição em âmbito penal, dado que aqui não há coobrigação solidária.

5. Conclusão

Como se vê, em respeito ao princípio da intranscendência das penas, logo, do caráter pessoal das causas interruptivas, a expressão "relativamente a todos os autores do crime" a que se refere o artigo 117, §1°, do CP, deve ser lida como "relativamente a todos os réus atingidos pela decisão que interrompe a prescrição", o que a tornaria supérflua, inclusive, se assim fosse redigida. Afinal, a decisão atinge, de fato, os denunciados, os pronunciados ou condenados no processo criminal, não necessariamente *os autores do crime*, que podem ou não figurar como denunciados, pronunciados ou condenados.

Em síntese, temos que o único marco temporal relativo à prescrição que será necessariamente comum a todos os réus será o do início, isto é, a data dos fatos, devendo todas as demais interrupções serem consideradas individualmente.

Forma, na obrigação solidária ativa, qualquer um dos credores pode exigir a obrigação por inteiro. Na obrigação solidária passiva, a dívida pode ser paga por qualquer um dos devedores. TARTUCE. Flávio. Manual de direito civl: volume único. 6ª ed. rev. ampl. Rio de Janeiro: Forense; São Paulo: Método, 2016, p. 374-5.

Apêndice (a)

Estudo de caso concreto, precipuamente sobre o implemento do instituto da prescrição jurídico-penal. Reafirmação dos termos da petição desafiada perante esta Colenda Suprema Corte (em favor do Deputado Federal J. R.). Especificidade e urgência do *decisum*. Matéria que enseja prioridade de análise. *Jus puniendi* atingido pela prescrição subsequente. Dessa maneira, para reforço e apoio do pronunciamento judicial que se pleiteou, articulam-se, agora, considerações acerca do instituto, *in genere*, e de sua incidência, *in concreto*.

a.1. Noções elementares

O instituto da prescrição penal, não de hoje, é objeto de inúmeros estudos desenvolvidos no âmbito da doutrina especializada na ciência do Direito Penal, em que são delineadas sólidas divergências acerca de seus fundamentos, de sua natureza jurídica, de seu âmbito de incidência – entre tantos outros pontos divergentes de reconhecida expressão e significado. Neste viés, a prescrição penal desponta como uma causa geral de extinção da punibilidade, que tem sido objeto de importantes e fecundas discussões doutrinárias, as quais confrontam, historicamente, diferentes visões político-criminais. E a prescrição penal continua a oferecer, em virtude de suas inegáveis e relevantes consequências jurídico-penais, espaço para fortes antagonismos doutrinários – *cela va sans dire*, de cujo embate são constantemente aprimorados os seus fundamentos conceituais.

Por essa razão, é importante, inicialmente, observar que o efeito extintivo da prescrição se vincula à passagem do tempo, pois se concebe, de um modo geral e em termos doutrinários, que o tempo converte a persecução penal em algo inútil e inoportuno. Em outros termos, o tempo ostenta um efeito destruidor, capaz de eliminar, substancialmente, o desvalor social e jurídico que se destinava, em um certo momento histórico, a uma determinada conduta ilícita; incidindo, aqui, de modo nítido, a noção da antijuridicidade material.[1] (Por óbvio, nada impede que, de modo excepcional, uma comunidade jurídica específica decida por considerar certos crimes não sujeitáveis ao instituto prescricional, tal como a "imprescriptibilidad de los crímenes cometidos por el nacionalsocialismo, decisión acordada por el Parlamento alemán en 1975, acogiendo el principio de la no prescripción de

[1] QUINTERO OLIVARES, Gonzalo, 2007, 774.

los delitos contra la humanidad".[2] Dada esta situação, vários ordenamentos jurídicos declaram imprescritíveis certos ilícitos penais, consagrando a regra segundo a qual, apesar do transcurso do tempo, determinados crimes mantêm sempre [e atual] a necessidade punitiva.)[3] Como regra fundamental, o nosso sistema adota a prescritibilidade dos delitos (ainda que havidos como hediondos); entretanto, excepcionalmente, poderá haver delitos que não se sujeitam ao regime traçado no Código Penal. Com efeito, a Constituição Federal de 1988, em seu artigo 5°, estatuiu duas hipóteses de imprescritibilidade: os crimes de racismo (inciso XLII), definidos na Lei 7.716, de 5 de janeiro de 1989, com as alterações da Lei 9.459, de 13 de maio de 1997; e o crime de ação de grupos armados, civis ou militares, contra a ordem constitucional e o Estado Democrático (inciso XLIV).[4]

a.2. Conceito

A prescrição penal, em essência, se traduz na extinção da pena a ser (ou já ter sido) aplicada em função do transcurso do tempo. Em rigor técnico, a prescrição é uma causa de extinção da punibilidade (artigo 107, inciso IV, do Código Penal).

Cuida-se, pois, de uma autolimitação (ou renúncia) do *jus puniendi* estatal, levada a efeito por inúmeras razões de ordem político-criminal, cuja mais significativa é a perda de interesse em se punir determinada conduta delituosa. Na mesma medida, pode ser identificada, em virtude da passagem do tempo, uma autoestabilização do sistema, sem que tenha sido necessária qualquer atuação ou intervenção do Direito punitivo. De outro giro, a prescrição, por ser matéria de ordem pública, não depende da vontade daquele em favor do qual existe, podendo ser admitida em qualquer fase do processo ou do inquérito, inclusive *ex officio* pelo Juiz.[5]

a.3. Fundamento

Sob inspiração de diferentes políticas legislativas, vários são os fundamentos teóricos[6] que se propõem a dar sustentabilidade jurídica à existência da prescri-

---

[2] QUINTERO OLIVARES, Gonzalo, 774.

[3] Sobre o tema, pode ser consultado o artigo de FAYET JÚNIOR, Ney; FERREIRA, Martha da Costa, 2011, p. 47-87.

[4] Claro está que, como adverte Ramon Ragués i Vallès (2004, p. 93), "y aunque parezca una obviedad, conviene poner de manifiesto que los códigos penales suelen prever la muerte del reo entre las causas de extinción de la responsabilidad penal, lo que permite afirmar que, en realidad, la declaración de imprescriptibilidad sólo supone la prolongación de los plazos de prescripción de ciertas infracciones hasta el fin de la vida de sus autores. De este modo incluso para los delitos imprescriptibles existe siempre un punto y final en el tiempo".

[5] "Apelações recíprocas. Homicídio culposo em sinistro acidentário laboral. Prescrição. Matéria de ordem pública. Reconhecimento. Pena concretizada transitada em julgado para o MP. Mérito. Apelo ministerial que persegue a condenação da codenunciada. Acidente de trabalho. Ausência de conduta da recorrida que represente nexo causal direto com o sinistro. Sentença absolutória mantida" (TJRS, AC 70036759819, Rel. Des. Sandro Portal, 2ª CC, j. 10.11.15).

[6] Antônio José da Costa e Silva (1938, p. 372-6) traça um panorama bastante expressivo sobre as principais teorias que fundamentam o instituto da prescrição: "Uma teoria cara aos criminalistas franceses e belgas pretende

ção, não havendo, ainda, um fundamento unitário que seja aceito de modo generalizado pela doutrina (vejamos, pois, a título meramente ilustrativo, alguns: da absoluta negação do princípio da imediatividade e celeridade da justiça penal;[7] do desaparecimento dos rastros e dos efeitos do delito – a chamada teoria da prova –; da presunção de bom comportamento; do esquecimento social do crime; da desnecessidade da pena; da finalidade da pena criminal; do não exercício de um

---

que o fundamento da prescrição é a presunção da emenda (*praesumptio vitae emendatae*) do delinquente. Se este – argumentam eles – durante certo período de tempo, mais ou menos longo, não cometeu outro crime, deve-se concluir que se corrigiu, não precisando mais de punição. Essa presunção, destituída inteiramente de base, não passa, de desmedido otimismo. Na vida real, nada a autoriza. Além disso, a emenda do delinquente não constitui o único fim da pena. O influxo dessa teoria se percebe nas legislações que estabelecem como condição da prescrição o bom procedimento do delinquente durante o prazo prescricional, nomeadamente que não pratique outro crime. Enquadra-se nessa teoria, como subespécie, a opinião, sustentada por alguns escritores, de que, com o decurso do tempo, o caráter ou personalidade do delinquente se transforma; de sorte que vem a se tornar supérflua a punição. A hipótese de mudança de natureza íntima do indivíduo, que haja transgredido a lei penal, pelo simples escoamento do tempo, é pura fantasia otimista. Só em casos excepcionais, nas prescrições de longa duração, se poderá admitir a idéia de regeneração do criminoso. Outra teoria – a da expiação (*Suehnetheorie*) – repousa também em uma presunção, de idêntico valor. Pretendem os seus adeptos que, vivendo atribuladamente, debaixo de incertezas e apreensões, durante o período da prescrição, sofre o delinquente tanto quanto sofreria se estivesse sob os rigores da lei. As angústias por que ele passa, as aflições que lhe atormentam a consciência, tornando-lhe a existência incerta e precária, equivalem à pena, ao castigo legal. Pressupõe semelhante teoria um estado de espírito que não se encontra na maioria dos criminosos. Ainda mais: o mal da pena e o temor de sofrê-la (como observou Schwarze) não são quantidades que se compensem. Outra teoria (*des getingten Andenkens*) apresenta como fundamento do instituto da prescrição criminal a circunstância de que, com o perpassar do tempo, se vai apagando na memória dos membros da comunhão, até o ponto de extinguir-se completamente, a lembrança do delito; cessando em consequência a necessidade do exemplo público, em que consiste principalmente o fim da pena. Segundo essa teoria – notou admiravelmente o argutíssimo Binding – não é o crime, mas o seu conhecimento (a sua recordação) que dá lugar à pena. Não é preciso mais para evidenciar-lhe a erronia. Assaz espalhada é a idéia de que a prescrição criminal – a renúncia do Estado à punição – resulta das dificuldades e incertezas da prova. Com o tempo, vão desaparecendo os elementos que demonstram a existência do crime e a respectiva autoria. Aumentam os riscos de uma punição injusta. Cresce para o inocente a impossibilidade de patentear a sua nenhuma culpabilidade. Já Thomasius (*De bigamiae presc.*, 1685) dizia que a prescrição visava impedir que 'propter summan factorum incertitudinem ex temporis diuturnitate provenientem innocentes indebita efficiantur poena beneficio defensionis priventur'. Para o insigne Binding a transitoriedade da prova é o único motivo que verdadeiramente constringe o legislador consciencioso a acolher a prescrição da ação penal. Contra essa teoria, estabelecida sob um ponto de vista processual, se objeta que ela não pode justificar a prescrição da condenação, que a quase unanimidade das legislações admite. Loening pondera com toda a procedência que, dependendo o prazo da prescrição do caráter jurídico da ação, muitas vezes, para fixar aquele, se torna indispensável a prova desta. Realmente, como determinar o prazo da prescrição, o seu começo e o seu fim, sem a prova da atividade criminosa? Alguns escritores atribuem à ação do tempo, exclusivamente, a eficácia extintiva da prescrição. Berner chamou ao tempo a razão das razões (*Grund der Gruende*) da prescrição. Outros criminalistas insistem sobre o 'infinito poder do tempo'. Mas, como já observava o velho Cremani, o tempo é 'simplex nudumque nomem durationis rerum existentiam, non ens quoddam physicum aut morale, adeoque non posse habere jus pariendi morale modum – aliaque istiusmodi, quæ in jure consistunt'. Sustentam abalizados autores que só motivos de equidade (*Billigkeitsgruende*) justificam a prescrição criminal. Outros alegam que, após o decurso de certo tempo, perde a punição toda finalidade. Deixa o Estado de ter interesse nela. Todas essas teorias (e outras que, *brevitatis amor*, deixamos de mencionar), isoladamente, não podem dar, de modo satisfatório, o fundamento racional, político-jurídico, da prescrição criminal. Por isso, preferem os escritores combiná-las, apresentando uma doutrina eclética. Com a passagem do tempo e a sucessão ininterrupta dos acontecimentos, a impressão produzida na consciência pública pela prática do crime, pelas consequências que este produziu, vai diminuindo a pouco e pouco, acabando por obliterar-se de todo. A prova se torna defeituosa e incerta. Aumentam com isso os perigos de erros e injustiças. A repressão, tanto mais eficaz quanto mais pronta, deixa de oferecer interesse para a sociedade".

[7] QUINTERO OLIVARES, Gonzalo, p. 775.

direito; entre outros).[8] Antonio Pagliaro os apresentou do seguinte modo: "C'è chi pensa che il decorso del tempo effettui comunque una retribuzione, grazie al perdurare della paura della pena. Altri fanno leva su una supposta emenda del reo o sulle possibili difficoltà di prova. Ma è più verosimile che il fondamento stia nella carenza di interesse statale alla punizione (e, quindi, al processo), per il diminuito ricordo sociale del fato".[9] Em verdade, o instituto jurídico-penal da prescrição vincula-se a razões de política criminal, ancoradas, como descreve Jorge de Figueiredo Dias, "na teoria das finalidades das sanções criminais e correspondentes, além do mais, à consciência jurídica da comunidade".[10] Realmente, como sustentam Giovanni Fiandaca e Enzo Musco, "con il decorso del tempo, infatti, appare inutile e inopportuno l'esercizio della stessa funzione repressiva, perché vengono a cadere le esigenze di prevenzione generale che presiedono alla repressione dei reati: le esigenze de prevenzione, come dimostra l'esperienza, a poco a poco si affievoliscono fino a spegnersi del tutto".[11] A ação corrosiva do tempo torna inócua e desnecessária a punição, na medida em que o conflito, que estava à base da existência do crime, se enfraquece e perde substância, e a própria coletividade deixa de possuir interesse em punir um episódio cuja realização se verificou há muito tempo.[12] Aliando-se esses dois fatores (desnecessidade da punição e composição ou esquecimento do conflito), tem-se o motivo pelo qual o instituto jurídico da prescrição se inscreveu na quase totalidade das legislações mundiais.[13]

a.4. Natureza jurídica

Muito se discutiu acerca da natureza jurídica das normas que informam o instituto da prescrição. Havia vozes que as concebiam como integrantes do direito processual;[14] outras, do direito material;[15] outras, ainda, as davam como nor-

---

[8] VELÁSQUEZ, Fernando, 1997, p. 730.

[9] PAGLIARO, Antonio, 1980, p. 709. Para uma visão abrangente sobre as teorias fundamentadoras da prescrição, consultar: MACHADO, Fábio Guedes de Paula, 2000, p. 88-102.

[10] FIGUEIREDO DIAS, Jorge de, 1993, p. 699.

[11] FIANDACA, Giovanni; MUSCO, Enzo, 2011, p. 780.

[12] Conforme destacou Giuseppe Bettiol (1976, p. 199), "não se presume apenas uma emenda do réu, uma sua readaptação à vida social mas a falta de um interesse estatal na repressão do crime, em virtude do tempo já transcorrido do momento da sua prática. Se é o alarma social que determina também a intervenção do Estado na repressão dos crimes, quando decorreu determinado período de tempo da prática do próprio crime sem que tenha sido reprimido, o alarma social se enfraquece pouco a pouco e se apaga, de tal modo que provoca a ausência do interesse que faz valer a pretensão punitiva".

[13] Por meio dessas diferentes linhas de entendimento, todas com expressão, pode perceber-se, claramente, o motivo pelo qual se avalia que o fundamento da prescrição penal é múltiplo, e ainda sujeito a ampliações.

[14] José Rogério Cruz e Tucci (1997, p. 58) assinala: "a prescrição da ação justifica-se sob o aspecto de conotação processual, uma vez que, com o decurso do tempo, os indícios e os elementos de prova que indicam a autoria e a materialidade do crime se debilitam. A excessiva demora, sobretudo em sede penal, conspira contra o vigor probatório".

[15] José de Faria Costa (2003, p. 1152-3) enfatiza que "as normas jurídicas relativas à prescrição do procedimento criminal têm uma natureza preponderantemente material a não processual ou adjectiva", na medida em que "tais normas ao contenderem, directa e invasivamente, com a esfera personalíssima do cidadão e, de certa maneira,

mas mistas.[16] (Nos dias que correm, tem predominância, na doutrina brasileira, a concepção material da natureza jurídica das normas prescricionais, embora não se possa perder de vista que ambas as disciplinas são inseparáveis, pois ambas guardam relação com o poder punitivo do Estado.) E a discussão tinha razão de ser a partir das diferentes consequências jurídicas que se produziam no âmbito processual ou material. Todavia, partindo-se do entendimento segundo o qual tanto as normas materiais quanto as processuais têm vocação retroativa quando *favor rei*, a discussão deixa de possuir maior significado. Nesse sentido, adverte Fábio Guedes de Paula Machado que "este embate perde importância na moderna ciência criminal e no mundo fático a partir do momento em que se assegura que, seja a lei de natureza material e processual, esta sempre retroagirá se mais benéfica for ao infrator (ultra-atividade das leis)".[17] Em todo o caso, as normas que informam a prescrição têm, inegavelmente, um caráter material, até porque os "preceitos legais da prescrição fazem ainda parte daquele conjunto de normas, porque invasivas e instrumentalmente constrictivas de direitos fundamentais, que deve pré-existir a práctica de infracção".[18]

a.5. Espécies de prescrição

Quanto às espécies de prescrição penal, existem, basicamente, duas modalidades: (i.) a prescrição da pretensão punitiva (ou da ação), isto é, a que ocorre antes de transitar em julgado a sentença penal (artigo 109 do Código Penal); e (ii.) a prescrição da pretensão executória (ou da condenação), isto é, a que começa a fluir após o trânsito em julgado da sentença penal condenatória (artigo 112, incisos I e II, do Código Penal).

Na primeira modalidade, a prescrição será aferida pelo máximo da pena privativa de liberdade cominada ao crime – artigo 109 do Código Penal. Além dessa, haverá as modalidades retroativa[19] e superveniente, cujo módulo medidor será a

---

por conseguinte, com alguns direitos fundamentais – pense-se, entre tantos outros, no fundamental direito à paz jurídica – não podem, pela própria natureza das coisas, deixar de ter essa precisa natureza material". (Filiamo-nos a esse entendimento, que além de tudo, protege o acusado contra uma posterior extensão do prazo prescricional ainda não atingido, por consagrar a irretroatividade da *lex gravior* em matéria de direito penal substantivo.)

[16] Reinhart Maurach, Karl Heinz Gössel e Heinz Zipf (1995, p. 968) afirmam que "La prescripción de un hecho punible se justifica por razones de derecho tanto material cuanto procesal". Também Aníbal Bruno (p. 210) assim posicionou-se: "Mas há dois motivos que realmente concorrem para legitimá-la, um de Direito Penal, que é haver desaparecido o interesse do Estado em punir, outro de ordem processual, aplicável à prescrição anterior à sentença condenatória, que é a dificuldade de coligir provas que possibilitem uma justa apreciação do delito cometido". No mesmo sentido Giulio Battaglini (1973, p. 688) quando sustenta: "Naturalmente, a prescrição da pena já aplicada não tem, como a do delito, uma razão de ser processual, inclusive (dificuldade da prova), mas se apóia exclusivamente na fundada presunção de ter cessado a necessidade de execução da sanção".

[17] MACHADO, Fábio Guedes de Paula, p. 158.

[18] COSTA, José de Faria, 2003b, p. 1154.

[19] A prescrição, depois da sentença condenatória com trânsito em julgado para a acusação ou depois de improvido seu recurso, regula-se pela pena aplicada, não podendo, em nenhuma hipótese, ter por termo inicial data anterior à da denúncia ou queixa. (Redação dada pela Lei 12.234, de 2010.)

pena aplicada (sendo pressuposto [para o reconhecimento da prescrição penal] ou o trânsito em julgado da sentença para a acusação ou se o eventual provimento do recurso da acusação não importe alteração sobre o prazo prescricional).

Na segunda modalidade, a prescrição será regulada pela pena aplicada na sentença, e se verifica nos prazos fixados no artigo 109, os quais se aumentam de um terço, se o condenado é reincidente.

a.6. Efeitos

Haverá efeitos diferentes quer se trate da prescrição da pretensão punitiva, quer se trate da executória. Realmente, em virtude da primeira modalidade, extingue-se a própria pretensão estatal de obter uma decisão sobre o fato punível (desse modo, não implica juízo de culpabilidade; não importa pressuposto para a reincidência ou maus antecedentes; não gera título executivo na área cível; não obriga ao pagamento das custas processuais; permite a restituição integral da fiança, se o acusado a houver prestado; entre outros); e, em vista da segunda modalidade, obstaculiza-se, tão somente, o efeito principal da sentença condenatória, isto é, a pretensão executória (assim, implica pressuposto para a reincidência ou maus antecedentes [dentro do prazo de cinco anos]; gera título executivo na área cível; o nome do réu é lançado no rol dos culpados; se o condenado efetuou a prestação de fiança, seu valor fica vinculado ao pagamento das custas processuais e à reparação do dano [*caput* e parágrafo único do artigo 336 do Código de Processo Penal]).

Por conta disso, é possível afirmar que a prescrição da pretensão punitiva (ou da ação) equivale à proclamação da inocência, com o que se extinguem todas as consequências penais e o acusado se posta em situação equiparável à da absolvição. Nesse sentido, no caso de incidência da prescrição punitiva, deve ser encerrado o processo; se houver inquérito policial, seu prosseguimento se traduz em constrangimento ilegal (sanável por meio de *habeas corpus*); e, ainda, se houver sentença condenatória, ela não mais irá subsistir.[20] Por outro lado, diante do reconhecimento prescrição da condenação, obsta a execução das penas (e da medida de segurança), remanescendo, contudo, as consequências de ordem secundária da sentença condenatória.[21]

a.7. Dos prazos

Nos termos do artigo 115 do Código Penal, são reduzidos de metade os prazos de prescrição quando o criminoso era, ao tempo do crime, menor de 21 (vinte e um) anos,[22] ou, na data da sentença, maior de 70 (setenta) anos.[23]

---

[20] JESUS, Damásio de, 2012, p. 42.

[21] JESUS, Damásio de, p. 114.

[22] Sobre o tema, pode ser consultado o artigo de FAYET JÚNIOR, Ney; FAYET, Paulo, 2009, p. 49-59.

[23] Sobre o tema, pode ser consultado o artigo de FAYET JÚNIOR, Ney, 2007, p. 39-50.

a.8. Do termo inicial da prescrição

Pode sugerir-se a análise, em separado, do termo inicial da prescrição antes de transitar em julgado a sentença final e o da prescrição após a sentença condenatória tornar-se irrecorrível.

a.8.1. Do termo inicial da prescrição da ação

Antes de transitar em julgado a sentença final, o nosso Código Penal adota a regra básica conforme a qual o início do prazo prescricional começa a fluir a partir do dia em que o crime se consumou (artigo 111, inciso I),[24] em cuja disciplina se inscrevem, entretanto, três exceções: na hipótese de o crime ser tentado, a prescrição começará a fluir do dia em que cessou a atividade criminosa (artigo 111, inciso II); na hipótese de ser o delito permanente, a prescrição somente começará a correr a partir do dia em que cessar a permanência (artigo 111, inciso III); nos crimes de bigamia e de falsificação ou alteração de assentamento de registro civil, a prescrição começará a contar desde o dia em que o fato se tornou conhecido,[25] isto é, o prazo corre a *die scientiae* (artigo 111, inciso IV); e, ainda, nos crimes contra a dignidade sexual de crianças e adolescentes, previstos no Código Penal ou em legislação complementar, da data em que a vítima completar 18 (dezoito) anos, salvo se a esse tempo já houver sido proposta a ação penal (artigo 111, inciso V). Esse elenco é taxativo, sendo vedada a utilização de analogia.[26] O prazo prescricional deve ser contado em dias – incluindo-se em seu cômputo o *dies a quo* (artigo 10 do Código Penal) –, de acordo com o calendário comum. A lei penal, sem embargo, não concedeu aos crimes habituais qualquer tratamento excepcional, ficando a inteiro cargo da doutrina e jurisprudência a determinação do início da fluência do prazo prescricional em se tratando dessa modalidade delitiva.[27] Por outro lado, em se cuidando da prescrição (da pretensão punitiva) intercorrente, o prazo prescricional começará a fluir a partir da data de publicação da sentença condenatória ou do acórdão condenatório, dado que ela ocorre a partir deste ato processual e antes de a sentença condenatória transitar em julgado.

---

[24] Desse modo, em sendo o crime material, a consumação se opera no dia do resultado; sendo um crime formal, a consumação se estabelece no dia da ação; sendo um crime comissivo por omissão, a consumação ocorre com o resultado; e, finalmente, sendo o crime omissivo próprio, a consumação se opera no dia em que o destinatário do preceito deveria agir e não agiu (OLIVEIRA, Edmundo, 1994, p. 482).

[25] Como comenta Edgard Magalhães Noronha (1999, p. 369), "São crimes *instantâneos*, porém de *efeitos permanentes* e que, dissimulados ou ocultos, tardam em vir ao conhecimento da autoridade, de modo que, se se contasse o prazo da consumação, frequentemente aconteceria ter-se operado a prescrição quando fossem eles descobertos. O conhecimento a que a lei alude é o da autoridade pública, que não pode, evidentemente, alegar ignorância quando o fato é notório".

[26] BARROS, Flávio Augusto Monteiro de, 2011, p. 628.

[27] Sobre o tema, pode ser consultado o artigo de FAYET JÚNIOR, Ney, 2009, p. 93-104.

a.8.2. Do termo inicial da prescrição da condenação

No caso do artigo 112 do Código Penal, a prescrição começa a correr: (i.) do dia em que transita em julgado a sentença condenatória, para a acusação, ou a que revoga a suspensão condicional da pena ou o livramento condicional; e (ii.) do dia em que se interrompe a execução, salvo quando o tempo da interrupção deva computar-se na pena. Além disso, deve-se indicar a prescrição no caso de evasão do condenado ou de revogação do livramento condicional (artigo 113 do Código Penal), ou seja, no caso de evadir-se o condenado ou de revogar-se o livramento condicional, a prescrição é regulada pelo tempo que resta da pena. Também quanto à prescrição da multa (artigo 114 do Código Penal): a prescrição da pena de multa ocorrerá: (i.) em 2 (dois) anos, quando a multa for a única cominada ou aplicada; e (ii.) no mesmo prazo estabelecido para prescrição da pena privativa de liberdade, quando a multa for alternativa ou cumulativamente cominada ou cumulativamente aplicada.

a.9. Das causas interruptivas e suspensivas do prazo prescricional

Cumpre destacar que os prazos prescricionais se assujeitam tanto a causas interruptivas como a suspensivas; quanto às primeiras, haverá o zeramento do prazo (ou seja, uma vez interrompida a prescrição, salvo a hipótese do inciso V do artigo 117 do Código Penal, todo o prazo começa a correr, novamente, do dia da interrupção) e, quanto às segundas, o prazo não fluirá (todavia, o tempo decorrido antes da suspensão é contado para o prazo prescricional e, desse modo, uma vez cessada a causa suspensiva, a fluência do lapso prescricional é reiniciada, computando-se o tempo anteriormente transcorrido).

a.9.1. Das causas interruptivas da prescrição

O Código Penal estabelece as causas interruptivas da prescrição nos incisos I, II, III e IV do artigo 117 do Código Penal: (i.) data do recebimento da denúncia ou queixa; (ii.) data de publicação da decisão de pronúncia; (iii.) data da sessão de julgamento em que o Tribunal, negando provimento do recurso em sentido estrito do acusado, impugnando a pronúncia, confirma esta; e (iv.) data de publicação da sentença ou acórdão condenatórios recorríveis.

a.9.1.1. Das causas interruptivas do prazo prescricional da pretensão punitiva abstrata e retroativa

Nos moldes do artigo 117, incisos I, II, III e IV, do Código Penal, o curso da prescrição interrompe-se em virtude das seguintes causas: (i.) pelo recebimento (e não o simples oferecimento) da denúncia ou da queixa, sendo a data da publicação do despacho, em cartório, o fator interruptivo; (ii.) a pronúncia, isto é, a decisão que submete o réu ao julgamento pelo tribunal do júri (crimes dolosos, tentados ou consumados, contra a vida), interrompe a marcha prescricional; (iii.) se, em face da decisão de pronúncia, o réu recorrer à instância superior e for confirmada a sentença de pronúncia, ocorrerá nova interrupção da marcha prescricional, começando a fluir novo prazo a partir da data da sessão de julgamento; e (iv.) pela publicação da sentença ou acórdão condenatórios recorríveis, sendo que, de um lado, a sentença condenatória manterá o seu poder interruptivo da prescrição ainda que, total ou parcialmente, reformada pela instância superior e, de outro, o acórdão confirmatório da condenação, ainda que implique modificação da pena estipulada, não interromperá o curso do prazo prescricional.

a.9.1.2. Das causas interruptivas do prazo prescricional da pretensão executória

Nos termos do artigo 117, incisos V e VI, do Código Penal, interrompem a fluência do prazo da prescrição da pretensão executória: (i.) o início ou a continuação da execução da pena; e (ii.) a reincidência. Com efeito, em face da prescrição da pretensão executória, a interrupção se dará com o início do cumprimento da pena ou, no caso de fuga ou suspensão da execução, com a sua continuação. Assim, se houve o trânsito em julgado da sentença condenatória, o início do cumprimento da pena marcará, também, a interrupção da prescrição; ou, ainda, se, após cumprir parte da pena, vier o condenado a fugir, quando for capturado, a retomada da execução da pena implicará, igualmente, a interrupção da prescrição. A prescrição executória será, da mesma forma, interrompida na data do trânsito em julgado de uma nova sentença penal condenatória, isto é, em virtude de uma sentença condenatória por um segundo crime. Desse modo, o instituto da reincidência importa não somente em aumento do prazo prescricional (artigo 110, *caput*, do Código Penal) como, ainda, em interrupção do prazo da prescrição da pretensão executória.[28]

a. 9.2. Das causas suspensivas (ou impeditivas) da prescrição

O Código Penal estabelece as hipóteses de suspensão (que as denomina de causas impeditivas) da prescrição no artigo 116, havendo as que impedem o fluxo do prazo prescricional antes do trânsito em julgado da sentença definitiva (*caput*, incisos I e II) e as que impedem a fluência depois do trânsito em julgado da sentença condenatória (parágrafo único).

a. 9.2.1. Das causas suspensivas do prazo prescricional da pretensão punitiva abstrata e retroativa

Antes de transitar em julgado a sentença final, a prescrição não corre, em especial, nas seguintes situações: (i.) enquanto não solucionada, em outro processo, questão prejudicial não devolutiva, de que dependa o reconhecimento da

---

[28] QUEIROZ, Paulo, 2015, p. 585.

existência do crime (artigo 116, inciso I, do Código Penal);[29] (ii.) enquanto o agente cumpre pena no estrangeiro (artigo 116, inciso II, do Código Penal);[30] (iii.) enquanto durar o mandato do deputado ou senador, contra quem foi instaurada ação penal em seu foro privilegiado, sustada pela casa a que pertença (artigo 53, parágrafo 5º, da Constituição Federal); (iv.) enquanto estiver suspenso o processo criminal instaurado contra o réu, porque foi ele citado por edital, é revel e não tem advogado constituído (artigo 366 do Código de Processo Penal); (v.) enquanto não cumprida carta rogatória citatória de réu que estiver no estrangeiro, em lugar sabido (artigo 368 do Código de Processo Penal); (vi.) enquanto durar o prazo da suspensão condicional do processo (artigo 89, parágrafo 6º, da Lei 9.099/95); ou, ainda, (vii.) no acordo de leniência (artigo 87 da Lei 12.529/11), que estabelece uma suspensão em face dos crimes contra a ordem econômica; e, finalmente, (viii.) nos termos do artigo 83, parágrafo 2º, da Lei 9.430/96 (redação dada pela Lei 12.382/11), que prevê a suspensão da pretensão punitiva em caso de parcelamento dos débitos tributários (Lei 8.137/90) ou previdenciários (artigos 168-A e 337-A do Código Penal).

a.9.2.2. Das causas suspensivas do prazo prescricional da pretensão punitiva executória

Nos termos do parágrafo único do artigo 116 do Código Penal, depois de passada em julgado a sentença condenatória, a prescrição não corre durante o tempo em que o condenado está preso por outro motivo; assim, deve-se entender que não correrá a prescrição da pretensão executória durante o tempo em que o condenado se encontrar preso por outro fato, ou seja, por outro motivo que não o de sua condenação (por simples ilustração: em virtude da decretação de sua prisão preventiva em outro processo). Por evidente, no que tange ao delito pelo qual se encontra preso, opera-se a interrupção da prescrição executória (artigo 117, inciso V, do Código Penal).

---

[29] Essa causa se refere "à questão prejudicial ainda não resolvida em outro processo. Questão prejudicial é a que influi na tipicidade do delito. A sua resolução é imprescindível para a existência do crime. O juiz penal, em regra, tem jurisdição para decidir qualquer questão, exceto a que versa sobre o estado civil das pessoas, quando, então, a ação penal ficará obrigatoriamente suspensa até o trânsito em julgado da sentença prolatada na esfera cível. É o que ocorre com o delito de bigamia, cuja ação penal ficará suspensa na hipótese de pender, na área cível, ação de anulação do primeiro casamento. No tocante às prejudiciais não referentes ao estado civil das pessoas, a suspensão da ação penal é facultativa. Se, por exemplo, o réu processado por furto estiver discutindo na área cível se a coisa é ou não alheia, a ação penal, a critério do juiz, ficará suspensa até a resolução dessa questão. De fato, se a coisa lhe pertencer, não haverá furto, pois este delito pressupõe que a coisa seja alheia. Se, no entanto, o juiz criminal resolver prosseguir na ação penal, condenando o acusado, este, na hipótese de a sentença cível lhe ser favorável, atribuindo-lhe o domínio da coisa, poderá ingressar com o pedido de revisão criminal" (BARROS, Flávio Augusto Monteiro de, p. 629-30).

[30] Essa outra causa "justifica-se pela impossibilidade em se obter a extradição do acusado. Observe-se, porém, que o cumprimento de pena no Brasil não impede a fluência da prescrição da pretensão punitiva" (BARROS, Flávio Augusto Monteiro de, p. 630).

a.10. Da forma de contagem

a.10.1. Da prescrição da pretensão punitiva (prescrição da ação)

Nesta modalidade, o módulo medidor da prescrição será o máximo da pena privativa de liberdade cominada ao delito, e deverá ser cotejado em face da tabela do artigo 109 do Código Penal. Dessa forma, a prescrição da pretensão punitiva pode verificar-se quer entre a data do fato até a do recebimento da denúncia (ou queixa), quer entre a do recebimento da denúncia (ou queixa) até a da publicação da sentença ou acórdão condenatórios recorríveis. (Além disso, nos processos da competência do tribunal do júri, haverá, como visto, duas outras causas de interrupção do curso prescricional. E colhe-se o ensejo para aclarar que, diferentemente dessas causas interruptivas afetas ao tribunal do júri, a confirmação da sentença condenatória pelo tribunal não se traduz em nova causa interruptiva da prescrição, ainda que, eventualmente, o acórdão altere a pena imposta na decisão monocrática, ou seja, o acórdão confirmatório da condenação, posto que modifique a pena estabelecida, não interrompe o curso do prazo prescricional. Por fim, na hipótese de a condenação se materializar em segundo grau, em virtude de recurso manejado pela acusação, existirá, sim, causa interruptiva do curso do prazo prescricional.)

a.10.2. Da prescrição da pretensão punitiva retroativa

Nesta modalidade, o módulo medidor da prescrição será a pena concretizada na sentença, e deverá ser cotejado em face da tabela do artigo 109 do Código Penal. Para poder ser avaliada, deve haver ou o trânsito em julgado para acusação ou que seja improvido o recurso da acusação. A aferição da prescrição retroativa se dá, apenas, entre a data de publicação da sentença ou do acórdão condenatórios. (Além disso, nos processos da competência do tribunal do júri, a análise da prescrição retroativa deverá também ser realizada entre [i.] a sentença condenatória e o acórdão confirmatório da pronúncia; [ii.] deste acórdão confirmatório à decisão de pronúncia; e [iii.] desta ao despacho de recebimento da denúncia [ou queixa]).[31]

a.10.3. Da prescrição da pretensão punitiva intercorrente

Nesta categoria, o módulo medidor da prescrição será a pena concretizada na sentença, e deverá ser cotejado em face da tabela do artigo 109 do Código Penal. Apresenta como termo inicial a publicação da sentença penal condenatória. Para essa espécie de prescrição penal, é condição o trânsito em julgado da sentença condenatória para a acusação, na medida em que o apelo da acusação – por meio do qual se visa à agravação da pena privativa de liberdade – obsta o seu reconhecimento. Também é condição o improvimento do recurso da acusação, dado que,

[31] Sobre o tema, pode ser consultado o artigo de FAYET JÚNIOR, Ney; PICCOLI, Fernando, 2011, p. 149-65.

improvido o apelo – por meio do qual se visa à elevação da pena privativa de liberdade –, pode ser reconhecida a prescrição. Assim, primeiramente, o tribunal aprecia o recurso e, após, declara a extinção da punibilidade. Em havendo apelos (de ambas as partes), improvido o da acusação, o tribunal declara a extinção da punibilidade pela ocorrência da prescrição intercorrente, julgando, com isso, prejudicado o do acusado.[32]

a.10.4. Da prescrição da pretensão executória (prescrição da condenação)

Nesta modalidade, o módulo medidor da prescrição será a pena concretizada na sentença ou no acórdão, e deverá ser cotejado em face da tabela do artigo 109 do Código Penal. Na hipótese de reincidência, o prazo de prescrição aumenta de um terço (*caput* do artigo 110 do Código Penal). Essa modalidade tem como termo inicial o dia que a sentença condenatória transitar em julgado para a acusação (artigo 112, inciso I, do Código Penal); contudo, somente poderá ser aferida a partir do trânsito em julgado para ambas as partes.

a.11. Do concurso de crimes

Nas hipóteses de concurso material, concurso formal e crime continuado, a aferição da prescrição penal se dará sobre a pena de cada um, isoladamente (artigo 119 do Código Penal), a cuja regra se agrega o teor da Súmula 497 do Supremo Tribunal Federal.[33]

a.12. Da prescrição em perspectiva (ou antecipada)

De uma forma abrangente, a prescrição em perspectiva tem sido entendida como uma construção jurídica que permite o reconhecimento, adiantadamente,

---

[32] JESUS, Damásio de, p. 60. Cumpre ressaltar que o provimento do recurso da acusação somente obsta o reconhecimento da prescrição na hipótese de alterar o prazo prescricional. Por outro lado, "o prazo prescricional superveniente à condenação não é interrompido pelo acórdão confirmatório nem pela interposição de embargos infringentes. De maneira que a prescrição da pretensão punitiva, na ausência de recurso da acusação, pode ser declarada quando decorrido o prazo respectivo entre a data da publicação da sentença condenatória e o termo *ad quem*, não se interrompendo pelo acórdão que julga a apelação ou os embargos infringentes, nem pela interposição de recurso extraordinário ou especial pela acusação" (JESUS, Damásio de, p. 60).

[33] "Homicídio culposo resultante de inobservância de regra técnica profissional (art. 121, § § 3º e 4º, do CP). Absolvição na origem. Materialidade devidamente comprovada por laudos necroscópicos. Autoria inquestionável. Laudos periciais que imputam responsabilidades inafastáveis aos acusados. Palavras fortes, coerentes e incriminatórias de testemunhas, incluso perito. Versões exculpatórias inverossímeis. Provas seguras. Condenação imperiosa, nos termos do apelo do MP. Prescrição retroativa da pretensão punitiva, porém. Penas em concreto de 2 anos de detenção, para cada crime. Majoração decorrente de concurso formal. Lapso prescricional de 4 anos (art. 109, V, c/c 119 do CP). Período ultrapassado entre o recebimento da denúncia e a data de conclusão ao Relator. Apelo ministerial provido, com decretação, de ofício, da extinção da punibilidade dos acusados, pela ocorrência da prescrição. Arts. 109, V, c/c 119, 110, § 1º, e 107, IV, do CP" (TJSP, AC 9000006-24.2008.8.26.0081, Rel. Des. Luis Soares de Mello, 4ª CC, j. 1.12.15).

dos efeitos da prescrição retroativa (conjecturando-se o *decisum* condenatório e a pena que lhe seria correspondente), por intermédio dos quais se poderia extinguir o processo penal (ou mesmo o inquérito policial) em curso. Em poucas palavras, a prescrição antecipada, como modernamente se define, é o reconhecimento antecipado da prescrição retroativa. Com efeito, como a prescrição retroativa se baseia na pena concretizada na sentença condenatória, a prescrição antecipada operaria com a projeção das possíveis condenação e pena a serem impostas ao réu. Cuida-se, portanto, de uma avaliação hipotética do possível desfecho da lide penal, de cuja avaliação, também abstratamente, se projetariam os efeitos para, a seguir, declará-los, *in casu,* em virtude dos fatores de estruturação da pena criminal, insubsistentes. Nem sempre, por óbvio, será possível fazer esse raciocínio de antecipação da provável pena e prematuramente reconhecer a prescrição da pretensão punitiva pela pena virtual porque, por vezes, não estão disponíveis todos os elementos para a projeção da pena dentro de parâmetros reais, isto é, há casos em que não se provaram ou definiram as circunstâncias judiciais, agravantes, atenuantes, qualificadoras ou privilegiadoras e causas de aumento e diminuição de pena. Nessas situações, em que a fase instrutória contribuirá substancialmente para bem definir os fatores que influenciarão na dosimetria da reprimenda penal, não admitimos a prescrição antecipada, porque não a entendemos como um instituto aleatório e sem plausibilidade jurídica. Contudo, em muitos casos, a solução mais adequada, possível e menos dispendiosa ao Estado seria a aceitação da prescrição antecipada.[34] Apesar da lógica dessa construção jurídica, os tribunais superiores têm negado a sua admissibilidade; aliás, o Superior Tribunal de Justiça consolidou a sua posição por meio da Súmula 438.

a.13. Da prescrição penal e civil

Inicialmente, cumpre destacar as diferenças que se apresentam entre a prescrição penal e a civil. Por esse modo, pode reconhecer-se que se trata de prescrições inteiramente independentes, porquanto haverá diferentes prazos e incidentes do lapso prescricional (tais como a interrupção ou suspensão, por exemplo); com isso, "nenhuma influência sofre a prescrição civil com a extinção da punibilidade e com o exercício da ação penal, e reciprocamente nenhuma influência sofrerá a prescrição penal com a propositura da ação civil",[35] ou seja, a prescrição penal se vincula a interesses do campo do direito público, ao passo que a prescrição civil se relaciona a interesses privados.[36]

A mais disso, a prescrição penal extingue o direito material – isto é, o *ius puniendi* –, enquanto a civil, a ação que se atribui ao direito de determinada pessoa.[37]

---

[34] Sobre o tema, pode ser consultado o artigo de FAYET JÚNIOR, Ney, 2007, p. 155-83.

[35] PORTO, Antonio Rodrigues, 1998, p.33.

[36] JESUS, Damásio de, p. 36.

[37] LOZANO JR., José Júlio, 2002, p. 35.

Também, o interessado – se lhe convier o exame do *meritum causae* – poderá "renunciar à prescrição civil após sua ocorrência, não tendo essa faculdade em relação à penal, que deve ser reconhecida pelo Juiz mesmo contra a vontade do beneficiário, uma vez que irrenunciável a qualquer pretexto".[38] Finalmente, assinala Damásio de Jesus que, "na esfera civil, a prescrição não corre contra quem não pode agir; no campo criminal, não importa qual a razão do não exercício da pretensão punitiva ou executória, se fuga do agente, inércia da autoridade, autoria ignorada etc. O prazo prescricional, em regra, tem seguimento".[39]

b.1. Da análise do caso concreto[40]

Versa o caso sobre a prescrição da pretensão punitiva intercorrente, na qual, como visto, o módulo medidor da prescrição será a pena concretizada na sentença ou no acórdão condenatórios, e deverá ser cotejado em face da tabela do artigo 109 do Código Penal.

b.2. Do marco interruptivo da prescrição

Aqui está o nó górdio da questão, isto é, estabelecer-se, com precisão, qual vem a ser o marco interruptivo da prescrição intercorrente.

Apresenta como termo inicial a publicação da sentença penal ou do acórdão condenatórios. Para essa espécie de prescrição penal, é condição o trânsito em julgado da sentença condenatória para a acusação. *In casu*, considerando-se a existência de **acórdão condenatório originário**, dado haver recursos desafiados tão somente pela defesa, **o marco inicial será a data do julgamento**, ou seja, "**para fins de configuração do marco interruptivo do prazo prescricional, considera-se publicado o acórdão condenatório na data da realização da sessão pública de julgamento em que exarado aquele julgado**, independentemente de quando se dê sua veiculação no Diário da Justiça ou meio de comunicação congênere".[41]

Com efeito, **o marco interruptivo registra-se na data da sessão pública de julgamento**; aliás, segundo a jurisprudência do Supremo Tribunal Federal, o marco interruptivo do prazo prescricional previsto no artigo 117, inciso IV, do

[38] LOZANO JR., José Júlio, p. 35.

[39] JESUS, Damásio de, p. 36.

[40] Em síntese, o TRF4, por maioria de votos, julgou procedente a imputação jurídico-criminal lançada em desfavor do Deputado Federal J. R., condenando-o à pena de 5 (cinco) anos e 3 (três) meses de reclusão, regime inicial semiaberto, pelo crime de dispensa irregular e de fraude à licitação (Lei 8.666/1990, arts. 89 e 90, respectivamente). Por ocasião do julgamento dos embargos de declaração, o *decisum* condenatório veio de ser mantido. Em sequência, foram interpostos recursos especial e extraordinário; em virtude de sua diplomação no cargo parlamentário, o STJ declinou da competência para o julgamento do recurso especial e remeteu os autos ao STF. Nesta e. Corte, na sessão do dia 05 de fevereiro de 2018, a 1ª Turma, por maioria, não conheceu do recurso especial e, com isso, também por maioria de votos, determinou a imediata execução provisória das penas impostas que se lhe foram impostas. Além disso, foi-se-lhe expedido mandado de prisão, sendo, pois, cumprido.

[41] STJ, *HC* 233.594/SP, 6ª T, Relª. Minª. Alderita Ramos de Oliveira, j. 16.4.13. (Destacou-se.)

Código Penal (mesmo com a redação que lhe conferiu a Lei 11.596/2007),[42] **é o da data da sessão de julgamento**.[43] Com isso, a publicação do aresto – nos veículos de comunicação oficial – inaugura, apenas, o prazo recursal, não interferindo no cômputo do lapso prescricional;[44] desse modo, ao transcorrer o lapso necessário (*in casu*, de 8 anos) – **entre a data da sessão de julgamento** (17 de dezembro de 2009, na qual corporificou-se a condenação) **e a data de 16 de dezembro de 2017** (às 24h desse dia) –, implementou-se, completamente, a prescrição da pretensão punitiva (em sua modalidade subsequente).

Não pairam dúvidas sobre ser esse o marco interruptivo, tanto que já se afirmou ser desnecessária – para a perfectibilização do efeito interruptivo – até mesmo a presença dos envolvidos na lide penal: "(...). Em se tratando de condenação proferida em sessão de julgamento do Conselho da Justiça Militar, a prescrição é interrompida na data da prolação da sentença, por ser a ocasião em que se tornou de conhecimento público o decreto condenatório. O efeito interruptivo independe de estar o acusado ou seu defensor presente ao ato em que proferida a condenação, pois a publicidade exigida para que se configure o marco interruptivo não se confunde com o ato de intimação da sentença".[45]

Inquestionavelmente, o marco interruptivo da prescrição – estabelecido no artigo 117, inciso IV, do Código Penal – é a data da sessão de julgamento pelo tribunal, dado ser, nessa ocasião, o momento em que "a decisão colegiada se torna pública, e não a data da publicação do acórdão".[46] Sem qualquer nota destoante, por conseguinte, a publicidade da prestação jurisdicional se dá na própria sessão de julgamento, "e esta é a data a ser considerada para fins de estabelecimento do marco interruptivo da prescrição, e não a da publicação do acórdão na imprensa".[47]

b.3. Do concurso de crimes

Também como já enfrentado, na hipótese de concurso material (caso de que se cuida), a aferição da prescrição penal se dará sobre a pena de cada crime, iso-

---

[42] "Recurso ordinário em *habeas corpus*. Penal. Prescrição retroativa. Não ocorrência. A prescrição em segundo grau se interrompe na data da sessão de julgamento do recurso, e não na data da publicação do acórdão. Precedentes do Tribunal Pleno. **Entendimento pacífico da Corte**. Recurso não provido. 1. **Segundo a pacífica jurisprudência do Supremo Tribunal**, "o marco interruptivo do prazo prescricional previsto no art. 117, IV, do CP, **mesmo com a redação que lhe conferiu a Lei 11.596/2007**, é o da data da sessão de julgamento" (AP nº 409/CE-AgR-segundo, TP, Relator o Ministro Teori Zavascki, DJe de 28/10/13). 2. Recurso ordinário ao qual se nega provimento. (RHC 125078, Relator(a): Min. DIAS TOFFOLI, 1ªa T., j. 3/3/15, PROCESSO ELETRÔNICO DJe-065 DIVULG 07-04-2015 PUBLIC 8-4-15)" (STF, R*HC* 125078, 1ª T., Rel. Min. Dias Toffoli, j. 3.3.15). (Destacou-se.)

[43] STF, AGR 409, TP, Rel. Min. Teori Zavascki, j. 19.9.13.

[44] STJ, AGRRE 1284572/SP, 6ª T, Rel. Min. Rogerio Schietti Cruz, j. 27.9.16.

[45] STJ, AGRRE 279.083/PR, 6ª T., Rel. Min. Sebastião Reis Júnior, j. 18.3.14.

[46] STJ, AGRRE 1360974/SP, 5ª T., Rel. Min. Marco Aurélio Bellizze, j. 12.11.13.

[47] STJ, *HC* 266.506/SP, 5ª T, Rel. Min. Jorge Mussi, j. 20.8.13.

ladamente (artigo 119 do Código Penal), a cuja regra se agrega o teor da Súmula 497 do Supremo Tribunal Federal. Por conta disso, cada pena, *per se*, será o módulo medidor da prescrição a ser considerado, tornando estreme de dúvida que o lapso prescricional (requerido, *in casu*, a teor do artigo 109, inciso IV, do Código Penal) se estabelece em 8 anos.

c.1. Da conclusão

Diante disso, considerando-se que, na hipótese em análise, se trata de prescrição punitiva superveniente ("antes de transitar em julgado a sentença final" [artigo 109, *caput*, do Código Penal] e "depois da sentença condenatória com trânsito em julgado para a acusação" [parágrafo 1º do artigo 110 do Código Penal]), cujo marco inicial se configurou na data da realização da sessão pública de julgamento (*id est*, em 17 de dezembro de 2009) e, sobretudo, a partir daí, que transcorreu o prazo de 8 anos sem que houvesse qualquer fator obstativo ou suspensivo do fluxo prescricional, **essa causa extintiva da punibilidade cristalizou-se às 24h do dia 16 de dezembro de 2017**, tendo, portanto, o Estado, em tal data, perdido o *jus puniendi*.

Repita-se: o marco dessa prescrição – estabelecido no artigo 117, inciso IV, do Código Penal – é a data da sessão de julgamento pelo tribunal, em cujo momento se torna a decisão colegiada pública, e essa data será levada em linha de consideração para o estabelecimento do marco interruptivo da prescrição. Tendo isso em mente, aliando-se ainda àquele ponto acerca da impossibilidade da soma material das penas (*ut* artigo119 do Código Penal, bem como a Súmula 497 do Supremo Tribunal Federal), tem-se como, fatalmente, implementada a extinção da punibilidade (pela ocorrência da prescrição da pretensão punitiva intercorrente).

Por derradeiro, ainda que haja, fática e simultaneamente, a fluência de dois prazos prescricionais (*in casu*, o da prescrição intercorrente e o da executória), a análise (e o reconhecimento) do da prescrição da pretensão punitiva tem preferência sobre o da executória, na medida que aquele se apresenta — além de sistematicamente anterior – muito mais abrangente e benéfico que este. *Excusez de peu.*

c.2. Bibliografia consultada

BARROS, Flávio Augusto Monteiro de. *Direito penal*: parte geral. 9ª ed. São Paulo: Saraiva, 2011.

BRUNO, Aníbal. *Direito penal*: parte geral, tomo 2: fato punível. 4ª ed. Rio de Janeiro: Forense, 1984.

COSTA E SILVA, Antonio José. *Código Penal dos Estados Unidos do Brasil comentado*. São Paulo: Companhia Editora Nacional, 1938.

DELMANTO, Celso; DELMANTO, Roberto; DELMANTO JÚNIOR, Roberto; DELMANTO, Fabio M. de Almeida. *Código Penal comentado*. 9ª ed. São Paulo: Saraiva, 2016.

FARIA COSTA, "O direito penal e o tempo (algumas reflexões dentro do nosso tempo e em redor da prescrição)". *In Boletim da Faculdade de Direito da Universidade de Coimbra*. Volume Comemorativo do 75º Tomo do Boletim da Faculdade de Direito. Coimbra: Coimbra, 2003.

FAYET JÚNIOR, Ney. *Do crime continuado*. 8ª ed. Porto Alegre: Livraria do Advogado, 2018.

——; VARELA, Amanda Gualtieri. *A ação (penal) privada subsidiária da pública.* Das vantagens ou desvantagens da participação do ofendido na atividade jurídico-penal. 3ª ed. Porto Alegre: Elegantia Juris, 2015.

——; FERREIRA, Martha da Costa. "Da imprescritibilidade". *In Prescrição penal*: temas atuais e controvertidos. Volume 3. Ney Fayet Júnior (org.). Porto Alegre: Livraria do Advogado, p. 47-90, 2011.

——; PICCOLI, Fernando. "Da prescrição penal retroativa: análise crítica das alterações trazidas pela Lei 12.234 de 2010". *In Prescrição penal*: temas atuais e controvertidos. Volume 3. Ney Fayet Júnior (org.). Porto Alegre: Livraria do Advogado, p. 149-165, 2011.

——; FAYET, Paulo. "A 'nova' maioridade civil e os seus reflexos no direito penal". *In Prescrição penal*: temas atuais e controvertidos. Volume 2. Ney Fayet Júnior (org.). Porto Alegre: Livraria do Advogado, p. 23-38, 2009.

——. "Aferição da prescrição penal nos crimes habituais". *In Prescrição penal*: temas atuais e controvertidos. Volume 2. Ney Fayet Júnior (org.). Porto Alegre: Livraria do Advogado, p. 93-104, 2009.

——. "Do crime continuado e a prescrição penal". *In Prescrição penal*: temas atuais e controvertidos. Volume 1. Ney Fayet Júnior (org.). Porto Alegre: Livraria do Advogado, p. 23-38, 2007.

——. "A prescrição penal e a ancianidade: o real alcance do fator de redução dos prazos prescricionais previstos no artigo 15, *in fine*, do Código Penal". *In Prescrição penal*: temas atuais e controvertidos. Volume 1. Ney Fayet Júnior (org.). Porto Alegre: Livraria do Advogado, p. 39-50, 2007.

——. "Dos fundamentos da prescrição antecipada". *In Prescrição penal*: temas atuais e controvertidos. Volume 1. Ney Fayet Júnior (org.). Porto Alegre: Livraria do Advogado, p. 155-83, 2007.

FIANDACA, Giovanni; MUSCO, Enzo. *Diritto penale*: parte generale. 5ª ed. Bologna: Zanichelli, 2011.

FIGUEIREDO DIAS, Jorge de. *Direito penal português.* As consequências jurídicas do crime. Lisboa: Aequitas, 1993.

JESUS, Damásio de. *Prescrição penal.* 20ª ed. São Paulo: Saraiva, 2012.

LOZANO JR., José Júlio. *Prescrição penal.* São Paulo: Saraiva, 2002.

MACHADO, Fábio Guedes de Paula. *Prescrição penal*: prescrição funcionalista. São Paulo: Revista dos Tribunais, 2000.

MAGALHÃES NORONHA, Edgard. *Direito penal*: introdução e parte geral: vol. 1. 31ª ed. São Paulo: Saraiva, 1995.

MAURACH, Reinhart; GÖSSEL, Karl Heinz; ZIPF, Heinz. *Derecho penal:* parte general. 2. Traducción de la 7ª edición alemana por Jorge Bofill Genzch. Buenos Aires: Astrea, 1995.

OLIVEIRA, Edmundo. *Comentários ao Código Penal*: parte geral. Rio de Janeiro: Forense, 1994.

PAGLIARO, Antonio. *Principi di diritto penale*: parte generale. Seconda edizione. Milano: Dott. A. Giuffrè, 1980.

PORTO, Antonio Rodrigues. *Da prescrição penal.* 5ª ed. São Paulo: RT, 1998.

QUINTERO OLIVARES, Gonzalo. *Parte general del derecho penal.* Con la colaboración de Fermín Morales Prats. 2ª ed. Navarra: Aranzadi, 2007.

QUEIROZ, Paulo. *Curso de direito penal*: parte geral [v. 1]. 11ª ed. Salvador: *JusPodivm*, 2015.

RAGUÉS I VALLÈS, Ramon. *La prescripción penal*: fundamento y aplicación. Barcelona: Atelier, 2004.

TUCCI, José Rogério Cruz e. *Tempo e processo.* São Paulo: RT, 1997.

VELÁSQUEZ, Fernando. *Derecho penal*: parte general. Bogotá: Editorial Temis, 1997.

Apêndice (b)

Pequenas histórias de grandes criminalistas

René Ariel Dotti

A vida, a paixão, a morte e a ressurreição de **Waldir Troncoso Peres** (1923-2009) constituem partes de uma representação que tem como cenário o tribunal popular, instalado em um palco no qual contracenam os intérpretes do mistério da verdade, uma peça em quatro atos produzida por um conjunto de testemunhas e por uma equipe de técnicos em busca da memória de um determinado fato, dirigida por um juiz de direito e assistida por um pequeno e por um grande júri. Sentado, entre dois policiais, está o protagonista da tragédia, à espera do veredicto que indicará o rumo da liberdade ou o caminho do cárcere.

A acusação e a defesa; a réplica e a tréplica compõem os quadros de uma exposição que se alternam entre a realidade e a ficção, com as imagens concebidas e projetadas pela sedução da palavra e pela recuperação da imagem.

Órgão popular da administração da Justiça, o Tribunal do Júri surgiu antes da Independência do Brasil (7/9/1822), com a Lei de 18 de julho de 1822, sob a influência e o estilo do Júri inglês. Originalmente, foi criado para julgar os delitos de imprensa. Durante muito tempo, o *tribunal do povo* sofreu duras críticas, principalmente quando, nos anos 30 e 40, foram ditadas muitas absolvições motivadas pela *franquia legal* do art. 27, § 4º, do Código Penal de 1890, *verbis*: "Não são criminosos: (...) *Os que se acharem em estado de completa privação de sentidos e de intelligência no acto de commeter o crime*". Aquele dispositivo teve a sua redação alterada pelo Decreto 4.780/23, cujo art. 38 dispôs: "No artigo 27, § 4º, do Código Penal, em vez de '*privação*', leia-se '*perturbação*'".[1] Essa foi a disposição que se manteve na Consolidação das Leis Penais, do Desembargador **Vicente Piragibe**.[2]

A tese da criminalidade provocada pela emoção e a paixão como causa de isenção da responsabilidade penal não sofriam, no diploma penal da época, a

[1] Os caracteres em itálico são meus.

[2] Decreto nº 22.213, de 14 de dezembro de 1932, art. 27, § 4º.

vedação que seria imposta pelo Código Penal de 1940.[3] Remanesceram, na história dos julgamentos pelo Tribunal do Júri daquele período, antológicos debates forenses e obras específicas que demonstraram o vigor dos argumentos a favor e contra a presença dos juízes de fato no cenário que deveria ser reservado exclusivamente para os magistrados de toga. Para combater "o amor no banco dos réus", o então Promotor Público na capital federal (Rio de Janeiro), **Roberto Lyra** (1902-1982), publicou artigos, conferências e crônicas, de épocas e lugares distintos, porém representando etapas da mesma campanha na imprensa, no livro, na cátedra e no foro. Os textos fazem parte da coletânea Polícia e Justiça para o amor!, que veio a lume no início dos anos 30.[4] Na introdução à coletânea, o imortal penalista escreveu: "*No improviso destas páginas nascidas das circunstâncias combato, sobretudo, a mistificação romântica que converteu o amor em instrumento do crime, da doença, do vício, do sofrimento, da loucura, da morte. Como restituí-lo às suas finalidades biológicas e sociais, de fonte originária da vida, da beleza, da saúde, do equilíbrio, da harmonia, da felicidade?*"[5]

Aquele notável libelo era respondido na mesma intensidade e sedução de argumentos pelo incomparável tribuno, **Evaristo de Moraes** (1871-1939), como se pode ler em sua obra escrita "*em face da Psychologia Criminal e da Penalística*".[6] É interessante observar as duas dedicatórias: "*A Magarinos Torres, Juiz de Direito da 6ª Vara Criminal da Capital Federal, que humana e juridicamente esposou a thése do passionalismo e justificou a atitude do jury ao individualisar as penas no julgamento dos passionaes*". "*A Roberto Lyra, Promotor Público na Capital Federal, que, no combate á these passionalista, se tem mostrado adversário leal e polido, com quem discutir é sempre motivo para feliz aproximação*".[7]

Uma referência obrigatória dos discursos de acusação e defesa, com réplicas e tréplicas de extraordinárias performances, é encontrada em *Os crimes passionais perante o Jury*, de **Mello Mattos** e **Evaristo de Moraes**.[8]

Nos anos 50, a polêmica em torno da legitimidade material de um corpo de cidadãos convocado para administrar a justiça penal ainda não estava exaurida. A propósito, é oportuno lembrar a opinião do mais combativo ministro do Supremo

---

[3] CP, art. 24: "Não excluem a responsabilidade penal: I – a emoção ou a paixão". CP, com a reforma da Lei nº 7.209/84, no art. 28: "Não excluem a imputabilidade penal: I – a emoção ou a paixão".

[4] Editora S.A. A Noite, Rio de Janeiro (sem data de impressão).

[5] Justiça e Polícia para o amor!, p. 5. (Caracteres em itálico do original). Acompanhando essa crítica manifestavam-se vários consagrados penalistas, como Antonio José da Costa e Silva, que lamentavam a "corrente de absolvições injustas" em face do "abusivo reconhecimento da dirimente" (Código Penal dos Estados Unidos do Brasil, São Paulo: Companhia Editora Nacional, 1930, p. 191).

[6] Criminalidade passional – O homicídio e o homicídio-suicídio por amor, São Paulo: Livraria Acadêmica e Saraiva & Cia, 1933.

[7] Criminalidade passional, *cit.* (Caracteres em itálico do original. Foi mantida a ortografia original.) Passados os anos, o desafiante e fecundo debate sobre a emoção e a paixão perante o tribunal popular é recuperado com a moldura legal vigente, em Claudio Gastão da Rosa Filho, Crime passional e Tribunal do Júri – dissertação de mestrado. Florianópolis: Habitus, 2006.

[8] "(Caso Lacerda e Bezanilla)", Editor Jacintho Ribeiro dos Santos, Rio de Janeiro, 1919.

Tribunal Federal: "*Nas comarcas longínquas, como é sabido, o júri não é mais que um* robot *manejado pelo partido político dominante: aos seus julgamentos precedem os conciliábulos de véspera, em que os jurados recebem do mandão local o santo e a senha*"; *(...)* "*É uma peça teatral em que o povo assiste de graça, e exclusivamente por isso é que ainda desperta a sua simpatia*" *(...)*; "*Júri é o culto da incompetência e o torneio da oratória*" *(...)*; "*A democracia é baluarte dos direitos do homem e já não mais dos crimes do homem*" *(...)*; "*Desgraçado artigo 141 parágrafo 28 da Constituição de 46*" *(...)*; "*Que vale dizer o Cód. Penal, por exemplo, que a paixão ou a emoção não excluem a responsabilidade penal ou que não há irresponsabilidade sem perturbação mental de fundo mórbido, se os jurados, na sua soberania de fazer* de quadro rotundum et de albo nigrum, *podem negar o quesito de autoria imputada ao réu, abstraindo os depoimentos de oito testemunhas de visu? Uma primeira e única vez, o seu veredicto pode ser cancelado pelo tribunal de justiça togada; mas, quando do novo julgamento pode decidir que gato é lebre e que ôvo é espeto*".[9]

Quem ditou essa *sentença de condenação* do tribunal popular, com a pena *molhada no vinagre*, foi o imortal **Nelson Hungria** (1891-1969), o grande coordenador dos trabalhos da Comissão de Revisão do Projeto Alcântara Machado e principal redator do texto final do Código Penal de 1940.[10] O *príncipe dos penalistas brasileiros* produziu extraordinários textos que ilustram os seus antológicos *Comentários ao Código Penal*, nos quais réus e vítimas, testemunhas e juízes encarnam os personagens da *Divina Comédia* da existência humana entre purgatórios, infernos e paraísos.

Mas, para demonstrar a fertilidade do debate sobre a prestação jurisdicional por magistrados leigos, o próprio **Nelson Hungria** é o autor da carta-prefácio da obra *Os grandes processos do Júri*. São suas essas palavras: "*Meu prezado Carlos de Araújo Lima: Seu livro 'Os Grandes Processos do Júri', que venho de ler com um interesse gradativamente redobrado a cada página, é um notável trabalho de fixação da 'poeira de ouro' da eloqüência que vocês, oradores do tribunal popular, espalham perdulàriamente ao vento, com a mesma fatalística indiferença com que o loureiro, no outono, se despede das próprias fôlhas recortadas para simbolização da glória. Para mim, que raramente tenho podido assistir aos debates do Juri da Capital da República, foi de encantamento a impressão que me ficou de quanto V. pôde coligir. A oratória judiciária no Brasil está a dever a V. um relevantíssimo serviço, qual o de demonstrar que ela não pede meças a de nenhum outro país. (...) Talento, erudição, habilidade de expressão, tudo se conjuga para o realce dos debates de que V. nos dá notícia. Há ali cintilações de*

[9] "A justiça dos jurados", Revista Forense, 1956, vol. nº 156, p. 7/12. (Os destaques em itálico são meus. Foi mantida a acentuação original.)

[10] Além de HUNGRIA, a Comissão de Revisão foi integrada por Vieira Braga, Narcélio de Queiroz e Roberto Lyra, com as colaborações de Costa e Silva e Abgar Renault, este na redação final do projeto. Ver: "Os caminhos do Direito Penal alemão ao projeto de 1960", artigo publicado nos Estudos de Direito e Processo Penal em Homenagem a Nelson Hungria, Rio de Janeiro, 1962, p. 98.

espírito que obrigam a gente reler, uma e outra vêz, os trechos que as contêm. Promotores e defensores competem tão galhardamente no jôgo de dialética, que não se sabe a quem dar a palma. O seu livro vem desvelar o segrêdo da 'encruzilhada de dúvidas' a que são comumente levados aos juízes de fato. Eu mesmo, com a minha experiência de velho juiz togado, a pôr-me de sobreaviso contra o poder aliciante da tribuna de acusação ou de defesa, deixei-me ficar perplexo ou indeciso, em mais de uma passagem, com o 'fogo trocado' que perpassa nas páginas do seu compte rendu. Motivo da mais justa vaidade para mim o saber que sou freqüentemente citado ab utraque parte, *como V. acentuou na amável dedicatória do exemplar que me remeteu. E como vocês do barreau conseguem tirar de vulgares 'pedras no meio do caminho' sonoridades e reflexos de cristal! Sinto-me tão envaidecido com isso que quase chego a me reconciliar com o tribunal do povo ... Felicita-o calorosamente o* ex toto corde *Nelson Hungria*".[11]

Atualmente, não mais se discute acerca da importância humana e social do Tribunal do Júri, consagrado na Carta Política de 1988, no título dos direitos e garantias fundamentais, e recuperado de um dos predicamentos essenciais[12] que lhe fora confiscado pela Emenda Constitucional de 1° de outubro de 1969, editada pelo governo autoritário do regime militar. Com efeito, o art. 153, § 18, suprimiu a garantia da soberania dos veredictos. A decisão dos jurados podia ser reformada quanto ao mérito, sob a vigência do Dec.-lei 167/38. O art. 92, letra *b*, completava-se com o art. 96, assim redigido: "*Se apreciando livremente as provas produzidas, quer no sumário de culpa, quer no plenário do julgamento, o Tribunal de Apelação se convencer de que a decisão do júri nenhum apoio encontra nos autos, dará provimento à apelação, para se aplicar a pena justa, ou absolver o réu, conforme o caso*".[13]

O itinerário de **Waldir Troncoso Peres** na tribuna do Júri começou aos 21 anos de idade, durante a vigência da Carta autoritária do Estado Novo (1937-1945), quando o Conselho de Sentença havia perdido a soberania de seus veredictos. Mas, logo após, a Constituição liberal de 1946 restituiria essa prerrogativa. Segundo a crônica forense, o pranteado tribuno atuou em defesa de mais de 130 homens e mulheres que mataram por motivo passional. Essa estatística se harmoniza com o perfil de outros famosos criminalistas contemporâneos. Um deles foi **Dante Delmanto** (1907-1986). Calmo e habilidoso no discurso de defesa ou de acusação, generoso em sentimentos nobres de afeição e de respeito, **Delmanto** atuou em vários processos nos quais o amor rejeitado foi o centro de gravidade da tragédia. No caso do passional russo, por exemplo, ele invocou a causa de isenção de pena prevista no já referido art. 27, § 4° da Consolidação das Leis Penais. Recitando

[11] Rio de Janeiro: Livraria Freitas Bastos, vol. II. (Os destaques em itálico são meus. Foi mantida a acentuação original.)

[12] Plenitude de defesa, sigilo das votações, soberania dos veredictos e competência para o julgamento dos crimes dolosos contra a vida (CF, art. 5°, XXXVIII).

[13] Em ESPÍNOLA FILHO, Eduardo. Código de Processo Penal Brasileiro Anotado, 4ª ed. Rio de Janeiro: Editor Borsoi, 1955, vol. VI, p. 121.

trechos da Literatura, de **Shakespeare** a **Dostoiévsky**; de **Tolstoi** a **Anatole France**; de **Ferri** a **Maupassant**, passando por **D'Anunzio** e **Musset**, o notável tribuno **Dante Delmanto** absolveu o seu cliente que matara a esposa e o amante, sob o domínio da perturbação dos sentidos e da inteligência. Na obra que comenta esse e outros casos,[14] ele conta que apresentou muitas vezes aos jurados uma das "mais lindas páginas sobre o amor", escrita por **Bulhões Pedreira**, brilhante advogado criminal do Rio de Janeiro, que afirmou: "*Ninguém nega a existência do crime passional. Negá-lo seria negar a paixão, que é a mais vibrante das realidades humanas. Ninguém nega a lágrima, a súplica, a angústia, o desespero, a exaltação, o delírio. E o amor, às vezes, é tudo isso: a tempestade desencadeada dentro de uma alma. Nessa convulsão da personalidade, opera-se a emancipação das funções psíquicas inferiores, dá-se o imperativo das tendências instintivas subjacentes e ninguém negará que o predomínio do instinto possa conduzir à destruição e à morte. Dir-se-ia da vida o supremo paradoxo. Pelo amor, o homem exalta-se ao idealismo mais puro e, pelo amor, a honestidade transmuda-se, de improviso, no crime*".[15]

E que dizer de **Evandro Lins e Silva** (1912-2002), apropriadamente reconhecido como *O Criminalista do Século 20*? No discurso em favor de Doca Street, ele se refere ao cliente com estas palavras: "*Toda a documentação cuja leitura o júri ouviu demonstra, sem sobra de dúvida, que ele não é perigoso, não é temível, não é um delinqüente habitual ou profissional. Este não é daqueles casos em que se deva segregar o acusado para preservar a sociedade de alguma outra ação delituosa que ele viesse a praticar, uma reincidência, que não ocorre nunca entre os passionais. São delinqüentes ocasionais, não repetem o seu gesto, vivem perseguidos pelo próprio remorso, arrependidos (...). Praticam um ato isolado na sua vida, uma explosão de desespero, um impulso irrefreável, pelo acúmulo de sofrimentos e provocações, situação a que todos podemos estar sujeitos. Diz o poeta popular, na canção: –* 'atire a primeira pedra quem nunca sofreu por amor' (...)".[16]

Há muitos anos eu sabia do desempenho notável de **Waldir Troncoso Peres** em famosos casos criminais levados a julgamento pelo Tribunal do Júri, com destaque para alguns episódios nos quais a criminalidade passional reocupou o espaço cênico dos processos de interesse do grande público. Pessoalmente, eu o encontrei na noite de 12 de dezembro de 1996, na solenidade em que ele falou em nome dos novos membros da Academia Brasileira de Direito Criminal (ABDCRIM), presidida pelo colega **Luiz Flávio Borges D'Urso**. Recolho alguns trechos do discurso que me coube fazer em nome da instituição: "*no ano de 1972, a Academia Paulista de Direito que, ao comemorar o seu quarto aniversário já*

---

[14] Defesas que fiz no Júri, 7ª ed., revista por Roberto Delmanto. São Paulo: Renovar, 2008. Em DELMANTO, Dante. *Op. cit.*, p. 9. (São meus os caracteres em itálico.)

[15] Em DELMANTO, Dante. *Op. cit.*, p. 9. (São meus os caracteres em itálico.)

[16] LINS E SILVA, Evandro. A defesa tem a palavra (O caso Doca Street e algumas lembranças), 2ª ed., Rio de Janeiro: Aide Editora e Comércio de Livros Ltda., 1984, p. 221. (Os caracteres em itálico são meus.)

havia realizado cinquenta reuniões administrativas e científicas e levou a bom termo conferências e debates sobre os temas mais relevantes e atuais do Direito e da Justiça. A esta Escola pertenceu o imortal Ministro **Nelson Hungria**, *como patrono da Cadeira n° 18, da qual foi sucessor o Ministro* **Cid Fláquer Scartezzini**. Em *São Paulo e no Rio de Janeiro, existem atualmente dois outros órgãos de pesquisa, estudo e orientação que assumem conformação acadêmica em suas distintas naturezas e formas de agir. O primeiro deles é o Instituto Brasileiro de Ciências Criminais, que mantém prestigiada revista editada com sensibilidade e competência e na qual são distribuídos os mais variados espaços sobre temas penais e de ciências afins. A outra é o Instituto Carioca de Criminologia, dirigido por* ***Nilo Batista*** *e que estampa os Discursos sediciosos, abordando assuntos do crime, direito e sociedade. Se fosse possível uma confrontação das virtudes destes dois veículos do pensamento criminalista contemporâneo, eu diria que enquanto o primeiro tem um compromisso com uma dogmática realista o outro tem uma irresistível vocação crítica; aquele procura investigar o crime pelos paradigmas da condição humana; este busca analisar o delito pelas contradições do ser. Afinal, como diz muito bem a sabedoria romântica de* ***Alvaro Moreyra****: 'Há o determinismo. Há o livre arbítrio. Não há nada, e há de tudo. A questão é não ter pressa'*".[17]-[18]

É elementar que o discurso invoca o tema da liberdade quando se refere à *condição humana* e às *contradições do ser*. Ambas são expressões reveladoras da fragilidade e da impotência para enfrentar certas situações dramáticas ou trágicas da vida com a resistência espiritual e os meios civilizados da convivência social. Surge, então, a violência como o único caminho para o indivíduo se libertar da opressão compulsiva. O objeto da ação criminosa é a pessoa da vítima como fonte da grave alteração da consciência. Lúcida ou desnorteada, voluntária ou involuntariamente, ela criou, pelo seu comportamento anterior, a situação de perigo para si mesma.

O *impulso incontrolável* que pode levar homens e mulheres de vida regrada e socialmente ajustada ao cometimento de um homicídio doloso é o resultado da fraqueza, por um lado, e da contradição, por outro. Da primeira, pela impossibilidade de reagir ao problema sem o recurso à força; da segunda, pela violação dos comandos legais. A violência como resposta à coação moral irresistível é um fato que o jurado pode apreciar com a liberdade de consciência autorizada pelo compromisso solene colhido pelo presidente do Conselho de Sentença e sem as amarras de um formalismo estéril: "*Em nome da lei concito-vos a examinar esta causa com imparcialidade e a proferir a vossa decisão de acordo com a vossa consciência e os ditames da justiça*".

---

[17] As amargas, não... Lembranças, Porto Alegre, 1989, p. 372. O discurso "A missão da Academia de Direito Criminal", em sua íntegra, está publicado na Revista Brasileira de Ciências Criminais, nº 18, abril-junho de 1997, p. 291 e s. (Na transcrição acima, os caracteres em itálico são meus.)

[18] Um breve histórico da Academia Paulista de Direito se contém no texto de João Gualberto de Oliveira, em Enciclopédia Saraiva do Direito, vol. 2, p. 156/157.

Consciência e justiça. Compreensão de uma situação pontual, o ser humano como ser pensante e um sentimento referido a um valor. O jurado não tem compromisso com a lei quando seu mandamento estiver em conflito com a justiça. Ao consagrar a experiência do tribunal popular, a Constituição do Império brasileiro (1824) bem definiu: "*O Poder Judicial é independente, e será composto de Juízes e Jurados, os quais terão lugar, assim no cível como no crime, nos casos e pelo modo que os códigos determinarem*" (art. 151). E estabeleceu os limites de atuação: "*Os Jurados se pronunciam sobre o fato, e os Juízes aplicam a lei*" (art. 152).

O confronto entre a decisão do jurado e a decisão do togado sempre foi um assunto recorrente quando o tribunal de apelação cassa a decisão do Júri ao argumento de que ela é manifestamente contrária à prova dos autos ou reconhece uma tese que é formalmente vedada. O jurado não está obrigado a fundamentar a sua decisão. As teses de acusação e de defesa são conhecidas e decididas pelos parâmetros morais e não em função de balizas legais. Essa liberdade de consciência era incompatível com o questionário tarifado do sistema anterior. Um dos exemplos que uma jurisprudência conservadora não admitia era o reconhecimento da coação moral irresistível sem a identificação do coator. Muitas absolvições foram anuladas em grau de apelação com esse entendimento. É oportuno referir o seguinte paradigma do Supremo Tribunal Federal: "1) Júri. Quesitos (omissão). O julgamento de fato da coação irresistível envolve a formulação de pelo menos três quesitos, posto que pressupõe sempre três pessoas, o agente, a vítima, e o coator. 2) A omissão do quesito referente à figura do coator, bem como a indagação sobre o fato gerador da coação ocasiona vício insanável, passível de nulidade. 3) Jurisprudência do Supremo Tribunal Federal. Pedido de 'habeas corpus' indeferido".[19]

Um ex-presidente do Tribunal do Júri do Rio de Janeiro, o juiz **Bandeira Stampa**, no prefácio de um outro volume da obra que registrou atos e debates de causas criminais célebres no Rio de Janeiro dos anos 50, também prestou um valioso depoimento: "*Meu caro Dr. Araújo Lima: é da planície que o homem vê melhor o infinito, pela contemplação, sem obstáculos, dos horizontes que o rodeiam. As grandes verdades estão na consciência de todos os homens de bem. Não há construção técnico-jurídica capaz de superar a razão do bom-senso do homem que sente, na própria carne, o que o interesse do grupo social a que pertence reclama, sob a contingência das grandes coordenadas de lugar e de tempo, para que se alcance a justiça. (...) Os juízes togados, algemados pelo tecnicismo jurídico, agindo no mundo convencional das normas escritas ontem para serem aplicadas hoje, neste século em que as distâncias físicas, por maiores que sejam, são a cada instante desmoralizadas pelos transportes que já não respeitam a velocidade do som, encontram, não raro, na lei o obstáculo e não o meio para fazer justiça. (...) O Júri é realmente o pulso que indica a vitalidade democrática*

---

[19] STF – HC 57374 – Rel. Min. Rafael Mayer – 1ª T. – DJ: 17.03.1980.

de um povo. Nas verdadeiras democracias o Júri existe com número ímpar de jurados, é garantido o sigilo das votações, há plenitude de defesa para os réus e há soberania dos veredictos. Quando são impostas limitações ao Júri, a democracia está debilitada, corre perigo. É o pulso fraco, irregular, é o sintoma de um organismo enfermo. A defesa da instituição do Júri é, portanto, a defesa da própria democracia".[20]

A complexidade na redação e na compreensão dos quesitos pelos magistrados leigos edificou a usina de nulidades que comprometeram – e ainda comprometem nos casos pendentes de recursos – o prestígio do Poder Judiciário e acarretam considerável perda de tempo, um esforço inútil de todos quantos participam do julgamento frustrado. São as múltiplas modalidades de erro judiciário, para além das hipóteses clássicas que versam sobre a autoria e a materialidade.

O saudoso **J. F. Marques** chegou a afirmar que "*a complicada e difícil euremática (*sic*)*[21] *dos quesitos e questionários*", *foi uma criação dos* "*órgãos da superior instância, no exercício de útil política judiciária destinada a tentar corrigir os abusos do júri*".[22] Esse trecho de sua lavra pode e deve ser considerado como um depoimento pessoal do pranteado mestre e ex-Desembargador do Tribunal de Justiça de São Paulo.

O falecido Juiz togado, **James Tubenchlak**, que durante muito tempo presidiu o Conselho de Sentença no Rio de Janeiro, também prestou valioso testemunho: "*Em nossa visão crítica, concluímos definitivamente que a causa exclusiva, geradora da deficiência dos quesitos em proporção alarmante, situa-se na deficiência da lei*".[23] O depoimento do prestigiado mestre de processo penal e notável ex-integrante do Ministério Público Estadual paulista, Tourinho Filho, é igualmente expressivo: "Aliás, o questionário, no Júri, continua sendo, como há cinqüenta anos, fonte inexaurível de nulidade. Depois de tantos anos de vigência do atual Código, ainda não se sabe se, na legítima defesa, os quesitos sobre a *moderação e os meios necessários devem ser formulados englobada ou distintamente...*".[24]

Esse era um dos problemas mais graves do Júri brasileiro e foi considerado, por Rui Stoco, em linguagem crítica muito expressiva, "*uma absurda complexidade do sistema de formulação do questionário a ser submetido aos jurados*".[25]

---

[20] Carlos Luiz. Os grandes processos do Júri. Rio de Janeiro: Livraria Freitas Bastos, 1957, vol. III, p. 7 e s.

[21] No original, a expressão heuremática foi grafada sem a letra h. Cf. Aurélio Buarque de Holanda Ferreira, o termo significa o "complexo de normas para a aplicação dos heuremas". E por heurema entende-se a "prevenção ou cautela com o fim de assegurar a validade e eficácia dum ato jurídico" (Novo dicionário da língua portuguesa, Editora Nova Fronteira, RJ, 1986, p. 891).

[22] MARQUES, José Frederico. "O Júri", artigo da coletânea Estudos de Direito Processual Penal. Rio de Janeiro: Forense, 1960, p. 235. (Os destaques em itálico são meus.)

[23] Tribunal do Júri – contradições e soluções, Rio de Janeiro: Forense, 1990, p. 118. (Os destaques em negrito e itálico são meus.) Uma nova edição dessa obra veio a público pela Saraiva, 1994. Vide, p. 123.

[24] TOURINHO FILHO, Fernando da Costa. Processo Penal: 3º Volume. 25ª ed. São Paulo: Saraiva, 2003, p. 152. (Os destaques em itálico e as reticências são do original.)

[25] "Crise existencial do Júri no Direito brasileiro", em RT 664/252.

O criminalista emérito **Troncoso Peres** viveu intensamente, durante a sua missionária carreira, a *provação bíblica* da sala secreta, quando a sorte – ou o azar – do réu é lançada. Ele agora estaria à vontade para defender a tese do impulso incontrolável da paixão humana e libertar o amor do banco dos réus quando o questionário não se ressente mais dos aranhóis do ordenamento legal revogado. Não precisaria mais aguardar, com a ansiedade no coração e a dor no estômago, a virada dos votos no desfile tortuoso das perguntas e das respostas sobre os quesitos da legítima defesa. Sentado ou em pé, seu olhar e sua mente repousariam com a frase limpa e simples: "*O jurado absolve o acusado*?".

A complicação do questionário e a armadilha das circunstâncias do julgamento pelo Júri foram indelevelmente reveladas na antológica crônica de Olavo Bilac (1865-1918). Muito oportunamente intitulada O *Júri*, e a história de um "*desventuradíssimo sujeito*", conforme as próprias palavras do poeta: "*A acusação fora frouxa; a defesa fora calorosa e clara, e calara no espírito do júri. O réu sentia que a palavra do seu advogado ia pouco a pouco abrandando os corações dos jurados, e transformando-lhes as rijas fibras musculares em mole cera. E o desgraçado exultava. Pelas janelas do velho casarão do antigo Museu, mirava ele lá fora o céu azul, o livre céu luminoso retalhado pelo livre revoar das andorinhas. (...). A oração do advogado acabara. Alguns jurados, comovidos, enxugavam os olhos. O presidente do tribunal, do alto do estrado, lançava sobre o réu um olhar enternecido e amável. Formularam-se os quesitos. Fechou-se sobre o júri a porta da sala secreta. E toda a gente que enchia a sala das sessões rejubilava e sorria, certa de que o homem seria absolvido. Puro engano! Quando o presidente leu as respostas aos quesitos formulados, houve um espanto grande e indizível: o sujeito estava condenado a quinze anos de prisão! Como? Por quê? – os jurados não tinham medido as palavras, tinham confundido as respostas, tinham trocado os quesitos, e força era declarar o réu criminoso... Em vão, tentando demover do seu propósito o juiz, clamava o advogado que a intenção do júri fora outra, pois não havia ali um jurado que não estivesse convencido da inocência do mísero. Em vão! O juiz declarou terminantemente que de boas intenções está o inferno calçado, e o pobre diabo teve de desistir dos seus belos projetos de bom jantar e de noitada alegre; e voltou para a cadeia, sem compreender aquela atrapalhação*".[26]

[26] Olavo Bilac. Obra reunida. Rio de Janeiro: Nova Aguilar, 1996, p. 423.